Hans-Joachim Neumann

Friedrich Wilhelm der Große Kurfürst

Der Sieger von Fehrbellin

mit 63 Abbildungen

edition q

Die Deutsche Bibliothek – CIP-Einheitsaufnahme

Neumann, Hans-Joachim:
Friedrich Wilhelm der Große Kurfürst :
der Sieger von Fehrbellin / Hans-Joachim Neumann.
Berlin : Ed. q, 1995
ISBN 3-86124-293-1

Lektorat: Klaus R. Dichtl
Schutzumschlag: Thomas Pricker – unter Verwendung einer Bildvorlage
© Bildarchiv Preussischer Kulturbesitz, Berlin: Der Große Kurfürst, Reiterstandbild von Andreas Schlüter im Vorhof des Schlosses Charlottenburg, Berlin
Frontispiz: © Münzcompagnie Mc GmbH, Düsseldorf

Alle Abbildungen ohne Quellenangabe sind Fotografien des Autors. Herausgeber und Verlag konnten nicht alle Rechte an den Abbildungen ausfindig machen. Der Verlag bittet, bestehende Ansprüche mitzuteilen.

Druck und Bindung: Ebner Ulm
Printed in Germany

ISBN 3-86124-293-1

Inhalt

Wahlspruch des Großen Kurfürsten seit seinen Küstriner Tagen:

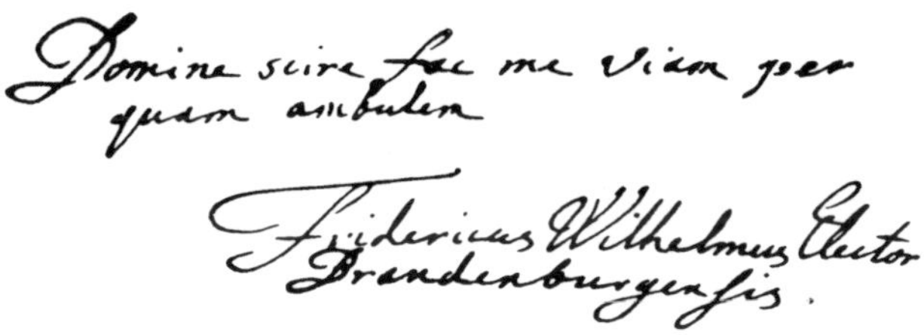

(Herr, thue mir kund den Weg, auf dem ich gehen soll. Psalm 143,8)

Faksimile nach dem Hohenzollern-Jahrbuch

„Meine Herren, der hat viel getan“

Für Reinhold Schneider gab es „seit Karl V. ... in Deutschland nur zwei Könige unter unzähligen Kronenträgern: Friedrich Wilhelm I. und seinen Sohn. Ihnen ging der Kurfürst voraus, der als Bahnbrecher und Gründer gleichfalls nicht seinesgleichen hat. Das Signum ihrer Größe ist, daß sie sich opfern mußten.“

Als elfter Hohenzollern-Kurfürst betrat Friedrich Wilhelm im Jahre 1640 die Ebene der deutschen Reichspolitik und damit auch die Bühne des europäischen politischen Theaters, das zu seiner Zeit einer Tragödie weit mehr als einem Schauspiel glich.

Der 30jährige Krieg, acht Jahre noch vor seinem Ende, hatte Deutschland längst in eine Trümmerlandschaft verwandelt. Am schlimmsten hatte die Apokalypse dieses Krieges Brandenburg getroffen. Als Folge der versuchten und an sich löblichen Neutralitätspolitik Georg Wilhelms, Vater und Vorgänger Friedrich Wilhelms, zerfiel das Land in Anarchie, buchstäblich in Schutt und Asche.

Es war das schwerste Erbe, das je ein brandenburgischer Kurfürst anzutreten hatte. Für sein Land aber gab es einen Hoffnungsschimmer, weil ihm zur rechten Zeit der richtige Mann erschienen war. (Das scheint überhaupt eine Fügung in der Geschichte der Brandenburger Hohenzollern gewesen zu sein, denn in König Friedrich Wilhelm I. wurde Preußen später der Mann gegeben, dessen Radikalkur in Wirtschaft, Militär und Verwaltung zur völligen Gesundung seines Landes führte. Auch Friedrich der Große kann hier genannt werden, der das vom Vater angehäufte Machtpotential in politische und militärische Erfolge ummünzte, und Preußen so in den Rang einer Großmacht hob.)

Bei allem bleiben Vergleiche immer fragwürdig, weil die jeweiligen Zeiten und Gegebenheiten nicht vergleichbar sind. Im Hinblick auf die Ausgangssituation seines Landes stand Kurfürst Friedrich Wilhelm vor schier unlösbaren Problemen. Sein Land war nicht allein verarmt, zerstört und menschenleer, es war politisch auch bedeutungslos. Von jenem Dualismus zwischen Habsburg und Hohenzollern, der schon bald den Lauf der deutschen Geschichte bestimmen sollte, war man zu dieser Zeit noch weit entfernt. Vorerst ging es buchstäblich um das Überleben Brandenburgs. Aber Friedrich Wilhelm, durch seinen vierjährigen Aufenthalt in Holland in Staatskunst, Militär und Wirtschaft ausgebildet, war ein fähiger "Arzt", dessen militärische, wirtschaftliche und politische Wiederbelebungsversuche bald auf allen Seiten Leben weckten.

Nicht allein wegen seiner katastrophalen ökonomischen und innenpolitischen Situation war er um sein Erbe nicht zu beneiden, sondern in demselben Maße auch um die geographische Lage seines Landes nicht. Eingekreist von den Mächtigen seiner Zeit im Norden und im Süden, im Westen wie im Osten wurde dieser Hohenzoller, der angesichts seiner ausweglosen Situation nicht resignierte, sondern vollblütig und temperamentvoll die schwere Herausforderung annahm, mit Argusaugen aus allen Himmelsrichtungen bewacht.

Dabei war Friedrich Wilhelm kein „Löwe aus Mitternacht“ wie Gustav Adolf etwa, aber durchaus machtbewußt, vielleicht auch machtbesessen. Der Veranlagung nach hätte er ein solcher „Löwe“ sein können, seine Verhältnisse jedoch ließen zwar mutige Schritte, aber keine großen Sprünge zu.

Nicht nur die Mehrung seines Besitzes, die damals immer an Landgewinn gemessen wurde, wie heute selbstverständlich auch, war die Bilanz seines 48jährigen Regentenlebens, sondern die gewachsene politische Bedeutung Brandenburg-Preußens auf dem nationalen und internationalen Parkett. Der Westfälische Frieden 1648 sicherte ihm zwar Hinterpommern, Halberstadt, Minden und die Anwartschaft auf Magdeburg, aber den erhofften und erkämpften Zugang zum Meer gestattete man ihm später nicht. Trotz seiner Siege vermochte er es nicht, seine unbestreitbaren Erfolge zu behaupten und mußte, solange er für sein eigenes Heer französische Subsidien in Anspruch nahm, das Diktat aus Paris akzeptieren, und den Schweden Vorpommern mit Stettin überlassen, das sie militärisch längst verloren hatten.

Aber andererseits gelang ihm, was für das Werden Preußens fundamental werden sollte. An den nun folgenden politischen Schachzügen zeigte sich die diplomatische Gewandtheit des Brandenburgers. 1656 konnte er sich, zunächst mit Hilfe Schwedens, der polnischen

Lehnshoheit über Preußen, ein Jahr später aber mit Hilfe Polens der zeitweilig schwedischen entledigen, und Ostpreußen war sein. Nominell war es das schon seit 1618, als nämlich der letzte preußische Herzog, der geisteskranke Albrecht Friedrich, starb. Nun aber, auf jeden Fall nach dem Frieden von Oliva war Friedrich Wilhelm der souveräne Herr im Lande der einstigen Ordensritter, und aus Brandenburg wurde Brandenburg-Preußen, schließlich das Königreich Preußen, wenn auch erst unter seinem Sohn im Jahre 1701.

Von einer Liebesheirat zwischen beiden Ländern konnte jedoch keine Rede sein. Die Zuneigung zueinander war sehr einseitig, denn die „tollen Preußen von Adel" widersetzten sich dem Brandenburger. Die dort ansässige Bevölkerung, insbesondere aber der einheimische Adel, sympathisierte weitaus mehr mit den liberalen Polen als mit dem ungeduldigen und ehrgeizigen Hohenzollern. Da Sympathien nicht zu verordnen sind, bedurfte diese Fusion, die bestenfalls eine Vernunftsehe genannt werden konnte, einer starken Führung, damit die zarten Ehebande nicht zerrissen. Friedrich Wilhelm verstand es aber, Widerstände zu brechen, und wenn es sein mußte, auch mit aller Härte. Als er den Königsberger Oppositionsführer Hieronymus Roth zu lebenslanger Haft verurteilte und mit dem Todesurteil gegen den Obersten Christian Ludwig von Kalckstein 1672 ein Exempel statuierte, trat auch in Preußen Ruhe ein. Jetzt endlich folgten die Anerkennung seiner Souveränität sowie die Huldigung durch die preußischen Landstände.

Auf den Namen Preußen und die territorial zunächst getrennte Entwicklung eines später einheitlichen Staates sei hier kurz eingegangen. Es ist an sich ein Phänomen, daß ein Sieger den Namen des Besiegten annimmt, was hier der Fall war. Als der polnische Herzog Konrad von Masowien im Jahre 1225 den Deutschen Ritterorden um Hilfe gegen die nordöstlich der Weichsel lebenden heidnischen baltischen Pruzzen ins Land rief, kamen die „hilfsbereiten" deutschen Ordensritter und christianisierten dieses Land mit Kreuz und Schwert. Im Klartext hieß das: sie eroberten es im Namen Christi mit Waffengewalt. Von dem angestammten Volk der Pruzzen überlebten wenige. Ins Land gerufene deutsche Bauern betrieben systematisch Kolonisationsarbeit. Überall entstanden Dörfer und Städte nach deutschem Recht. So war das von dem Polenherzog nicht gemeint gewesen – jedoch die Geister, die er rief, wurde er nie wieder los.

Der Hochmeister des Deutschen Ordens residierte seit 1309 auf der

Marienburg. Von dieser gewaltigen uneinnehmbaren Festung aus regierte er sein geradezu modern organisiertes und vorbildlich verwaltetes Land mit straffer Hand. Als Staatsgebilde war das Ordensland ein Muster für Verwaltung und wirtschaftliche Blüte, ein Vorbild für Zucht und Ordnung.

Was von der einheimischen Bevölkerung am Ende übrig blieb, war lediglich der Name, den die Ordensritter merkwürdigerweise übernahmen, was bei derem elitären Denken wunder nimmt. Oder steckte dahinter auch Methode, eine Psychologie, bei den Einheimischen trotz Blut- und Bodenpolitik gewisse Sympathien für die Herrenmenschen, als die sie sich zweifellos aufführten und empfanden, zu wecken?

Als sich der Deutsche Ritterorden im Jahre 1525 auf Vorschlag Luthers auflöste und in ein weltliches Herzogtum umwandelte, wurde der letzte Hochmeister, Albrecht von Hohenzollern-Ansbach, zugleich der erste Herzog in Preußen. Der Name Preußen war geblieben, und die verwandtschaftliche Bindung des letzten Hochmeisters und ersten Herzogs in Preußen mit den Brandenburger Hohenzollern führte schließlich zu der beschriebenen Fusion mit dem Kurfürstentum Brandenburg, wenn auch erst ein Jahrhundert später. Zur Geschichte des Namens und der Entstehung Brandenburg-Preußens mag das genügen.

Bei Friedrich Wilhelms vielen Vertragsabschlüssen und ebenso häufigen Vertragsbrüchen und Bündniswechseln, die notgedrungen aus seiner zerrissenen territorialen Lage eingegangen oder vollzogen werden mußten, die aber gleichermaßen für diese Zeit und den Charakter Friedrich Wilhelms typisch waren, mußte sich der Kurfürst von seinen Nachbarn den Vorwurf der Untreue gefallen lassen. Aber er besaß die Treue, denn treu blieb er seinem Land. Verraten vom Kaiser, hintergangen von Ludwig XIV., dem französischen „Sonnenkönig“, waren seine Treubrüche moralisch durchaus gerechtfertigt. Er zahlte nur mit gleicher Münze heim. An Diplomatie, man könnte auch sagen an Verschlagenheit, war er seinen Widersachern allemal gewachsen.

Der Kaiser setzte alles daran, den mutigen und temperamentvollen Kurfürsten im Norden nicht groß werden zu lassen. Lieber ließ er sich sogar mit den feindlichen Franzosen ein, die ihm in einem Husarenstück die freie Reichsstadt Straßburg und das Elsaß abnahmen, als daß er den nach Macht strebenden Hohenzoller im Norden des Reichs tolerierte. Der Dualismus zwischen beiden Häusern hatte seinen Anfang in Friedrich Wilhelms Regierungszeit gefunden. Die Saat wurde in einer

Zeit gelegt, als der brandenburgische Kurfürst formell noch Verbündeter des Kaisers war. Jedoch das Heilige Römische Reich Deutscher Nation hatte nach dem 30jährigen Krieg ausgedient, und damit auch das Haus Habsburg, selbst wenn es noch 158 Jahre dem dahinsiechenden Reich vorstand.

So war Friedrich Wilhelm überwiegend auf sich allein gestellt. Er wußte das und nahm es schmerzlich hin, daß insbesondere Frankreich seine militärischen Erfolge zunichte machte. Aber der moralische Wert seines mutigen Auftretens, seiner Tapferkeit und seiner Siege war beachtlich, und das nicht nur in seinem eigenen Land, sondern vor allem auch im übrigen Europa. Unter den Kurfürsten seiner Zeit war er damals schon weit und breit der bedeutendste und geachtetste.

Als er am 18. Juni 1675 das schwedische Heer, das seit den Tagen Gustav Adolfs als unschlagbar galt, in der Schlacht bei Fehrbellin besiegte, verbreitete sich diese für die damalige Zeit sensationelle Kunde in Windeseile durch Europa. Nun war er der Große Kurfürst, und er erhielt so seinen Ehrennamen, den er bis heute trägt. Friedrich Wilhelm sollte übrigens der einzige Herrscher des 17. Jahrhunderts sein, an dem dieses Attribut für immer haften blieb. Ein gleichgearteter Versuch mit dem „Sonnenkönig" schlug fehl. (Auch sein Urenkel, Friedrich der Große, erwarb sich seinen Beinamen durch Mut und Tapferkeit, nämlich im Zweiten Schlesischen Krieg, als er bei Hohenfriedberg die Österreicher schlug. Die Situationen ähnelten sich sehr. Denn als der König nach dem Krieg in seine Residenzstadt einritt, begrüßten die Berliner ihn jubelnd als Friedrich den Großen, so wie dem Kurfürsten dieser Ehrentitel spontan nach Fehrbellin vom Volk verliehen wurde. In vielen Liedern und Versen pries man ihn nun als den Großen Kurfürsten, übrigens im „Ausland", im Elsaß nämlich, noch früher als in Brandenburg.)

Viele markige Worte sind aus solchen Tagen überliefert worden, die nicht alle stimmen, wohl aber die Stimmung solcher Augenblickssituationen wiedergeben. Alle bedeutenden Hohenzollern hatten ihre legendären Generale, deren Namen heute noch bekannt sind, wenn ihre zeitliche Einordnung auch nicht immer mehr gelingt. Wie Friedrich der Große seine berühmten Reitergenerale Seydlitz und Zieten anzubieten hatte und der Soldatenkönig seinen „Alten Dessauer", so konnte Friedrich Wilhelm mit dem Generalfeldmarschall und Reichsfreiherrn von Derfflinger aufwarten, zwischen denen ähnliche Bindungen bestanden wie später zwischen den Königen und ihren populären Heerführern.

Derfflinger war eine sensible, selbstbewußte, mürrische und äußerst problematische Persönlichkeit, auf jeden Fall aber eine herausragende Gestalt. Seine Verdienste um die gewonnene Schlacht von Fehrbellin schmälern nicht den persönlichen Anteil seines Landesherrn an diesem Sieg.

Der alte Derfflinger, nennen wir ihn ruhig so, denn er stand damals bereits in seinem 70. Lebensjahr, hatte seinem Kurfürsten zu Beginn der Schlacht geraten, das von den Schweden besetzte Fehrbellin mit glühenden Kugeln zu beschießen, selbst wenn der Ort dabei in Schutt und Asche fiele – worauf ihm sein Landesherr eine Antwort gegeben haben soll, die für patriotische Schulbücher späterer Generationen vortrefflicher nicht sein konnte, wenn er ihm mitten im Schlachtgetümmel zurief: „Ich bin nicht gekommen mein Land zu verbrennen sondern zu retten." Das liest sich heute noch gut und hätte so manchem Heerführer unseres Jahrhunderts ins Stammbuch geschrieben werden müssen, denen im Unterschied zu diesem Kurfürsten die Strategie einer verbrannten Erde als letztes Mittel immer willkommen war.

Auch ohne den von Derfflinger empfohlenen Flächenbrand entschied der Kurfürst diese Schlacht für sich, in die er selbst, schwer krank schon damals, mit eingriff.

Eines kann hier aus seiner Krankengeschichte vorweggenommen werden: Der Große Kurfürst litt schwer an der Gicht. Zum Zeitpunkt der Schlacht von Fehrbellin war diese Krankheit schon 15 Jahre seine Begleiterin. Die Gicht war bei den Hohenzollern schon damals familiär. Der Vater des Großen Kurfürsten, Georg Wilhelm, starb bereits mit 45 Jahren. Sichere Hinweise für das Vorliegen einer Gicht bei ihm fand ich nicht, aber versteckte schon, da die Begriffe Gicht und Podagra oder Rheumatismus und Gelenkschmerzen noch lange nicht so scharf getrennt wurden wie heute. Dennoch muß bei einigen Brandenburger Hohenzollern vor Friedrich Wilhelm davon ausgegangen werden, daß sie gichtkrank waren. Nach meinen Studien gehörten zu diesem Kreis Johann Sigismund, der Großvater Friedrich Wilhelms, Joachim II., Joachim I., mit Sicherheit schon Albrecht Achilles, der dritte Hohenzollern-Kurfürst.

Diese biographische Darstellung ist auch mit Blick auf die Krankheitsgeschichte des Großen Kurfürsten geschrieben unter Erschließung neuer, bislang nicht beachteter Quellen, besonders aus seinen letzten Lebensjahren. Viele Berichte, Briefe, Protokolle und Aufzeichnungen von Kabinettsräten, – den Begriff kannte man damals nicht –, waren im Geheimen Staatsarchiv Preussischer Kulturbesitz zu finden. Auch die von Samuel von Pufendorf verfaßte erste Biographie über den Kurfürsten war für mich von Wert, ebenso wie die authentischen Bücher Jakob Paul Gundlings über einige Hohenzollern-Kurfürsten und den preußischen Staat. Auszüge aus Kirchenbüchern, Gespräche mit Pfarrern und Ärzten fanden gleichermaßen Berücksichtigung wie weitere ältere Biographien über Friedrich Wilhelm und die „Denkwürdigkeiten zur Geschichte des Hauses Brandenburg" von Friedrich dem Großen in der korrigierten Fassung.

Krankheit kann ein geschichtsbildender Faktor sein, zumindest war er es in einer Zeit, als es noch souveräne Herrscher gab. Die übliche Historiographie ist bisher an dieser Tatsache mehr oder weniger achtlos vorübergegangen. Das ist eigentlich erstaunlich, weil sich viele Beispiele aus der Geschichte geradezu aufdrängen, auf die hier aber nicht näher eingegangen werden soll, weil ich an anderer Stelle ausführlich darüber berichtet habe.

Der Große Kurfürst litt an mehreren Krankheiten, die später ausführlicher beschrieben werden. Es war ja nicht allein die Gicht, die ihn seit seinem 40. Lebensjahr peinigte. Hinzu kamen Nieren- und Gallenkoliken, vor allem aber seine anlagebedingten Depressionen, die ihn im Laufe seines Lebens immer stärker beherrschten.

Die Vielzahl seiner Krankheiten führte zu abnormen Verhaltensweisen. Seine häufigen Unsicherheiten in wichtigen Entscheidungsfragen, seine Unberechenbarkeit und die ihm nachgesagte Unzuverlässigkeit, sein politisches Wechselfieber, das ihm den Beinamen eines Gewitterkopfes einbrachte, können krankheitsmitbedingt gewesen sein. Im Grunde glich er einem Januskopf, und was die diplomatischen Beziehungen anbelangte, so erforderte der Umgang ausländischer Gesandter mit ihm ein Höchstmaß an Beweglichkeit, denn er war wenig kalkulierbar und seine heute getroffenen Entscheidungen stieß er oft morgen wieder um.

Seine häufigen Testamentsänderungen in seinen letzten Lebensjahren wie seine allgemeine Unentschlossenheit bis hin zur Apathie hatten ihre Ursachen fraglos in seinen Depressionen und seinen vielen körperlichen Krankheiten, denn ohne Schmerzen war er seit seinem 40. Lebensjahr eigentlich nie mehr.

So lassen sich von Friedrich Wilhelms Krankheiten viele

Verhaltensweisen, Charakterzüge und Fehlentscheidungen ableiten, was noch gesondert dargestellt wird.

Der Große Kurfürst war eine vielschichtige, auf jeden Fall eine außergewöhnliche Persönlichkeit, denn daß er andererseits geradezu eine Überaktivität an den Tag legte und genügend Beispiele für Mut und Tapferkeit gegeben hat, gehörte ebenso zu seinem Wesen wie der Hang zur völligen Isolation und zur Abkehr von der Umwelt.

Geradezu klassische Beispiele für die Wechselwirkung von Krankheiten und politischen wie gesellschaftlichen Konsequenzen waren Kaiser Karl V. und der 99-Tage-Kaiser Friedrich III.

In unserer pluralistischen Gesellschaftsordnung heute mit einem Mehrparteiensystem und einer von Parlamentsmehrheit getragenen Regierung ist diese Betrachtungsweise sicherlich bedeutungsloser, weil der Einzelne politisch bedeutungsloser geworden ist. Seine Entscheidung, ob krank oder gesund, ist immer eine Mehrheitsentscheidung. Von daher sind die politischen Persönlichkeiten von heute mit gestern nicht mehr vergleichbar. Wie oft hingen aber das Wohl und Wehe der Menschen, ja ganzer Völker einst von den Entscheidungen einzelner ab – dabei mußten es nicht immer Kurfürsten, Könige und Kaiser sein. Auch Hitler hatte als "Der Führer" unumschränkte Macht, und ohne ihn ging in der Zeit des Dritten Reiches gar nichts. In den kommunistischen Diktaturen Osteuropas, Asiens und Lateinamerikas sah es nicht anders aus.

Ich habe in der ehemaligen DDR auf meine Buchangebote hin von allen angeschriebenen Verlagen ähnlich abschlägige Bescheide bekommen, wie den folgenden aus der Feder des Cheflektors eines damals immerhin bekannten Verlags: „Ob bewußt oder unbewußt, gehen Sie davon aus, daß die historische Entwicklung der Völker in entscheidendem Maße vom Tun und Lassen einzelner Persönlichkeiten bestimmt wird (Daß „große Männer“ gestern wie heute Politik gestalteten und gestalten, ist schwer zu leugnen – d.A.), d.h., Sie postulieren: 'Männer machen Geschichte' ... Das führt u.a. zu der in Westeuropa gern gepflegten Theorie, daß der Zweite Weltkrieg für Deutschland nur deshalb verlorenging, weil Hitler als Psychopath falsche strategische Entscheidungen getroffen hat (Was sicher richtig ist, sehen wir einmal von der moralischen Seite des Krieges ab, die Hitler von Anfang an ins Unrecht setzte – d.A.). Eine solche Grundkonzeption steht in krassem Gegensatz zu unserer Betrachtungsweise des historischen Materialismus, nach welcher der Ablauf der Geschichte wesentlich und dominierend von den inneren Widersprüchen einer Gesellschaftsordnung, d.h. den Produktionsverhältnissen, bestimmt wird. Daher müßten Sie bei der Ausführung Ihres Vorhabens ganz zwangsläufig in problematische Situationen kommen. Aus diesem Grunde können wir uns nicht zur Übernahme Ihres Projektes entschließen."

Wenn man unter Zugrundelegung dieses Briefzitats an den Großen Kurfürsten, viel stärker aber noch an seinen Enkel, den Soldatenkönig, denkt und versucht, den „Ablauf (ihrer) Geschichte wesentlich und dominierend von den inneren Widersprüchen ihrer Gesellschaftsordnung ..." aus zu sehen, dann ist das mindeste, was hier aufkommt, Verlegenheit. Sie herrschten alle unumschränkt. Natürlich hatten sie Berater – das waren aber nicht die „inneren Widersprüche (ihrer) Gesellschaftsordnung". Bei Kurfürst Friedrich Wilhelm waren es konkret Konrad von Burgsdorff, Otto Reichsfreiherr von Schwerin, der Feldmarschall Georg von Derfflinger, wohl auch seine beiden Gemahlinnen Luise Henriette und Dorothea – beim Soldatenkönig in erster Linie Leopold Fürst von Anhalt-Dessau und General Friedrich Wilhelm von Grumbkow.

Was den Einfluß auf die Monarchen anbelangte, so galt eigentlich für alle, was König Friedrich Wilhelm I. – gewissermaßen exemplarisch – am 27. April 1727 der Generalhufenkommission in Ostpreußen geschrieben hatte und das betraf sogar den Adel!: „... ich komme zu meinem zweg und stabiliere die Krohne ferst wie ein Rocher von Bronse und laße die herren juncker den Windt vom Landtdaghe ..."

Aus meiner Sicht bedarf das Thema keines weiteren Kommentars, da nicht zu leugnen ist, daß Männer Geschichte gemacht haben – denken wir nur, um in der jüngeren Zeit zu bleiben, an Napoleon, Bismarck, Stalin oder Hitler. Folgen wir Pilgrim, so waren diese „Horrorpersönlichkeiten" durchweg Muttersöhne, psychisch abnorm durch eine nie gelungene Abnabelung, bedauernswert und zerstörerisch, also krank.

Friedrich Schiller formulierte das so: „Einzelne wenige zählen, die übrigen alle sind blinde Nieten." Wer nicht davon überzeugt ist, „daß die historische Entwicklung der Völker vom Tun und Lassen einzelner Persönlichkeiten bestimmt wird", zumindest aber wurde, entschließt sich nicht zu einer Biographie. Glücklicherweise waren alle hier genannten Hohenzollern von ihrer Aufgabe, von ihrem Amt und ihrer

Pflicht so tief durchdrungen, „daß sie sich opfern mußten". Beim Großen Kurfürsten wie beim Soldatenkönig fiel zudem noch ihre Frömmigkeit ins Gewicht. Daß ihnen der Schöpfer ihr schweres Amt anvertraut und aufgebürdet hatte, daran bestand für beide kein Zweifel. Sie hatten schon viel Ähnlichkeit – der Großvater und sein Enkel. Auf diese Seite des Großen Kurfürsten und die religiöse Toleranz in Preußen, die Friedrich Wilhelm zwar nicht begründete, aber doch mit seinen Religionsedikten demonstrativ befestigte, komme ich noch zu sprechen.

Im Jahre 1688, am 29. April nach altem Kalender, starb der Große Kurfürst in seinem Schloß in Potsdam. Als Friedrich der Große 1750 seinen Sarkophag öffnen ließ, sagte er: „Meine Herren, der hat viel getan."

Was erinnert heute nach über 300 Jahren noch faßbar an diesen Mann, der „eine rechte Blüthe in unser Haus gebracht" hat, wie der Soldatenkönig es später formulieren sollte? Ich meine damit nicht das weltberühmte Reiterstandbild Schlüters, auch nicht den von Arnold Nehring entworfenen Prunksarkophag des Großen Kurfürsten im Berliner Dom und die prächtige barocke Standfigur in Rathenow oder die Denkmäler in Fehrbellin, in Hakenberg und anderswo, wie beispielsweise im fernen Emden oder in Neukamp auf der Insel Rügen. Ich meine vielmehr die stummen Zeugen aus einer längst vergangenen Zeit wie Häuser, Palais, Schlösser und Kirchen. Wenn man sich in Berlin umsieht oder nach dem zuverlässigsten und kenntnisreichsten „Reiseführer" durch die Mark Brandenburg fährt und wandert, nach Theodor Fontane nämlich, ist man erstaunt, wieviel es heute noch aus der Zeit des Großen Kurfürsten zu entdecken gibt. Hinter toten Mauern, zerstörten oder erhaltenen Herrenhäusern und Kirchen wird es plötzlich wieder lebendig, ob in Caputh, Oranienburg, Köpenick, Blumberg, Altlandsberg, Gusow oder Tamsel (in der Neumark gelegen und damit heute polnisch – d.A.) – Orte und Namen, die uns im folgenden begegnen werden.

Nun aber soll der Mann noch einmal selbst zurückkehren in sein Leben und in seine Zeit, dessen beachtliche Leistungen für Brandenburg-Preußen auch der Anlaß dafür waren, daß die Gemeinde Hakenberg auf einen schlichten und vielleicht wenig beachteten Gedenkstein schreiben konnte: „Hier legten die Brandenburger den Grund zu Preussens Größe."

Leben und Krankheiten Friedrich Wilhelms

Herkunft

Den klangvollen Namen Hohenzollern verdankt das Adelsgeschlecht der gleichnamigen Stammburg auf der Schwäbischen Alb. (Diese Burg bei Hechingen in Baden-Württemberg existiert heute noch, wenn auch inzwischen in ihrer dritten Ausführung, die König Friedrich Wilhelm IV. von Preußen veranlaßte.) Ende des 12. Jahrhunderts zeichnete sich ein erster, wenn auch noch bescheidener Aufstieg ab – die Hohenzollern wurden Burggrafen von Nürnberg. Aus der burggräflichen Linie dieses Geschlechts gingen die Fürsten von Ansbach und Bayreuth hervor, die 200 Jahre später in den Rang von Reichsfürsten erhoben wurden.

Burggraf Friedrich VI. von Hohenzollern erwarb sich unter Kaiser Sigismund aus dem Hause Luxemburg beachtliche Verdienste, so daß er ihn mit der damals herrenlosen Mark Brandenburg belehnte. Die Mark war nach dem Aussterben der dort ansässigen Askanier, einem deutschen Fürstengeschlecht, dessen berühmtester Vertreter, Albrecht der Bär, einst die Mark Brandenburg begründet hatte, im Jahre 1320 als erledigtes Lehen an die deutsche Kaiserkrone gefallen und mit einigen Unterbrechungen herrenlos geworden. Entsprechend sah es aus in diesem Land, wo ein selbstherrlicher und verwilderter Adel unumschränkt schaltete und waltete und buchstäblich noch das Faustrecht regierte. Daß die Hohenzollern nicht mit offenen Armen aufgenommen wurden, war sehr verständlich, denn jede landesherrliche Gewalt bedeutete zugleich Verzicht auf angestammte Freiheiten und Gewohnheitsrechte.

1415 wurde Friedrich VI. mit der Mark Brandenburg belehnt und am 18. April 1417 in Konstanz in den Kurfürstenstand erhoben. Als erster Hohenzollern-Kurfürst der Mark Brandenburg nannte sich der bisherige Nürnberger Burggraf nun Friedrich I. Der Anfang für die Hohenzollern in diesem Raubritterparadies des Nordens war alles andere als leicht, und so sollten noch Jahrzehnte vergehen bis diese „Fremden“ aus dem Süden Deutschlands in der Mark Brandenburg heimisch wurden. Noch zu Luthers Zeit begann für ihn selbst nördlich von Wittenberg die Barbarei.

Die ersten Hohenzollern-Kurfürsten zog es wieder hinaus ins Reich, zurück in ihre angestammte Heimat. So nimmt es auch nicht wunder, daß sie wenig Spuren hinterlassen haben, und nicht einmal in Brandenburg, sondern in Franken starben und dort auch beigesetzt wurden.

Friedrich I. gelang es immerhin, mit seinen Donnerbüchsen, wie der sagenhaften „Faulen Grete“, die Raubritterburgen der aufsässigsten und widerspenstigsten Familien, der Quitzows, der Rochows und der zu Putlitz’ zu schleifen.

Sein gleichnamiger Sohn, der sich den Beinamen „der Eiserne“ erwarb, brach aber den Widerstand des einheimischen Adels und die Autonomie der Städte schon wirkungsvoller, und es gelang dem zweiten Kurfürsten bereits, sich Zutritt zu der Doppelstadt Berlin und Cölln zu verschaffen. Er ging noch einen Schritt weiter, indem er am Spreeufer das erste Schloß aufführen ließ und es im Jahre 1451 bereits bezog. Damit war der Weg zur zukünftigen Residenz der Hohenzollern vorgezeichnet. Ansonsten war Friedrichs Zeit noch von jener katholischen Intoleranz gegen Andersgläubige gekennzeichnet, für die Willkürakte wie Verfolgungen, Gefangennahmen und Konfiskationen von Besitz zur Normalität gehörten. Dabei traf es wie immer hauptsächlich die Juden, aber den Hussiten ging es auch nicht besser.

Der dritte Kurfürst, Albrecht Achilles, ein glänzender Reichsfürst und die herausragende Gestalt unter den ersten brandenburgischen Hohenzollern, hat sich mit seiner Erbschaftsordnung, der nach ihm benannten Dispositio Achillae für die Zukunft der Brandenburger Hohenzollern bedeutende Verdienste erworben. Sein Hausgesetz sicherte die Primogenitur, die Erbfolge des Erstgeborenen ebenso wie die Unteilbarkeit der Mark Brandenburg, neben der nur noch die beiden Hohenzollern-Linien Ansbach und Bayreuth Bestand hatten. Im großen und ganzen hielt diese Erbschaftsordnung auch, selbst wenn sie immer wieder angetastet wurde. Für die Geschichte Brandenburgs war sie von unschätzbarem Wert, eine weitsichtige Verfügung, die eine mögliche Schwächung des Hauses abwehrte.

Albrechts Sohn, Johann Cicero, dessen Beredsamkeit an den bekannten Römer erinnerte, dem er auch seinen Beinamen verdankte, hat keine nennenswerten Spuren hinterlassen. Da er sich im Unterschied zu seinen Vorgängern überwiegend in der Mark aufhielt, kann man ihn zu Recht den ersten Brandenburger Hohenzoller nennen.

Johann Cicero folgte Joachim I. Nestor, dessen Beiname irreführend ist, da er bereits mit 51 Jahren starb. Joachim lebte in einer sehr bewegten Zeit, der Martin Luther ihr Gepräge gab. Im Unterschied zu vielen anderen Landesfürsten, die Luthers neue Lehre angenommen hatten, blieb er der alten Kirche treu. Sein Bruder Albrecht, der Erzbischof von Magdeburg und Mainz, einer der Hauptwidersacher Luthers, hat dabei sicher seinen Einfluß auf Joachim nicht verfehlt. Mit eiserner Hand brach der Kurfürst die letzten Widerstände rebellischer Raubritter und ließ zahlreiche Adelshinrichtungen durchführen. Die Judenverfolgungen erreichten unter ihm ihren zweiten Höhepunkt – achtunddreißig angesehene und reiche Juden wurden verbrannt, andere des Landes verwiesen. Aber es gibt nicht nur Negatives über diesen Kurfürsten zu berichten. Im exklusiven Club des Kurfürstenkollegiums war er als scharfer und gewandter Redner ebenso geachtet wie gefürchtet.

Im Landesinneren führte Joachim I. 1527, nach dem er zehn Jahre zuvor bereits ein landesherrliches Gericht, das Kammergericht, geschaffen hatte, das römische Recht, das Kaiserrecht ein, eine Verfügung, die als Joachimsche Konstitution in die Geschichte einging. Auch geht die Einführung des „Meißnischen" als hochdeutsche Amtssprache in Brandenburg auf ihn zurück, und die Universität Frankfurt/Oder verdankte ihm ihre Gründung, die allerdings sein Vater schon angeregt hatte.

Joachim I. hatte sich in seiner Selbstherrlichkeit über das Hausgesetz der Hohenzollern, die Dispositio Achillae, hinweggesetzt und seinem älteren Sohn, Joachim II., die Kurmark und dem jüngeren, Johann von Küstrin, die Neumark vererbt – ein schwerer Schaden, der glücklicherweise eine Generation später wieder abgewendet werden konnte.

Der Beiname des neuen Kurfürsten, Joachim II. Hektor, ist noch rätselhafter als der seines Vaters, denn er war alles andere als ein Held. Im Grunde war er in allem das glatte Gegenteil von seinem ernsten und ehrgeizigen Vater, denn er war prunkliebend, verschwenderisch und auch bequem. Als Joachim 1539 in Brandenburg die längst überfällige Reformation einführte, war das doch alles andere als ein Zeichen ganz besonders gereiften Christentums – es war reiner Pragmatismus und ohne Frage politisch klug, zudem auch noch ein einträgliches Geschäft. Waren dadurch doch viele Klöster und Bistümer zu säkularisieren und zu konfiszieren, was dem chronisch verschuldeten Landesherrn gelegen kam, der im Grunde erst nach dem Augsburger Religionsfrieden von 1555 seinen Frieden mit der neuen Lehre Luthers machte. Seine Bau- und Jagdleidenschaften verschlangen Unsummen, wenn sie auch herrliche Schlösser hervorbrachten, an denen wir uns heute noch erfreuen können. Das kurfürstliche Schloß erstand im Renaissancestil neu, und das von Joachim erbaute Jagdschloß „im grünen Wald" (Grunewald) erreichte er über einen eigens dafür angelegten Bohlendamm, aus dem später der Kurfürstendamm werden sollte. Auch das Jagdschloß in Köpenick ging auf Joachim II. zurück, das sein heutiges Gewand allerdings durch den Großen Kurfürsten erhielt. Vorsorglich hatte Joachim 1560 die Spandauer Burg zur Zitadelle umbauen lassen, zu einem sicheren Ort für alle Krisenzeiten, vor allem für sich selbst.

Politisch weitreichende Konsequenzen hatte die 1569 erreichte Mitbelehnung des Herzogtums Preußen, die sein diplomatischer Kanzler Distelmeyer den Polen in jahrelangen Verhandlungen abgerungen hatte. Damit war der Grundstein von Joachim II. bereits für jenen Staat gelegt, der eines Tages, wie schon beschrieben, Brandenburg-Preußen, am Ende nur noch Preußen heißen sollte.

Bis auf den Kurfürstenhut hinterließ Joachim seinem Sohn Johann Georg nichts als Schulden. Dieser war im Unterschied zu seinem liebenswürdigen und geselligen Vater ein nüchterner und spröder Mann, im gesellschaftlichen Verkehr eher linkisch und fade. Als erstes fiel zehn Tage nach seiner Amtsübernahme die Neumark an die Kurmark zurück, und damit war die von Albrecht Achilles testamentarisch verfügte Unteilbarkeit des Landes wieder hergestellt. Die Verdienste Johann Georgs daran waren unmaßgeblich, denn Johann von Küstrin, dem Joachim I. die Neumark vererbt hatte, war gestorben und hatte keine Söhne hinterlassen.

In Brandenburg wurde es nun orthodox lutherisch. Unnachsichtig ging Johann Georg mit den Günstlingen seines Vaters ins Gericht. Dessen Münzmeister, der Jude Lippold, wurde in aller Öffentlichkeit verbrannt, die Geliebte seines Vaters, „die schöne Gießerin" (Anna Sydow), schickte er kurzerhand auf die Festung Spandau, wo sie schließlich starb. Die Juden traf es wiederum besonders hart – es blieb nicht allein bei der Verbrennung Lippolds, sie wurden enteignet und des Landes verwiesen.

Johann Georg versuchte immerhin, die völlig zerrütteten Finanzen und die Wirtschaft seines Landes zu stabilisieren. Auf ihn geht, so unbedeutend dieser Kurfürst auch gewesen ist, die Gründung des bekannten Berliner Gymnasiums „Zum Grauen Kloster“ zurück, dessen berühmtester Schüler einst Otto von Bismarck werden sollte.

Seinem Nachfolger, Kurfürst Joachim Friedrich, lag vor allem die Ausdehnung seiner Hausmacht sehr am Herzen.

Zunächst begann seine Amtszeit mit einem schweren Ärgernis, mit einem Hausproblem, das sein Vater ihm hinterlassen hatte. Johann Georg hatte seinem Sohn aus dritter Ehe wiederum die Neumark vererbt, und die Dispositio Achillae abermals ignoriert. Für Joachim Friedrich spricht, daß er nicht willens war, das väterliche Testament zu akzeptieren. Es gelang ihm 1598 mit allen erbberechtigten Verwandten den sogenannten Hausvertrag von Gera zu schließen, der die Primogenitur und die Unteilbarkeit der Marken aufs Neue festschrieb. Aufgrund der Dispositio Achillae und des Geraischen Hausvertrages ging es den Hohenzollern weitaus besser, als den Wettinern, den Wittelsbachern und den Welfen, die durch Erbteilungen oft eine Schwächung hinzunehmen hatten.

Mit Blick auf Preußen war es bedeutsam, daß dem Kurfürsten 1605 vom polnischen König die Vormundschaft für den geisteskranken letzten Herzog in Preußen, Albrecht Friedrich, übertragen wurde, den Joachim Friedrich 1594 schon geschickt zum Schwiegervater seines Sohnes auserkoren hatte. Nun war das Erbe im Osten für Brandenburg schon dreifach abgesichert: durch die Mitbelehnung Joachims II., durch die Verheiratung von Johann Sigismund mit der einzigen Tochter Albrecht Friedrichs, mit Anna von Preußen, und durch die Regentschaft für den schon seit seiner Jugend geisteskranken letzten preußischen Herzog, Annas Vater.

Anna von Preußen, die Schwiegertochter Joachim Friedrichs, war eine millionenschwere Erbin. Es ging ja nicht allein um Ostpreußen, sondern auch um ganz erhebliche Erbschaften am Niederrhein, denn Annas Mutter, Marie Eleonore von Jülich-Kleve-Berg, war alles andere als mittellos. Sie hinterließ den stattlichen niederrheinischen Länderkomplex ihrer Tochter Anna, und diese war die Gemahlin Johann Sigismunds, des zukünftigen Brandenburger Kurfürsten.

1604 setzte Joachim Friedrich eigens für die Bearbeitung seiner Hausangelegenheiten ein „stehendes Geheimrathskollegium“ ein, eine Art Staatsministerium, zugleich das erste seiner Art in Brandenburg.

Seit 1608, dem Todesjahr Joachim Friedrichs, hieß der neue Kurfürst von Brandenburg Johann Sigismund. Mit ihm beginnt die Geschichte Brandenburgs eigentlich erst interessant zu werden, in erster Linie wegen der vielen, von langer Hand vorbereiteten Erbschaften. Er selbst widmete sich überwiegend den Tafelfreuden und war ein arbeitsscheuer Schlemmer und krankhafter Trinker. Aber das Bett war ihm bereitet, und er war bei allen menschlichen Schwächen klug und weitsichtig genug, schon 1611 dem polnischen König mit Blick auf Ostpreußen den Lehnseid zu leisten.

1618 war es dann soweit. Der letzte Herzog in Preußen starb, und Ostpreußen fiel nun an Brandenburg, wenn auch die polnische Lehnshoheit noch zu respektieren war.

Im Osten waren die Verhältnisse geklärt, im Westen wartete allerdings das Haus Pfalz-Neuburg mit denselben Erbansprüchen auf. Die Angelegenheit erfuhr dramatische Zuspitzungen, die sogar einen aufsehenerregenden Konfessionswechsel zur Folge hatte – auf beiden Seiten übrigens, denn der lutherische Pfalzgraf von Neuburg kehrte in den Schoß der römisch-katholischen Kirche zurück, was von den Habsburgern in Österreich und Spanien entsprechend honoriert wurde, und Johann Sigismund wurde kalvinistisch – immerhin waren die benachbarten Niederlande geradezu eine Hochburg des Kalvinismus, und so fand sein Schritt in diesem Land selbstredend den einkalkulierten Beifall. Es mag sein, daß ihm die reformierte Eucharistie verständlicher als die lutherische war, – aber es hat wenig Sinn, diesen Schritt religiös motivieren zu wollen, denn er war alles andere als das. Am Ende erwiesen sich die Konfessionswechsel als wertlos, sogar als folgenschwer, denn das von beiden erhoffte Ziel, das Gesamterbe, erreichte niemand, weder mit Habsburger noch mit niederländischer Hilfe. 1614 kam es zu einem Vergleich, zu dem Vertrag von Xanten, der das Erbe teilte, und so fielen Kleve, Mark und Ravensberg an Brandenburg, während die Herzogtümer Jülich und Berg an den Pfalzgrafen gingen. Es sollten noch genau 200 Jahre ins Land gehen bis diese Herzogtümer nach dem Wiener Kongreß preußisch wurden.

Die Probleme für den Kurfürsten kamen aber zu Hause, denn Brandenburg war durchweg lutherisch, und der Kalvinismus war hier noch verhaßter als der Katholizismus. Nicht viel anders sah es in Ostpreußen aus, und hier wie dort kam es zu regelrechten tumultuarischen Ausschreitungen.

Nun aber zeigte sich die Größe Johann Sigismunds, oder war es Pragmatismus? Er überließ es jedem, auch seiner eigenen Familie, dem alten Glauben treu zu bleiben. Mit seinem Toleranzedikt von 1614 legte Kurfürst Johann Sigismund den Grundstein für jene Glaubensfreiheit, die für Brandenburg und Preußen charakteristisch werden sollte. Am Anfang einer langen Reihe aufgeschlossener und religiös duldsamer Landesherren stand ohne Frage Johann Sigismund. Die Zeit eines Friedrich II., Joachim I. und Johann Georg war unwiederbringlich vorbei, selbst wenn die Juden auch erst 1671 von dem Großen Kurfürsten wieder ins Land gerufen wurden. Aber zwischen Verfolgung und Einladung lagen Welten.

Johann Sigismund hatte sein Leben schon früh durch Trunk und Völlerei so ruiniert, daß er mit 47 Jahren starb. Aber sein hinterlassenes Erbe, das materielle wie das ideelle, konnte sich sehen lassen. Die ehemalige „Streusandbüchse" des Heiligen Römischen Reiches Deutscher Nation, wie die Mark Brandenburg einst geringschätzig bezeichnet wurde, war ansehnlicher und gewichtiger geworden, eine Entwicklung, die vorwärts drängte.

Der Nachfolger Johann Sigismunds, Kurfürst Georg Wilhelm, mußte in einer Zeit sein Amt antreten, die Deutschland in seiner nachreformatorisch-stürmischen Entwicklung um ein Jahrhundert zurückwarf, in der Zeit des 30jährigen Krieges. Daß die Verheerung Brandenburg besonders hart traf, hatte zumindest drei Ursachen: Die schwerwiegendste war Georg Wilhelm selbst, seine fatalistische Haltung in einer Zeit, die wie kaum eine andere zuvor Mut und Entschlossenheit sowie Parteinahme verlangte. Die zweite hing mit der ersten unmittelbar zusammen. Es war der 30jährige Krieg, den andere inszenierten, diktierten und handwerklich perfekt ausführten. Der Hauptverantwortliche saß in Wien: der römisch-deutsche Kaiser Ferdinand II. Seine Schergen hießen u.a. Tilly und Wallenstein. Nichts anderes war auf der gegnerischen Seite der Schwedenkönig Gustav Adolf auch, der angeblich zur Rettung des evangelischen Glaubens zum Schwert gegriffen hatte, mehr aber wohl, um auf dem europäischen Festland Fuß zu fassen. Solchen Kriegsleuten war Georg Wilhelm nicht gewachsen, so daß er bald zum willfährigen Objekt aller Parteien wurde. Die dritte Ursache hing ebenfalls mit der ersten zusammen: Es war der Umstand, daß nicht eigentlich der Kurfürst, sondern der katholische Reichsgraf Adam von Schwarzenberg die Regierung führte, auf dessen

Brandenburger Kurfürsten aus dem Hause Hohenzollern

Friedrich I.
* 1371 † 1440
(KF 1417–1440)

Johann

Friedrich II.
* 1413 † 1471
(KF 1440–1470)

Albrecht Achilles
* 1414 † 1486
(KF 1470–1486)

Johann Cicero
* 1455 † 1499
(KF 1486–1499)

Friedrich

Joachim I. Nestor
* 1484 † 1535
(KF 1499–1535)

Albrecht

Joachim II. Hektor
* 1505 † 1571
(KF 1535–1571)

Johann

Johann Georg
* 1525 † 1598
(KF 1571–1598)

Joachim Friedrich
* 1546 † 1608
(KF 1598–1608)

Johann Sigismund
* 1572 † 1619
(KF 1608–1619)

Georg Wilhelm
* 1595 † 1640
(KF 1619–1640)

Friedrich Wilhelm der Große Kurfürst
* 1620 † 1688
(KF 1640–1688)

Friedrich III. (I.)
* 1657 † 1713
(KF 1688–1713
König 1701–1713)

Zuverlässigkeit der Kaiserhof in Wien, ja die gesamte katholische Habsburger-Partei im Reich immer rechnen konnte. So wurde Brandenburg förmlich aufgerieben. Ein Georg Wilhelm von Gustav Adolf aufgenötigtes Bündnis führte natürlich zur Verstimmung mit dem Kaiser. Solange der Schwede im Vormarsch war, war alles noch erträglich – als aber das Blatt sich wendete, und Gustav Adolf selbst im Jahre 1632 in der bekannten Schlacht von Lützen fiel, fielen auch die Kaiserlichen erbarmungslos über Brandenburg her. Man hatte es nicht vergessen, daß Georg Wilhelm zu den schwedischen Verbündeten zählte. Dabei interessierte nicht, wie dieses Bündnis einst zustandekam, daß es dem Brandenburger von dem rücksichtslosen Schweden diktiert wurde.

Die Tatsache, daß sich der Kurfürst nun auf die kaiserliche Seite schlug, machte die Angelegenheit für Brandenburg nicht besser, denn jetzt waren aus den schwedischen Verbündeten Besatzer geworden, die Kaiserlichen aber waren es geblieben. Brandenburg wurde zum Hauptkriegsschauplatz und Durchzugsgebiet für alle sich bekämpfenden Parteien. Es wurde getötet, geplündert, gebrandschatzt, gefoltert, geschossen, gesprengt, zerstört um des Zerstörens willen. Die am Ende von Georg Wilhelm zur Verteidigung des eigenen Landes angeworbenen Söldnerheere vollendeten das Bild der Zerstörung restlos und ließen Stallungen, Gehöfte, Häuser und Kirchen in Flammen aufgehen. Von einem Religionskrieg konnte längst keine Rede mehr sein. Die wahllos zusammengewürfelten Söldnerhaufen bestanden aus Katholiken, Lutheranern und Kalvinisten, und so kämpften in diesem sinnlosen Raubkrieg und Völkermord am Ende Lutheraner gegen Lutheraner, Katholiken gegen Katholiken, und auch Emporkömmlinge, die keiner Partei angehörten, sondern nur sich die Treue hielten, wie Wallenstein, der mit beiden Parteien verhandelte, aber ebenso wenig kaisertreu wie protestantenfreundlich war, bis er schließlich am 25. Februar 1634 in Eger ermordet wurde.

Diesen Greueltaten war Georg Wilhelm psychisch nicht gewachsen, ganz abgesehen davon, daß er ihnen ohnmächtig und wehrlos zuschauen mußte. Als frömmelnder Landesherr und eingefleischter Kalvinist suchte er Rat und Hilfe im Gebet und setzte sich, so oft es ging nach Ostpreußen ab, das vom Krieg unberührt geblieben war.

Am 1. Dezember 1640 neuen Kalenders starb Kurfürst Georg Wilhelm. Sein Sohn, den die Geschichte eines Tages „den Großen“ nennen würde, war 20 Jahre alt. Sein Erbe waren verbrannte Erde, zerstörte

Dörfer und Städte, ein menschenleeres Land. Und noch etwas gehörte zu dem Erbe, das Friedrich Wilhelm anzutreten hatte: der 30jährige Krieg, dessen Ende 1640 noch keineswegs in Sicht war.

Kindheit und Jugend

Am 6. Februar 1620 wurde Friedrich Wilhelm von Hohenzollern als erster Sohn des brandenburgischen Kurfürsten Georg Wilhelm und seiner Gemahlin Elisabeth Charlotte von der Pfalz im alten düsteren Schloß zu Cölln an der Spree geboren, das noch aus den Zeiten des zweiten Joachims und Johann Georgs stammte. (Nach dem Gregorianischen Kalender, den das protestantische Deutschland erst im Jahre 1700 einführte, war es der 16. Februar, so daß die häufig unterschiedlich angegebenen Geburtsdaten Kalender bedingt sind und nicht etwa auf Unsicherheit beruhen. Das trifft übrigens auch auf andere Daten zu. So starb Kurfürst Georg Wilhelm nach altem Kalender am 20. November, während als Sterbedatum häufig der 1. Dezember genannt wird wie auch die Schlacht von Fehrbellin an sich am 18. und nicht am 28. Juni geschlagen wurde.)

Jedenfalls war Friedrich Wilhelm ein Wassermann und nach der Astrologie ein Mensch mit überschäumendem Temperament, dabei von scharfer Logik und von hohen Geistesgaben, zugleich ein Idealist, dessen Gedankenflüge oft ans Phantastische grenzen. Für Neues grundsätzlich aufgeschlossen, setzen Wassermänner ihre Absichten mit einer erstaunlichen Gewandtheit durch, wobei ihnen ihr Ehrgeiz und ihre Klugheit meist zum Erfolg verhelfen, ohne daß andere dabei Schaden nehmen. Anpassungsfähigkeit wird Wassermännern allgemein bescheinigt bis hin zu einem Zug ins Leutselige.

Aufgrund der ihnen nachgesagten Eigenschaften sind Künstler unter Wassermännern keine Seltenheit, Entdecker und Erfinder vervollständigen die Berufsbilder.

Anpassungsfähig, diplomatisch gewandt und geistig rege war Friedrich Wilhelm ohne Frage. Auch wenn er weder zum Maler, Musiker noch Bildhauer bestimmt war, kann selbst dem Staatsmann Friedrich Wilhelm ein Zug zur Entdeckung, zur Erforschung wie ein Hang zum Phantastischen nicht abgesprochen werden, wenn man allein dabei an den Aufbau seiner brandenburgischen Flotte und an die

Kurfürst Georg Wilhelm – Vater und Vorgänger des Großen Kurfürsten.
Unbekannter Stich

Gründung der Feste Großfriedrichsburg an der fernen Küste Guineas denkt, worauf wir noch zu sprechen kommen.

Auch künstlerisch war er veranlagt, denn seine Sammelleidenschaft für kostbare Gemälde, seltene antike Münzen, wertvolle Möbel – hauptsächlich aus oranischem Besitz – alte Stiche und vor allem Bücher

Ribbeckhaus in der Breiten Straße – das einzig erhaltene Renaissancegebäude Berlins: erbaut 1624 von Geheimrat Hans Georg von Ribbeck, ging es 1659 in den kurfürstlichen Besitz über und wurde Oberappellationsgericht und Oberrechnungskammer

von bibliophilem Wert, die 1661 zur Eröffnung der „Churfürstliche(n) Bibliothek zu Cölln an der Spree" führten, verrät bei aller Sparsamkeit, die er sich notgedrungen auferlegen mußte, seine Kunstliebhaberei, auch wenn der Große Kurfürst selbst niemals zum Pinsel oder Notenblatt gegriffen hat.

Berichte über Friedrich Wilhelms Kindheit, über die sich der Schatten des 30jährigen Krieges legte, sind sicher auch aus diesem Grunde eher rar. In gewisser Weise teilte der junge Kurprinz das Schicksal seiner Landsleute, denn Sicherheit für ihn sollte es bald nur noch in einer Festung geben, und so verliefen seine Kinderjahre keineswegs in jener Atmosphäre von Geborgenheit und Sorglosigkeit, wie sie für einen Sohn aus kurfürstlichem Hause an sich üblich war. Selbst der Geburt des Kurprinzen wurde nicht die Aufmerksamkeit geschenkt, die sie an sich verdiente. Nicht einmal zur Taufe seines Sohnes schaffte es der Vater, nach Berlin zu kommen, da ihn wichtige Termine wegen der Lehnshoheit für Ostpreußen davon abhielten, wie es offiziell hieß. Oder floh der schwache Vater damals schon nach Königsberg, wohin er seinen Amtssitz später ohnehin verlegen sollte?

Die Erziehung Friedrich Wilhelms aber wurde in die Hände tüchtiger Männer gelegt. Man kann also nicht sagen, daß sich der Kurfürst seiner väterlichen Pflicht entzog, denn er selbst suchte die Männer aus, die seinen Sohn erzogen. Zunächst wurde der Geheime Rat Johann von der Borch zum Oberhofmeister des Kurprinzen bestellt, der zwei Jahre später von Johann Friedrich von Kalkum abgelöst wurde – der junge Kurprinz war jetzt sieben Jahre alt. Leuchtmar, wie von Kalkum allgemein genannt wurde, stammte aus dem Bergischen und hatte auf seinen vielen Bildungsreisen halb Europa kennengelernt, vor allem Frankreich, England, Italien und die Niederlande. Ein Weltmann also, wie wir heute sagen würden, dessen diplomatische Gewandtheit, Sicherheit im gesellschaftlichen Verkehr und gediegene Geistesbildung in das triste Leben des Kurprinzen einen Hauch von großer Welt brachten. Darüber hinaus war Leuchtmar auch ein überzeugter Kalvinist von nahezu missionarischem Drang, so daß in Friedrich Wilhelm schon früh ein christliches Verantwortungsbewußtsein kalvinistischer Prägung geweckt wurde. Dem Grundsatz: „Ora et labora“ sollte er zeitlebens die Treue halten, wie er auch Leuchtmar bis zu dessem Tode auf das Engste verbunden blieb.

Neben Leuchtmar spielte auch der Reichsgraf Adam von Schwarzenberg, der eigentlich die kurbrandenburgische Regierung führte und ein Vertrauter Georg Wilhelms war, in der Erziehung Friedrich Wilhelms eine Rolle, wenn auch eine durchweg negative, denn dieser Mann vertrat als eingefleischter Katholik nicht eigentlich die Interessen Brandenburgs, dessen Bevölkerung ausnahmslos lutherisch und dessen Landesherr wie die meisten seiner Räte kalvinistisch war. Von daher bleibt die Anhänglichkeit des Kurfürsten an den „verräterischen Katholiken“ unverständlich.

Heute erscheinen einem solche religiösen Dinge eher nebensächlich. Man kann Georg Wilhelms enge Bindung an diesen Reichsgrafen auch als Ausdruck seiner religiösen Toleranz ansehen, die seit dem Konfessionswechsel Johann Sigismunds für ihn ein Selbstverständnis sein mochte. Aber Toleranz war nicht zu verordnen, sie mußte gelebt werden. Und im Zusammenleben stießen sich die Dinge hart im Raum, selbst unter beiden evangelischen Bekenntnissen herrschte alles andere als Eintracht. Hinzu kommt auch der Umstand, daß die Religion damals

Reste des ehemaligen Kattewalls der Festung Küstrin

einen ganz anderen Stellenwert als heute etwa einnahm, was nicht gegen jene Zeit sprechen würde, wenn hinter dem jeweiligen Bekenntnis wirklicher Glaube gestanden hätte und nicht nur Machtanspruch, was leider überwiegend so war. Religiöse Motive sind besonders gefährlich, da sie sich leicht zum Fanatismus steigern.

Ein religiöser Fanatismus hatte 1618 zu einem Religionskrieg geführt, in dem die katholische Liga gegen die protestantische Union antrat. Und es war ein Fanatiker, der diesen Krieg heraufbeschwor, um den Protestantismus auszurotten: Kaiser Ferdinand II.

Von seiner Konfession her gehörte Adam von Schwarzenberg zur Habsburger-Partei im Reich, seiner politischen Aufgabe gemäß dagegen zum protestantischen Kernland Brandenburg. Daraus mußten sich zwangsläufig Konflikte ergeben. Sein Einfluß auf den jungen Hohenzollern-Kurprinzen führte bald dazu, daß dieser früh zu dem mächtigsten Mann im Staate seines Vaters auf Distanz ging. Daran hatte selbstredend auch Leuchtmar seinen Anteil, der wie die durchweg kalvinistischen Räte Georg Wilhelms mit den Schweden sympathisierte. Die Bindungen zu Schweden hatten über das gemeinsame evangelische Bekenntnis hinaus zusätzlich noch private Gründe, denn die Gemahlin Gustav Adolfs war eine Schwester des brandenburgischen Kurfürsten, so daß der

Das einstige Kietzer Tor der Festung Küstrin – heutiger Zustand

Schwedenkönig, der im 30jährigen Krieg zu einer populären, wenn auch nicht unumstrittenen Gestalt werden sollte, Friedrich Wilhelms Onkel war, was auf den Heranwachsenden nicht ohne Eindruck blieb.

Zunächst jedoch hatten die Kriegswirren zur Folge, daß die Sicherheit für Friedrich Wilhelm in Berlin doch so gefährdet war, daß der Kurprinz mit seinem Erzieher Leuchtmar und einem bescheidenen Hofstaat 1627 die Landeshauptstadt gegen die Festung Küstrin eintauschen mußte, die im Vergleich zu Berlin ausreichenden Schutz bot. Unterbrochen wurde diese „Schutzhaft" nur von gelegentlichen Besuchsreisen zu Verwandten in den Norden, so beispielsweise 1631 nach Wolgast, wo die Gemahlin Gustav Adolfs, also Friedrich Wilhelms Tante Marie Eleonore, in Pommern „Hof hielt".

Von Wolgast war es nur ein Katzensprung bis Stettin, wo ihn der letzte Pommernherzog, Bogislaw XIV., sein Cousin, auf das Herzlichste bewirtete. Die Bindungen waren insofern von besonderer Art, als der junge Kurprinz sein Erbe schon in Augenschein nehmen konnte, da er aufgrund eines Vertrages der rechtmäßige Nachfolger des Pommernherzogs war.

1633, nun 13jährig, ging es noch einmal von Küstrin nach Wolgast, wenn auch der Anlaß für ihn diesmal nicht gerade heiter war. Hier erlebte er die feierliche Überführung Gustav Adolfs, der in der Schlacht bei Lützen gefallen war, in seine Heimat Schweden. Daß es je eine Begegnung zwischen Friedrich Wilhelm und Gustav Adolf gegeben haben soll, muß allerdings bezweifelt werden, denn die Beziehungen Georg Wilhelms zu seinem schwedischen Schwager, der forsch und fordernd vor Berlin auftrat und wie beiläufig seine Kanonen auf das Schloß richten ließ, um seinen Bündnisverhandlungen mit dem Brandenburger Nachdruck zu verleihen, waren alles andere als freundschaftlich. Ob Gustav Adolfs Vorschlag einer ehelichen Bindung zwischen seiner Tochter Christine und dem brandenburgischen Kurprinzen, dem damit nicht allein der Kurhut, sondern auch die schwedische Königskrone sicher gewesen wäre, so ernst gemeint war, wie er vorgetragen wurde, läßt sich weder bestätigen noch widerlegen. Zudem waren beide zukünftigen Ehepartner zu dieser Zeit noch Kinder, und so konnte der Vorschlag letztlich auch ein Köder sein, den Brandenburger umzustimmen, der mit dem angeblichen Glaubensretter einen Bund nicht einzugehen gedachte, wie andere protestantische Reichsfürsten übrigens auch nicht.

Die Früchte seiner Küstriner Lehrjahre erreichten keine nennenswerte Reife, auch wenn der Kurprinz durchaus ein aufmerksamer, vor allem aber ein disziplinierter Schüler war. Jedoch die häufigen Ablenkungen von außen unterbrachen immer wieder seinen Schulbesuch in seiner Küstriner „Festungszeit“. Hinderlich waren auch seine wenig ausgeprägten Begabungen und Neigungen für alle theoretischen Fächer, und so quälte er sich förmlich ab mit Sprachen, die im Lehrplan selbstverständlich vorgeschrieben waren und unter denen Lateinisch und Französisch den ersten Platz einnahmen. Für die Weitsicht seines Vaters sprach, daß er ausdrücklich darauf bestand, seinen Sohn auch in der polnischen Sprache auszubilden – noch stand Ostpreußen unter polnischer Lehnshoheit, und aus dem Osten kam das Heil für Brandenburg. Niederländisch ergänzte den Reigen. Das war Friedrich Wilhelm schon eher auf den Leib geschnitten, und sein bevorstehender Aufenthalt in den Generalstaaten wie seine spätere Vermählung mit Luise Henriette von Oranien sollten eines Tages zu solchen engen Bindungen an sein Nachbarland führen, daß Holland zeitlebens zum Musterland für ihn wurde.

Allem Gegenständlichen und Praktischen stand der junge Kurprinz aufgeschlossen gegenüber – Geometrie, Zeichnen, auch Geschichte wurden seine Lieblingsfächer.

Was auf keinen Fall vernachlässigt wurde, weder vom Vater noch von Leuchtmar, war der Unterricht in Religion. Um auf diesem Gebiet für das Leben bestens gerüstet zu sein, wurden eigens drei Theologieprofessoren aus Frankfurt/Oder und der Berliner Hofprediger verpflichtet, den jungen Herrn in den Wahrheiten des Evangeliums auszubilden und ihn für die Kirche des dreieinigen Gottes reifzumachen. Vor allem ging es darum, den Kalvinismus in ihm zu vertiefen, und diese Unterrichtsstunden wie die sonntäglichen Predigten fielen auf einen fruchtbaren Boden, denn Friedrich Wilhelm wurde nicht nur ein gläubiger Christ, sondern auch – und das vor allem – ein überzeugter Kalvinist, der nur seine Probleme mit der Prädestinationslehre hatte, nach der das menschliche Schicksal durch göttliche Gnadenwahl vorherbestimmt wird, unabhängig vom eigenen Tun und Lassen. Die Prädestinationslehre fand ihre biblische Begründung im Kapitel 8 des Römerbriefs, wo im Vers 30 nachzulesen ist: „Die er aber vorherbestimmt hat, die hat er auch berufen; die er aber berufen hat, die hat er auch gerechtgemacht; die er aber gerechtgemacht hat, die hat er auch verherrlicht." Und wie war es um die Seligkeit derer bestellt, die nicht berufen waren?

Identifizieren konnte er sich mit diesem kalvinistischen Grundsatz schwer, auch wenn er immer geneigt war, „in dem Erfolg seiner irdischen Arbeit eine Bewährung der göttlichen Gnadenwahl zu sehen." Er hatte mit einigen Dogmen seines Bekenntnisses dieselben Probleme, die sein Enkel, König Friedrich Wilhelm I., eines Tages bekommen sollte, der stundenlange Gespräche, besonders mit seinen „Stillen im Lande" über die Prädestinationslehre führte und dennoch nicht zu überzeugen war. Daß ihnen ihre Fürstenstellung von Gott verliehen war, daran allerdings zweifelten beide Friedrich Wilhelms nicht.

Während der allgemeine Unterricht des Kurprinzen mehr oder weniger sporadisch verlief, zeigte seine Ausbildung in der Religion schon früh ihre Früchte. Nicht anders stand es auch mit allen körperlichen Ertüchtigungen, wofür der junge Herr besonders angelegt zu sein schien. Sein Umgang mit Waffen bereitete ihm allerhöchstes Vergnügen, und früh brachte er es hier zur Perfektion. Ein Leben lang sollten Waffen seine treuesten Begleiter und engsten Verbündeten bleiben: einmal auf der Jagd, die er mit Leidenschaft betrieb, dann aber auch im Kriegshandwerk, das er nicht minder leidenschaftlich führte.

Die Ergebnisse seiner Küstriner Schuljahre, die weltabgeschieden durchlebt sein wollten, wenn auch an der Seite des Weltmannes

Leuchtmar, befähigten ihn selbstverständlich noch nicht zur Übernahme eines Kurfürstenamtes. Er konnte sich zwar leidlich gut in fremden Sprachen ausdrücken und auch Gedachtes zu Papier bringen, und das sogar korrekt und leserlich, wie Friedrich Wilhelm überhaupt sein Leben lang eine auffallend gute und leserliche Handschrift auszeichnen sollte, was immerhin erwähnenswert ist, weil es keineswegs die Regel unter seinen Standesgenossen war.

Während sich Friedrich Wilhelms Küstriner Jahre in körperlichen Ertüchtigungen, der Festigung des Glaubens und ersten Kenntnissen der praktischen Wissenschaften und Sprachen erschöpften, lernte er anschaulich die „große Welt" des höfischen Lebens und der Wirtschaft während seiner Besuche in Wolgast und in Stettin kennen. Das alles klingt verhältnismäßig harmlos und auch unbedeutend, war es aber nicht, denn der „Löwe aus Mitternacht" wurde von der protestantischen Bevölkerung in Deutschland längst als Heldenkönig verehrt, war er doch schließlich zur Rettung des evangelischen Glaubens militärisch angetreten. Die protestantischen Landesfürsten standen dem Schweden dagegen skeptisch gegenüber, nicht nur Georg Wilhelm allein – war er wirklich der Glaubensretter, für den er sich ausgab, oder war er am Ende doch nichts weiter als ein machtbesessener Eroberer? In der Einschätzung des Schwedenkönigs waren die protestantischen Landesherren ihrer Bevölkerung ohne Frage überlegen – denn Schweden hielt auch dann noch stattliche Landstriche Pommerns besetzt, als Gustav Adolf selbst schon die Erde deckte und von dem „Heldenkönig" nur noch ein Mythos geblieben war. An sich nimmt es wunder, daß es heute noch in vielen Diakonie-Anstalten und anderen Einrichtungen der evangelischen Kirche „Gustav-Adolf-Häuser" gibt – aber Legenden sind eben langlebig.

In Wolgast gab es ein reges internationales Treiben, denn die schwedischen Truppen waren an der pommerschen Küste gelandet, mit ihnen kamen Engländer und Schotten, so daß sich hier das protestantische Europa ein Stelldichein gab, was Friedrich Wilhelm tief beeindruckte. Und so erlebte er hier die Euphorie einer Siegermacht, die sich nach dem Ableben des „Heldenkönigs" schnell ins Gegenteil verkehrte, selbst wenn das schwedische Heer dem Sarge seines Königs nicht in dessen Heimat folgte.

Der Besuch Friedrich Wilhelms beim Pommernherzog in Stettin war ebenfalls ein guter Anschauungsunterricht für ihn, wenn auch auf einem ganz anderen Gebiet. Hier sah und lernte er Wirtschaft und Handel kennen, denn diese Hafenstadt war Umschlagsplatz für Waren aller Art und Tor zum Meer. West und Ost rückten hier einander näher, was für Friedrich Wilhelm nicht nur faszinierend war, sondern auch ein lohnenswertes Ziel, denn Brandenburg war durch seine Mittellage ohne Hafen vom Welthandel so gut wie abgeschnitten. Aber das war nur noch eine Frage der Zeit, denn Stettin wie Pommern waren dem Brandenburger nach dem Tode Bogislaws XIV. ja sicher, selbst wenn Stettin sich vorläufig den Schweden ergeben mußte. Daß er diese Hafenstadt niemals bekommen würde, selbst dann nicht, als er sie später militärisch einnehmen sollte, ahnte Friedrich Wilhelm damals freilich nicht, vor allem nicht, daß es gerade die sein sollten, die ihm sein Erbe streitig machten, für die sein Herz doch voller Bewunderung schlug: für Gustav Adolfs Schweden nämlich.

Vierzehn Jahre alt war Kurprinz Friedrich Wilhelm nun geworden, und seine Schulzeit, die sich zwischen Küstrin, Wolgast und Stettin bewegte, ging ihrem Ende entgegen.

Von Leuchtmar vorgeschlagen und von der Kurfürstin unterstützt, vor allem auch finanziell durch verwandtschaftliche Bindungen und Subventionen ermöglicht, brach Friedrich Wilhelm 1634 zu einer „Kavalierstour", wie es damals hieß, nach Holland auf, um vornehmlich seine Ausbildung an der berühmten Universität in Leiden zu vertiefen. Aufgrund der völlig zerrütteten Finanzen seines Heimatlandes war seine Begleitung wahrlich kümmerlich und entsprach bei weitem nicht seinem Stand. Zu seinem „Hofstaat" gehörten neben Leuchtmar fünf weitere Hofbedienstete mit ihren Dienern – das war alles, wozu das Land noch in der Lage war. Gegen den Willen Schwarzenbergs war diese Bildungsreise ins Werk gesetzt worden, der als Katholik aus verständlichen Gründen versuchte, den Aufenthalt in den Generalstaaten zu verhindern, denn immerhin ging es nun in die europäische Hochburg des Kalvinismus. Schwarzenbergs Einfluß war allerdings durch die Schwedensiege so geschwächt worden, daß er sich selbst zeitweilig in seine katholische Heimat am Niederrhein zurückzog. Aber er kam wieder nach Berlin – jedoch den Weg nach Holland konnte er nicht mehr verhindern, dazu war, zumindest zwischenzeitlich, die Schwedenpartei in Brandenburg moralisch zu stark aufgewertet worden.

Aber gänzlich ungelegen kam ihm der Aufenthalt des Kurprinzen in Holland nicht, denn der Gedanke, den jungen Herrn weit außer Landes zu wissen, eröffnete ihm unumschränkte Handlungsfreiheit. Er wußte längst, daß dieser ihm mißtraute und auf die Finger sah. Also nahm er für seinen Ehrgeiz und Egoismus den schmerzlichen Preis des Kalvinismus in Kauf.

In Leiden studierte der Kurprinz Staatsrecht, Politik und Geschichte. Leiden war zu seiner Zeit eine der besten Universitäten Europas. Es war überhaupt das Goldene Jahrhundert der Niederlande auf allen Gebieten des Geistes-, Kultur- und Wirtschaftslebens. Nie wieder erreichte Holland eine solche Blüte in der Malerei, Architektur, in Politik und Wirtschaft.

In Leiden selbst bestimmte der vielseitig begabte Philosoph Justus Lipsius die herrschende Geisteshaltung seiner Zeit, in dem er eine neue Lebenslehre aus einer Verbindung der römischen Stoa und des Christentums begründete. Richtschnur und Wegweiser war die Vernunft, die Beherrschung aller Affekte durch Standhaftigkeit. Seine Philosophie wurde Leitfaden für eine ganze Generation von Politikern und Fürsten, und Lipsius war unbestritten für ein Jahrzehnt die herausragende Gestalt des europäischen Geisteslebens und der führende Philosoph seiner Zeit.

Neben Lipsius hielt sich auch der französische Philosoph René Descartes von 1629 bis 1649 in den Niederlanden auf, die damit regelrecht zu einem Mekka für alle Geistesströmungen wurden. In keinem Land Europas konnten so viele Menschen lesen und schreiben, nirgends bewegte sich der allgemeine Bildungsstand auf einem solchen Niveau wie hier in Holland.

Die Residenz des Prinzen Friedrich Heinrich von Oranien, des Erbstatthalters der Niederlande in Den Haag, dessen Tochter Luise Henriette Friedrich Wilhelms erste Gemahlin werden sollte, war Zentrum internationaler Politik. Dreiviertel des gesamten Welthandels befanden sich in holländischer Hand, das heißt den Welthandel beherrschte Holland.

In dieser Atmosphäre des blühenden Geistes- und Wirtschaftslebens weitete sich der Horizont des jungen Brandenburgers merklich, wobei der Anschauungsunterricht, den er wie beiläufig noch auf allen Gebieten des Festungs-, Deich- und Brückenbaus erhielt auf denselben fruchtbaren Boden bei ihm fiel wie der moderne Stand im Buch- und Kartendruck. Auch in Staatskunst und Militär war Holland allen Ländern weit voraus.

Als im Oktober 1634 in Leiden die Pest ausbrach, wurde der Sitz der

Universität nach Arnheim verlegt, wo Friedrich Wilhelm kostenlos im Schloß des Erbstatthalters logierte. Zuwendungen kamen überdies aus dem benachbarten Kleve, das den Kurprinzen gern als seinen Statthalter gesehen hätte. Das allerdings mißfiel der katholischen Habsburger-Partei in Brandenburg, die nun eifrig seine Rückkehr nach Berlin betrieb.

Aber Friedrich Wilhelm dachte nicht daran, die Niederlande zu verlassen, gab hinhaltende Antworten und suchte Ausflüchte, wenngleich der Gesundheitszustand seines Vaters sich seit 1637 merklich verschlechterte.

Kurfürst Georg Wilhelm hatte inzwischen auf Drängen Schwarzenbergs die Fronten gewechselt, war zum Kaiser übergetreten und erhielt dafür als schwerstkranker und gehbehinderter Mann den Trostpreis eines „kaiserlichen Generalissimus". Seine neue Parole nach Aufkündigung des Schwedenbündnisses „Bleibet der Kaiser Kaiser, so bleibe ich und mein Sohn wohl Kurfürst, da ich mich beim Kaiser halten werde", war sicher realistisch. Um so mehr mußte es ihn verstimmen, daß sein Sohn sich weiterhin in der antikaiserlichen Hochburg aufhielt, bis sein Ärger schließlich regelrecht in Zorn umschlug.

Im Oktober 1637 erreichte Friedrich Wilhelm ein unmißverständlicher und scharf formulierter Befehl zur Rückkehr nach Berlin. Noch einmal gelang es dem Kurprinzen durch einen devoten und schmeichelhaften Brief seinen Aufenthalt in Holland zu verlängern, aber im Mai 1638 trat er endlich, wenn auch schweren Herzens, die Rückkehr in die Heimat an. Die Begegnung zwischen Vater und Sohn war mehr als kühl, und so fiel es Schwarzenberg leicht, den jungen Kurprinzen von allen Regierungsgeschäften fernzuhalten, hatte er doch dafür die Rückendeckung seines Landesherrn.

Als Schwarzenberg am 18. Juni 1638 zu Ehren der Heimkehr Friedrich Wilhelms in seinem Haus ein Fest gab, erkrankte der Kurprinz einen Tag später nach dem Gottesdienstbesuch schwer an hohem Fieber. Diese Krankheit, vom Leibarzt zwar als Masern richtig diagnostiziert, lastete man, insbesondere Friedrich Wilhelm selbst, dem Reichsgrafen an, der ihm angeblich nach dem Leben trachtete. Das Gerücht der beabsichtigten Vergiftung durch den Genuß einer eigens dafür präparierten Torte hielt sich hartnäckig – diesmal jedoch traf es Schwarzenberg zu unrecht.

Im August 1638 brach der Kurfürst mit dem gesamten Hofstaat nach

Königsberg in Preußen auf, wohin sein Sohn ihm folgen mußte. Unterwegs befiel beide hohes Fieber, von dem sich Georg Wilhelm nicht mehr erholen sollte.

Da die Krankheit des Kurprinzen mehrfach erwähnt wurde, scheint es sich nicht nur um einen banalen Infekt gehandelt zu haben, der sicherlich nicht Gegenstand und Inhalt von Berichten und selbst eines Briefwechsels mit dem Kurfürsten gewesen wäre. Eine eingrenzende Beschreibung wird leider vermißt, und das immer wieder betonte Fieber, Symptom vieler Erkrankungen, hilft in der Diagnosefindung nicht weiter. Wir müssen uns daher mit der Tatsache begnügen, daß Friedrich Wilhelm während seiner Reise nach Ostpreußen offenbar schwer erkrankte und nur langsam wieder zu Kräften kam.

Nach dem Ableben des Kurfürsten legte der Leib-Barbier Sigißmundt Schulze über diese beschwerliche Reise den folgenden Bericht nieder, den weitere Hofbedienstete mit unterschrieben: „Jedoch haben Sie (Kurfürst Georg Wilhelm – d.A.) Anno 38 nebst Dero Chur-Prinzen unserm iezigen gudten Churf. Undt Herren, ihre Reise Anhero in Preussen ohne sonderliche beschwer verrichtet, ohn allein das I. Ch. Undt Fürstl. Dhlt. beiderseits, nachdem Sie den Preussischen boden erreichet, mitt einem hiezigen fieber befallen worden, welches doch Durch Gottes gnade bald nachgelassen, allein der Zustand des Kranken Schenkels S. Ch. D. hatt sich dabey wenig gebessert ..., wovon die gesunden partes nicht allein exulceriret, sondern die Oeconomia des Leibes Zerstöret.“ (Georg Wilhelm hatte sich 1620 bei einem Unfall eine nicht heilende Unterschenkelwunde zugezogen, die nach 1631 auch auf das andere Bein übergriff, so daß er sich häufig in einer Sänfte tragen lassen mußte. Wahrscheinlich handelte es sich um eine chronische Osteomyelitis, wofür nicht zuletzt der Obduktionsbefund spricht.)

Leuchtmar hatte dem Kurfürsten am 1. Oktober 1638 über die Ankunft seines Sohnes in Königsberg geschrieben: „Durchleuchtigster Hochgeborener Churfürst ... des herrn Chur Erben Fürstl. Dhlt., (ist) gott lob Undt Danck in E. Churfürstl. Dhlt. Residentz Königsberg nebst den übrigen Chur Undt Fürstliche Persohnen den 19 Septemb. glücklich angelanget, Undt wie wohl dießelbten nach dem paroxysmo, den sie zu Uderwangen (?) gehabet, etwaß mat geweßen, haben Sie sich doch vor der stadt, bey die Chur Undt Fürstliche Persohnen in die Kutsche gesezet, Undt also biß aufs Schloß gefahren, auf den abend zimblich wohl gegeßen, nach der Mahlzeit biß 9 Uhr Zwar im Bette, doch dennoch mit frölichem gemüthe geseßen, Undt darauf ruhig geschlafen. Gestern ist der paroxysmus umb 8 Uhr wieder kommen, Undt mit der Kälte bey einer stunden angehalten, darauf Sie fast über eine stunde geschlafen, Undt umb 12 Uhr aufgestanden, Zu Mittage Zwar nichts, aber auf den (abend) eine zimbliche Mahlzeit gethan, Undt ... sich Gott lob frölich erzeiget, auch die nacht drauf wohl geruhet. Also daß ich von dem Allmächtigen im Kurtzen der volligen beßerung mich verhoffe ..."

Die wiederholte Nennung des Paroxysmus-Begriffes läßt Rückschlüsse auf eine anfallartige Steigerung der Krankheitserscheinungen zu, so daß die Sorge des Vaters um den Gesundheitszustand seines Sohnes verständlich war. Am 4. Oktober 1638 richtete der Kurfürst selbst einen Brief „An des Chur-Printz. Hofmeister, wegen S. Chur-Printzl. D. ankunfft Zu Königsberg" und schrieb an Leuchtmar: „... lieber getrewer, Wir haben aus ewrem Unterthenigsten Schreiben gern vernommen, das Unser Vielgeliebter Sohn ... glücklich und wohl in Unsrer Residentz Königsberg angelanget, Undt das es sich mit Dero Schwacheit zu guter besserung angelassen, wie der gütige Gott ferner seine gnade und Segen Künftiglich verleihen wolle ..."

Während sich der 18jährige Kurprinz langsam wieder erholte, nahm das Siechtum des Kurfürsten unaufhaltsam seine Fortgang. Trotz allem war das Mißtrauen zwischen beiden aber nicht mehr aus der Welt zu schaffen – daran änderte auch der körperliche Verfall Georg Wilhelms nichts. Nach Friedrich Wilhelms Äußerung habe sein Vater ihn nur noch wie einen „Wildfremden" behandelt. Das Verhältnis zwischen beiden war demnach genauso verhärtet und unerfreulich wie ein Jahrhundert später die Vater-Sohn-Beziehung zwischen König Friedrich Wilhelm I. und Kronprinz Friedrich, der sich auch chronisch unverstanden von seinem Vater fühlte. Der Vater-Sohn-Konflikt hatte im Hause Hohenzollern wahrlich Tradition.

Das Zerwürfnis zwischen Vater und Sohn nahm zwischenzeitlich solche Formen an, daß Friedrich Wilhelm sich in seiner tiefen Not sogar dem verhaßten, aber eben doch sehr einflußreichen Schwarzenberg anvertraute. Etwas Besseres konnte dem Reichsgrafen nicht passieren. Er versprach selbstredend, sich für eine Glättung der Beziehungen einzusetzen und hatte endlich einen konkreten Anlaß, sich als „Freund" des Kurprinzen zu erweisen, zumal die Vorstellung von seiner baldigen Rangerhöhung angesichts des väterlichen Siechtums keiner sonderlichen Phantasie mehr bedurfte.

In diesem Zusammenhang ist ein Brief Schwarzenbergs, den dieser eigenhändig am 7. Oktober 1639 seinem Kurfürsten schrieb, nicht ohne Interesse. Der Reichsgraf richtete ihn „Zu I: Churf. Dhl. eigenen handen“ und trat warmherzig für den Nachfolger seines Herrn wie folgt ein:

„Durchlauchtigister hochgeborner Churfürst Genedigister Herr, I: Churf: Dhlt: wollen mir alß einem alten underthenigisten getrouwen diener Zu genaden halten, daß ich abermalen mich so vil understehe und I: Churf: Dhlt: an mein voriges underthenigistes schreiben Zu erinneren und vor dero Herzen für den Chur erben underthenigist zu bitten, daß ihm angerburg oder ein ander ampt vererbt und eingeroumpt werden möchte, dan ich habe die nachrichtung, daß ein solches zu villen guten Sachen itzo und ins Kunpftige wirdt nutzen, wie ... der obrist lutenampt goldtacker (Hartmann von Goldacker war willfähriges Werkzeug in der Hand Schwarzenbergs – d.A.) hir von bericht ... I: Churf. Dhlt: wollen es genedigist vernemmen, daß ich in Gottes schutz empfehle mich in I: Churf: Dhlt: genade, recommandire und Zu ieder Zeit Verbleibe I: Churf: Dhlt: underthenigister gehorsambster

Adam graff Zu Schwartzenberg.“

Solche, letztlich harmlosen Verwendungen mochten ihren Eindruck auf den Kurprinzen vielleicht nicht verfehlen, aber die Übergabe eines Amts war kein Beweis sonderlicher väterlicher Zuneigung, sie war normal, sogar bei eingefrorenen Beziehungen. Alle Schlichtungsversuche, von welcher Seite sie auch unternommen wurden, schlugen fehl.

Der Kurprinz zeigte in diesen Wochen erstmals Zeichen tiefer Schwermut über das abweisende Verhalten seines Vaters. Er wurde depressiv und melancholisch und zog sich vom öffentlichen und gesellschaftlichen Leben mehr und mehr zurück. Aber die Depressionen waren nicht allein eine Reaktion auf das väterliche Verhalten. Immer wieder sollten sie ihn heimsuchen, auch dann noch, als er schon längst der Große Kurfürst war. Und dennoch hatte die Gemütslage Friedrich Wilhelms etwas mit seinem Vater zu tun. Der Kurprinz war eindeutig erblich belastet, denn Georg Wilhelms häufige Flucht nach Königsberg entsprang auch seiner depressiven Haltung und Schwermütigkeit. Melancholie und Resignation sind ihm von allen Seiten nachgesagt worden.

Am 10. Februar 1640 hatte der Kurfürst aus Insterburg an Leuchtmar, der sich in Holland aufhielt, einen Brief geschrieben und ihn aufgefordert zurückzukehren. Die Antwort Leuchtmars vom 14. März ist vollständig erhalten. In dem typischen Stil der damaligen Zeit versicherte Leuchtmar dem Kurfürsten: „... wie ich mich gehorsambst erinnere, das bey meyner abreyse von Ew: Churf: Durchl: ich mich unterthenigst verpflichtet, diesen vorstehenden Sommer mich bey derselben werden einzustellen ..." Gefahrlos war aber die beabsichtigte Reise von Amsterdam nach Preußen nicht, denn schließlich mußte Leuchtmar, ob er den Landweg oder Seeweg nahm, mitten durch das Kriegsgebiet. So bat er seinen Kurfürsten um einen Schutzbrief und schrieb:

„... wolle aber Ew: Ch: Durchl: unterthenigst gebetten haben, mir einen Paß (auszustellen), dessen ich mich auff alle unverhofften falle gebrauchen Khonte ...", und er fuhr fort: „Der Allmächtige Gott gebe, das ichs mitt gesundtheit und ohne unglück volbringhen möge, besonders, das ich auch Ew: Ch: Durchl: und dero hochgeehrte und geliebte Chur und Fürstliche angehorighe in allem Wolstande finde und antreffe ... und verbleibe JederZeit

Ew: Churf: Durchl:
underthenigster gehorsambster
Jo: Friderich von Kalckum
genandt Leuchtmar"

(Sogar der Paß, den Leuchtmar selbstverständlich erhielt, ist noch vorhanden – ein handschriftliches Dokument, das Leuchtmars Reise „in daß Herzogthumb Preussen" sichern sollte und sich ausdrücklich an „alle Generale, Admirale, Obriste, Rittmeister, Capitaine, Unterofficire Undt gemeine Soldaten" wandte.)

Der Kurfürst zeigte sich erfreut, daß der alternde Leuchtmar den beschwerlichen Weg nicht scheute und antwortete ihm am 5. Mai 1640: „... lieber getrewer, Wir haben aus ewrem unterthänigsten Schreiben vom 14 Martii in Gnade vernommen, das ihr euch nach Unsers, sub dato des 10. Februar ergangenen Rescripts, euch mit der von Amsterdam ausgehenden Flotte, auf den Weg machet, undt euch (auf) die gebührliche auffwartung bei Unsern Vielgeliebten Sohn wiederumb gehorsambst einzustellen ..."

Jedoch die Tage Georg Wilhelms waren gezählt. Seit Oktober war der Kurfürst bettlägerig. Abgesehen von seiner Beinerkrankung litt er an hochgradiger Wassersucht, war kurzatmig und restlos verbraucht.

Mit 45 Jahren trat nach langer Krankheit am 1. Dezember 1640 neuen Kalenders der Tod ein. Der Kurfürst starb fernab von seiner eigentlichen Residenzstadt Berlin im Schloß zu Königsberg. Als Todesursache wurde einerseits Wassersucht angegeben, durchaus wahrscheinlich, denn allem Anschein nach litt Georg Wilhelm schon jahrelang an einer Rechtsherzinsuffizienz mit den typischen Folgen einer Wassersucht. Andererseits sprachen sich die sieben Königsberger Ärzte in ihrem Obduktionsbefund für Schlagfluß als Todesursache aus, für einen Schlaganfall also, der ebenso wahrscheinlich war.

Schon bei seinem Regierungsantritt 1619 war Georg Wilhelm ein gebrechlicher, kraftloser und unentschlossener Mann. Unter allen Brandenburger Hohenzollern war er das schwächste Glied in der langen Kurfürstenkette.

Zwanzig Jahre alt war Friedrich Wilhelm, als er, wenn auch nicht überraschend mehr für ihn, Kurfürst von Brandenburg wurde, zu jung wie viele Historiker meinten, besonders für ein so verantwortungsvolles Amt in schwerer Zeit. Er war zwar jung, aber nicht ohne guten Anschauungsunterricht für sein künftiges Herrscheramt gewesen. Vier Jahre Holland standen zu Buche – und so war Friedrich Wilhelm eigentlich auf allen Gebieten der Staatskunst, der Wirtschaft, des Militärs und der internationalen Diplomatie weitaus besser gerüstet als alle seine kurfürstlichen Vorgänger. Dennoch sollte er 27 Jahre später seinem Nachfolger in sein Politisches Testament schreiben: „Dann Ich hätte mich glucklich geschetzet, das es meinem herrn Vatteren beliebig gewesen were, Mir so viell, als Ich Euch von Eweren Staadt hirin nachricht gebe, zu meiner wissenschaft hätte hinterlassen wollen, so were mir meine Regierung im anfange nicht so schwer geworden ...“

Der 20jährige Kurfürst war hochgewachsen, körperlich gestählt und bis auf die längst ausgestandenen Krankheiten gesund, dabei von markantem Aussehen mit einer betont scharf geschnittenen Höckernase. Allen weltlichen Genüssen stand er aufgeschlossen gegenüber: Er aß und trank mit Leidenschaft, und so war auch das Hofleben anfänglich in Königsberg und später in Berlin ausgesprochen üppig und paßte keineswegs in das vom Kriege heimgesuchte Land.

Um am Ende noch einmal auf Friedrich Wilhelms Krankheiten zurückzukommen, ist festzustellen, daß seine Depressionen blieben. Die Niedergeschlagenheit und sein Mißtrauen kehrten periodisch wieder, sein ganzes Leben lang. Die Beschwerden des Alters hatten gleichfalls ihre Wurzeln in der Jugend, denn ein Leben lang pflegte der Kurfürst gern zu tafeln und zu bechern, eine Gewohnheit oder eine Leidenschaft, die überdies seine genetisch bedingte oder mitbedingte Gicht frühzeitig zu Tage fördern sollte.

Das Amt

An guten Wünschen zu seinem Amtsantritt fehlte es dem Kurfürsten wahrlich nicht. Man bemühte seine ganze Ahnengalerie, und selbst wenn nur ein Bruchteil dieser Wünsche in Erfüllung gegangen wäre, hätte Friedrich Wilhelm alle Helden Trojas in den Schatten stellen müssen. Man erhoffte sich von dem jungen Landesherrn, daß dieser alle hervorstechenden Tugenden seiner Vorfahren in sich vereine, so Friedrichs I. Großmütigkeit, Friedrichs II. angebliche Bescheidenheit, selbstredend Albrecht Achilles' beispielhafte Tapferkeit, namentlich Johann Ciceros sprichwörtliche Beredsamkeit, Joachims I. unterstellte Gerechtigkeit wie Joachims II. Ansehen und Johann Georgs gepriesene Weisheit, natürlich Joachim Friedrichs Frömmigkeit und selbstverständlich Johann Sigismunds Gütigkeit wie Georg Wilhelms angebliche Gravität – nun ja, lassen wir es dahingestellt sein, ob diese Eigenschaften einer Prüfung standhalten würden, denn die hervorstechendste Eigenschaft zumindest seiner nachreformatorischen Vorgänger war doch wohl ihre Bedeutungslosigkeit. Außerdem ging Friedrich Wilhelm, wie sich bald zeigen sollte, seinen eigenen Weg, und man hat nicht den Eindruck, daß er nach einem Vorbild suchte.

Wenn wir im folgenden das Leben des Kurfürsten betrachten, dann wird hier ganz bewußt die traditionelle Form einer Biographie verlassen, denn es hat wenig Sinn, den üblichen Lebensbeschreibungen bis in unsere Tage hinein lediglich noch eine weitere hinzuzufügen. Dem interessierten Leser sind darüber hinaus die Eckdaten aus Friedrich Wilhelms Leben ohnehin geläufig. Es ist bekannt, daß er sich nahm, was er bekam, aber nicht alles bekam, was er sich nahm.

Diese biographische Darstellung setzt daher Schwerpunkte im Leben Friedrich Wilhelms unter Herausstellung seiner Leistungen und Irrtümer, seiner Verdienste und Fehler. Für mich war Friedrich Wilhelm nicht der Mann, der Preußen schuf – das sollte seinem Enkel, dem Soldatenkönig, vorbehalten bleiben. Wohl aber war dieser Kurfürst der

Wegbereiter Preußens, der den Grundstein für jenes Staatsgebäude legte, das König Friedrich Wilhelm I. später perfekt vollendete.

Aber nicht nur der Staatsmann, Feldherr und Politiker steht im Mittelpunkt unserer Betrachtung, sondern auch – und das vor allem – der Mensch Friedrich Wilhelm, frei von allem schmückenden und glorifizierenden Beiwerk. So wird bewußt auf eine lückenlose Darstellung seiner Kriege, die fast sein ganzes Leben durchzogen, verzichtet, da sie nicht nur verwirrend, sondern auch ermüdend ist. Daß dieser „Gewitterkopf“ und Draufgänger zugleich ein sehr empfindsamer, ein depressiver und von vielen Krankheiten heimgesuchter Mann mit ausgeprägtem Familiensinn gewesen ist, ist bislang viel zu kurz gekommen. In älteren Schriften wollte man ihn heroisch haben. Und da menschliche Schwächen zu einem Heldenleben nicht gehören, ließ man sie besser weg. Aber Friedrich Wilhelm war kein Held – Gott sei Dank nicht. Auch Friedrich Wilhelms Krankheiten erhalten hier die Bedeutung, die sie für ihn hatten und die zur Abrundung seines Bildes und seiner ganzen Persönlichkeit unerläßlich sind.

Möglichweise nimmt eine solche Sicht der historischen Persönlichkeit etwas von ihrem Nimbus, aber sie schmälert nicht ihre Verdienste. Menschen mit Fehlern und Schwächen sprechen uns viel eher an als die ewigen makellosen Helden, mit denen sich niemand identifizieren kann und mag.

Daß er mit gichtigen Händen und Füßen bei Schnee und Eis in den Nordosten aufbrach, um die Schweden aus Ostpreußen zu verjagen, war ein Beispiel für Mut und Tapferkeit und für persönliche Disziplin. Das hebt ihn heraus aus der Masse, und das macht ihn zum Vorbild.

Leistungen und Erfolge

Miles perpetuus

Wegen des desolaten Zustandes seines Landes schloß der junge Kurfürst in realistischer Einschätzung der militärischen Unterlegenheit Brandenburgs im Juli 1641 einen Waffenstillstand mit Schweden – gewissermaßen seine erste außenpolitische Amtshandlung.

Die „Sache“ Schwarzenberg, allmächtiger Premierminister seines Vaters, hatte sich von selbst erledigt, bevor es zu Konflikten kommen konnte: Der Reichsgraf war am 3. März 1641 gestorben, eines natürlichen Todes übrigens und nicht, wie oft zu lesen, infolge einer angeblichen Enthauptung, wenn er auch am Ende seiner Tage mit der Zitadelle von Spandau vorlieb nehmen mußte.

Die ebenfalls 1641 noch aufgenommenen Verhandlungen wegen einer Heirat mit der schwedischen Königin Christine, der einzigen Tochter Gustav Adolfs, scheiterten indessen. Die Verheißungen von einst hatten sich als trügerisch erwiesen.

Erfolgreicher dagegen verliefen die Verhandlungen mit Polen, wenn auch auf einem ganz anderen Gebiet – es ging nämlich um Preußen. Und so wurde Friedrich Wilhelm schon am 8. Oktober desselben Jahres von König Władisław IV. mit diesem Herzogtum belehnt.

Die ersten Jahre residierte der junge Kurfürst in Königsberg, bis der gesamte Hofstaat Anfang März 1643 nach Berlin zurückverlegt wurde.

Das Jahr 1644 sollte für Brandenburg und die Geschichte des preußischen Heeres von fundamentaler Bedeutung werden – der Kurfürst hatte sich entschlossen, ein eigenes Heer aufzustellen und begann damit, sich in die Riege der Mächtigen seiner Zeit einzureihen.

Sicher ist, daß die Gründung eines stehenden Heeres, des „miles perpetuus", nicht Friedrich Wilhelms eigene Eingebung gewesen ist. Hier folgte er dem Drängen seines engsten Ratgebers und Vertrauten Konrad von Burgsdorffs, der in den ersten Regierungsjahren des Kurfürsten eine ähnliche Bedeutung für ihn hatte wie früher Schwarzenberg für seinen Vater. Burgsdorff, Oberst und zu Zeiten Georg Wilhelms Festungskommandant von Küstrin, hatte nach dem Amtswechsel als erstes Schwarzenberg das Kommando über die in der Mark stehenden Truppen abgenommen und ihn damit eigentlich schon entmachtet. Als der um 25 Jahre Ältere wurde er bald zu Friedrich Wilhelms väterlichem Freund, gelangte so zu großem Einfluß und war zumindest in den ersten Jahren der eigentliche Herr im Hause Brandenburg. Burgsdorff hatte als erster unter allen adligen Gefolgsleuten dem jungen Kurfürsten seinen Treueid geleistet und hatte Friedrich Wilhelm im Juni 1644 von der Notwendigkeit eines stehenden Heeres für Brandenburg überzeugen können. Nach Möglichkeit sollte das Heer aus eigenen Landeskindern bestehen, was schon grundsätzlich neu war. Seine Haltung war zunächst aus kurfürstlichen Mitteln zu bestreiten, und da die Kassen leer waren, schlug Burgsdorff vor, Domänen zu verpachten sowie die Zolleinnahmen in Ostpreußen zu erhöhen. Daß die Stände sich weigern würden, Militärlasten mitzutragen, war allen klar, auch wenn das Blatt sich später wenden sollte, als allerdings von Burgsdorff längst keine Rede mehr war.

Angesichts der fehlenden Mittel brach Burgsdorff auf nach Ostpreußen, um Geld und Getreide zu beschaffen und kam auch nicht mit leeren Händen heim – im Gegenteil: In seinem Gepäck befanden sich sogar noch 100 000 polnische Goldgulden.

Die Werbungen selbst liefen indessen schon auf Hochtouren. Allein in Kleve brachte man es auf 4000 Mann, im Herzogtum Preußen konnten 1200 reguläre Soldaten und etwa 6000 bewaffnete Milizen ausgehoben werden. In der Kurmark war die Bilanz bei weitem nicht so günstig, aber auf 2400 Mann kam man auch hier im eigentlichen Mutterland. Die Leibgarde des Kurfürsten, die noch hinzugerechnet werden konnte, bestand aus 500 Musketieren.

Der Aufbau des brandenburgischen Heeres, seine Organisation und das Exerzierreglement lehnten sich an die besten Vorbilder ihrer Zeit an: an Schweden, Holland und an Frankreich.

Bereits 1646, also zwei Jahre nach seiner Gründung, bestand das kurfürstliche Heer aus 14 000 Mann, 8000 regulären Soldaten und 6000 bewaffneten Milizen.

Den Oberbefehl über die kurfürstlich-brandenburgische Armee erhielt selbstverständlich Konrad von Burgsdorff, ein tüchtiger, mutiger und gradliniger Offizier, der so recht nach dem Geschmack des jungen Kurfürsten war. Dabei war er zugleich ein rücksichtsloser Haudegen, draufgängerisch und skrupellos, ein handfester Trinker und leidenschaftlicher Spieler, dem weiblichen Geschlecht besonders zugetan. Seine Sitten waren ungehobelt, seine Flüche entsetzlich, die Umgangsformen dementsprechend.

Diese Eigenschaften sollten später dazu beitragen, ihn zu Fall zu bringen. Er verlor auf Dauer immer mehr das Maß, überschätzte seinen Rang und seinen Einfluß. Ein gutes Ende konnte das nicht nehmen.

Aber seine Verdienste um die Schaffung des brandenburgischen und damit auch des preußischen Heeres waren und sind unbestritten. Die Art und Weise wie der Kurfürst sich seines besten Freundes entledigte, war mehr als demütigend, und sie war auch unverdient. Zehn ganze Jahre war Burgsdorff der Vertraute Friedrich Wilhelms gewesen, bis er im Jahre 1651 abrupt all seiner Ämter enthoben wurde, sich nach Blumberg zurückzog und kurz darauf verbittert starb.

Seine Gegner hatten am Ende ein leichtes Spiel, den Günstling Friedrich Wilhelms zu Fall zu bringen, denn an der Seite der sittenstrengen kurfürstlichen Gemahlin konnte ein Mann von seinem Schlage schwer bestehen. Es genügte doch, ihm nachzureden, daß er „... achtzehn Maß Wein tagtäglich bei Tafel getrunken habe, zugleich auch ein gewaltiger Courmacher und Serenadenbringer ..." sei.

Aber hatte Friedrich Wilhelm denn vergessen, was Burgsdorff ihm bedeutete? Hatte er vergessen, daß es Burgsdorff war, der einen Mann aus ihm gemacht hatte und daß er selbst doch gern zum Becher griff, wie oft allein in all den Jahren in trauter Zweisamkeit mit seinem Oberkommandierenden?

Oder hatte Burgsdorff das Gespür dafür verloren, daß der Rollenwechsel unausbleiblich kommen mußte? Daß aus dem Kurprinzen Friedrich Wilhelm ein Landesherr, am Ende gar ein großer Kurfürst werden sollte?

Wie auch immer – verdient hatte er einen solchen Abgang nicht. Der Sturz Burgsdorffs war kein rühmliches Kapitel in der Geschichte Friedrich Wilhelms, das gar nicht zu ihm paßte, zumal er bald erfahren sollte, welchen klugen und weitsichtigen Rat und welches Machtinstrument Burgsdorff ihm in die Hand gegeben hatte. 1667 gab er das in seinem Politischen Testament auch ganz offen zu, wenn er schrieb: „Alliancen seind zwahr gutt, aber eigene Krefte noch besser, darauff kan man sich sicherer verlassen."

Natürlich wurde der junge Brandenburger wegen seines Heeres, das im Vergleich zu seinen Nachbarstaaten vorerst noch eine Miniaturausgabe war, von allen Seiten beargwöhnt und umworben. Und so geriet er allmählich zwischen die Fronten, im Grunde blieb er es sein Leben lang. Bündnisse wurden geschlossen, gebrochen und gewechselt. Erfolgreich aber war Friedrich Wilhelm immer dann, wenn er für sich allein geradestehen mußte. Fehrbellin, sein Pommern- und sein Preußenfeldzug sollten das später deutlich zeigen.

In seiner Regierungsweise bediente sich Friedrich Wilhelm ebenfalls des Geheimen Rates, eine Einrichtung, die auf Kurfürst Joachim Friedrich, seinen Urgroßvater, zurückging. Feststehende Ressorts für einzelne Ratsmitglieder gab es eigenlich nicht, sieht man von der Außenpolitik einmal ab, die „offiziell" Angelegenheit des Kanzlers war. Ansonsten lagen alle Entscheidungen bei Friedrich Wilhelm selbst, und in den ersten Jahren damit hauptsächlich bei seinem Freund Burgsdorff.

Konrad von Burgsdorff

An sich fehlten Burgsdorff die politischen und juristischen Voraussetzungen für eine ständige Mitarbeit im Geheimen Rat, aber als Oberkammerherr, zu dem ihn Friedrich Wilhelm machte, hatte er natürlich auch in diesem Gremium Sitz und Stimme, und machte besonders von letzterer kräftig Gebrauch. So war Burgsdorff nicht nur Militär, sondern auch ein hochrangiger Beamter, dessen Einfluß in demselben Maße wuchs wie der Neid seiner Gegner, derer es viele gab.

In dieser Zeit der engen Freundschaft zwischen dem jungen Kurfürsten und seinem „Diener" Burgsdorff machte erstmals ein Mann im Geheimen Rat auf sich aufmerksam, der bald zum Vertrautesten der ganzen kurfürstlichen Familie werden sollte: der pommersche Adlige Otto von Schwerin.

Schwerin hatte schon beim Aufbau der Armee Bedenken wegen der Finanzierung angemeldet und den Widerstand der Stände prophezeit.

Otto Reichsfreiherr von Schwerin; zeitgenössisches Gemälde

Das überzeugte Friedrich Wilhelm, und so wurden die Stände zunächst ausgeklammert, während Burgsdorffs Optimismus durch solche Einwände keineswegs zu brechen war. Seine Position schien unerschütterlich, denn schließlich führte er nicht nur das Oberkommando über alle Truppen, sondern auch als Oberkammerherr den höchsten Hofbeamtentitel.

Politisch und militärisch kam Brandenburg allmählich heraus aus seiner Lethargie, nur das Privatleben des jungen Kurfürsten war insofern ungeordnet, da es immer noch keine Kurfürstin gab. Aber schließlich kehrte auch hier Ordnung ein. Als Brautwerber hatte sich auf Schwerins Empfehlung Burgsdorff auf den Weg nach Holland gemacht, wo am 27. November 1646 in Den Haag die Vermählung mit Luise Henriette, Tochter des Prinzen Friedrich Heinrich von Oranien, stattfand, wobei die dabei erhoffte Allianz mit den Generalstaaten zum Leidwesen Friedrich Wilhelms aber ausblieb.

Die junge Kurfürstin war eine strenggläubige Kalvinistin, der besonders die teilweise losen Sitten am Berliner Hof zuwider waren. Am meisten Anstoß nahm sie natürlich an dem väterlichen Freunde ihres Mannes, dessen zügelloses Leben ihr nicht lange verborgen blieb. Dagegen klammerte sie sich von Anfang an an den hochgebildeten, sensiblen und eifrigen Reformierten Otto von Schwerin und ernannte ihn zu ihrem Haushofmeister. Schwerin blieb Zeit ihres Lebens ihr engster Vertrauter, und er sollte es auch bald für Friedrich Wilhelm werden, ja für die ganze kurfürstliche Familie. Selbst die Erziehung der Kinder wurde ihm anvertraut, die sich nirgends so wohl fühlten wie in Altlandsberg, dem Schwerinschen Sitz.

Altlandsberg, im heutigen Kreis Strausberg nordöstlich von Berlin gelegen, wurde halbverödet nach dem Ende des Dreißigjährigen Krieges von Otto von Schwerin erworben, wo dieser 1657 ein neues Schloß erbaute, das unter König Friedrich I. 1709 zum prächtigen Barockschloß umgestaltet wurde. Er hatte zu Altlandsberg eine ganz persönliche Beziehung. Wie oft waren er und seine Geschwister im alten Schloß gewesen, wo sie einen Teil ihrer Kindheit und Jugend verbrachten. Besonders Friedrich hatte zu Schwerin und zu Altlandsberg eine enge Bindung.

Wenn man heute nach Altlandsberg fährt, sucht man freilich fast vergebens nach den Zeugen der Vergangenheit. Das Schloß brannte 1757 vollständig ab. An die Pracht von einst erinnert lediglich die mehrfach umgebaute Schloßkirche, ein ehemals reformiertes Gotteshaus, das aber erst nach Schwerins Zeiten entstand. Bei näherem Hinschauen, gewissermaßen auf der Spurensuche, finden sich aber noch Reste des alten Schwerinschen Schlosses, nämlich unterirdische Pfeiler, die einst das Kellergewölbe trugen.

Und man findet noch etwas in diesem märkischen Städtchen, das womöglich auch zurückführt in die Zeit des Großen Kurfürsten, und zwar ein Wappen in der spätgotischen Stadtkirche. Die Identifikation bereitet Schwierigkeiten, denn auf der Suche nach Schwerin endet sie zunächst im Nichts. Das renovierungsbedürftige prächtige Wappen trägt folgende Inschrift, leider ohne Jahreszahlen: „Gebhardt deß Heyl. Römischen Reichs Erb Truchses Frey Herr zu Waldtburg auf Landtsberg ... Seiner Churfl. Durchl. Zu Brandenburg Cammer Herr und Obrister Leutnambt deß Sanct. Johanniter Ordens Ritter."

Hat dieses Wappen doch etwas mit Schwerin zu tun? Schwer zu

Reste des Kellergewölbes des ehemaligen Schwerinschen Schlosses in Altlandsberg

Das Wappen unbekannter Herkunft in der Stadtkirche von Altlandsberg

sagen – bekannt ist allerdings, daß Otto von Schwerin einen Stiefsohn hatte, der den Namen Gebhard Truchseß von Waldburg trug, was natürlich aufhorchen läßt. Nach einem Streit zwischen dem kurfürstlichen Stallmeister von Pöllnitz und Schwerin, der von Pöllnitz als „sehr hinterhältig und feige“ diffamiert worden war, trat dieser Gebhard an, die Ehre des Schwerinschen Hauses wieder herzustellen und mußte das Duell mit seinem Leben bezahlen. Sollte ihm zu Ehren das Wappen in Auftrag gegeben worden sein, oder ist die Identität der Namen rein zufällig? Schon vor Schwerin hatte in Altlandsberg ein Schloß gestanden, aber es gehörte den Krummensees.

Jener „Wappen-Gebhard“ war also Obristleutnant des Johanniterordens, dem auch der Kurfürst angehörte und dessen Herrenmeister Johann Moritz von Nassau-Siegen war, der Statthalter von Kleve. Außerdem war Gebhard kurfürstlich-brandenburgischer Kammerherr – beide Ämter können Indizien dafür sein, daß es sich hier um Schwerins Stiefsohn handelte, falls mit dem Kurfürsten Friedrich Wilhelm gemeint war.

Und schließlich erhebt sich die Frage, warum dieses Wappen ausgerechnet in der Kirche von Altlandsberg steht, wenn es keinerlei Beziehung zu der Stadt oder zu Schwerin haben sollte?

Ich komme aufgrund der angeführten Argumente nach Abwägen allen Für und Widers zu der Ansicht, daß es sich hier um ein zeitgenössisches Zeugnis handelt und zwar um das Wappen jenes Gebhard Truchseß von Waldburg, der Schwerins Stiefsohn war.

Wenden wir uns nun wieder ab von allem Spekulativen, aber keineswegs Uninteressanten und halten uns an Tatsachen.

Im Oktober 1648 fand der Dreißigjährige Krieg mit dem Westfälischen Frieden endlich seinen Abschluß. Brandenburg war territorial ansehnlicher geworden, das erhoffte Vorpommern mit Stettin erhielt der Kurfürst jedoch nicht. Hier setzten sich die Schweden fest, die gemeinsam mit Frankreich zu den „Garantiemächten des Friedens“ bestimmt wurden.

1653, auf dem sogenannten Kurmärkischen Landtagsrezeß, dem letzten allgemeinen Landtag der brandenburgischen Stände überhaupt, trug Friedrich Wilhelm ohne Frage einen Sieg davon. Nach monatelangen Verhandlungen setzte er seine Heeressteuer durch. Damit war die finanzielle Misere seines Heeres zwar nicht behoben, aber doch merklich abgeschwächt. Ohne Gegenleistung war die Heeressteuer vom Landtag nicht zu haben, also bestätigte Friedrich Wilhelm dem Adel alle wirtschaftlichen und sozialen Privilegien. Das führte einerseits zur Festschreibung der bisherigen Stellung und Vorrechte des Landadels und der Städteverwaltungen, andererseits fundamentierte Friedrich Wilhelm seine landesherrliche Gewalt und schaltete den Adel aus der politischen Willensbildung so gut wie aus.

Die Zeche für die Umverteilung der Gelder zahlten andere, die Bauern nämlich, da die Gutsbesitzer auf weitere Steuern nicht mehr anzusprechen waren.

In all diesen Jahren, hauptsächlich nach dem Ausscheiden Burgsdorffs, war Otto von Schwerin dem Kurfürsten immer unentbehrlicher geworden. Stets gehorsam, dabei niemals kriechend, rechtschaffen und zuverlässig steuerte er das brandenburgische Staatsschiff über alle Klippen und erfreute sich auch im Ausland höchster Wertschätzung.

Da ihn seine Sonderstellung nie zum Eigennutz verleitete, stieg er unentwegt nach oben und wurde so zum einflußreichsten Mann am Hofe. Von 1658 bis 1679, seinem Todesjahr, war Schwerin, der 1648 schon in den Reichsfreiherrnstand erhoben wurde, Oberpräsident des Geheimen Rates. Niemals vordergründig, nie die Distanz verlierend, diente er seinem Herrn mit gleichbleibender Zuverlässigkeit zum Nutzen des kurfürstlichen Hauses und des Landes Brandenburg. Man könnte ihn heute noch als Inkarnation eines Beamten schlechthin bezeichnen, unbestechlich und loyal, denn das war Otto von Schwerin. Wie viele Beamte von heute müßte man angesichts der vielen Skandale ringsherum zu ihm in die Schule schicken?! Und sicher war es schwer für ihn, all den Verlockungen und Angeboten ausländischer Gesandter zu widerstehen, denn daran mangelte es wahrlich nicht, war Schwerin doch der Vertraute beider kurfürstlichen Eheleute und verfügte damit über die besten Informationen politischer und privater Natur. Er aber widerstand.

Eigenhändig geschriebene Briefe des Kurfürsten an Schwerin sind beredte Zeugnisse der engen Bindung Friedrich Wilhelms an seinen Oberpräsidenten, der manche Wogen seines temperamentvollen Herrn zu glätten wußte. Begünstigend kamen ohne Frage die engen Bindungen zu Luise Henriette hinzu, für die Schwerin förmlich zum Beichtvater wurde.

Die zweite Gemahlin Friedrich Wilhelms, Kurfürstin Dorothea, aus dem Hause Holstein-Glücksburg, Witwe des Herzogs Christian von Lüneburg, war zwar von ganz anderem Schlage als ihre Vorgängerin, aber an den Beziehungen zu Schwerin änderte sich auch nach dem Tode der Oranierin nichts. Ihrem Gemahl zuliebe war sie vom Luthertum zum reformierten Glauben konvertiert, blieb aber im Herzen ihrem alten Bekenntnis treu.

Tüchtig waren beide Frauen nach Art von kraftvollen Gutsbesitzerinnen. Während Luise Henriette in Oranienburg ein Mustergut betrieben hatte, worauf ich noch zu sprechen komme, begleitete Dorothea ihren Mann in dessen Feldzüge und auf seinen vielen Jagden. Aber charakterlich waren sie doch grundverschieden: Luise Henriette, eine fromme Kalvinistin, betete und arbeitete, war feinnervig und längst nicht so robust wie ihre Nachfolgerin, die besonders kräftig zuzupacken wußte, sich aber im Beten sicherlich nicht mit ihr messen konnte und außerdem wohl immer eine verkappte Lutheranerin blieb.

Von ihrem Mann erhielt die sechzehn Jahre jüngere Dorothea das Waldstück zwischen Lust- und Tiergarten geschenkt, das sie so kultivierte, daß dieser Teil zur vierten „selbständigen" Stadt in Berlin wurde und zu Ehren seiner Begründerin den Namen „Dorotheenstadt" erhielt, durch die jene Nußbaum- und Lindenallee führte, die Friedrich Wilhelm 1647 schon anlegen ließ und die zur Prachtmeile Berlins werden sollte, zur Straße „Unter den Linden".

Auch an der Seite Dorotheas blieb das Verhältnis des Kurfürsten zu Schwerin unangetastet. Aber trotz allem drängt sich doch der Schluß auf, daß die Bindungen zwischen dem Kurfürsten und Schwerin ganz anderer Natur gewesen sind als sie es einst zu Burgsdorff waren. Burgsdorff hatte sich der Kurfürst voll „hingegeben", eine handfeste Männerfreundschaft, die unumstößlich schien. Man kann sich bei aller Intimität des Kurfürsten zu Schwerin des Eindrucks nicht erwehren, als wollte Friedrich Wilhelm sich vor einer weiteren Enttäuschung schützen und niemanden mehr so eng an sich heranlassen, obwohl er sich ja im „Fall" Burgsdorff geirrt hatte, denn der war ihm bis zuletzt ergeben. Nicht Burgsdorff hatte diese Freundschaft aufgekündigt – der Kurfürst hatte die Intrigen und Schikanen gegen ihn leider nicht durchschaut oder durchschauen wollen.

Wenn also das Einhalten einer gewissen Distanz Friedrich Wilhelms Maxime im Umgang mit Schwerin gewesen sein sollte, so gab ihm der Erfolg ja recht, denn die Beziehungen zu dem pommerschen Edelmann hielten im Unterschied zum einstigen Festungskommandanten von Küstrin ein Leben lang.

Die Bindungen an seinen Oberpräsidenten und die Wertschätzung für ihn, den er vertraulich und sehr persönlich in seinen Briefen mit „Lieber Herr Von Schwerin“ oder „Unßer Lieber Getrewer“ anredete, hatten zur Folge, daß er nach dem Tode Schwerins im Jahre 1679 das höchste Amt nie wieder besetzte. Schwerin war nicht zu ersetzen – er leitete seinen Geheimen Rat nunmehr allein.

Beiden Männern, Burgsdorff und Schwerin, so unterschiedlich sie auch waren, hatte Friedrich Wilhelm viel zu verdanken. Sie hatten seine Lehrjahre bestimmt und in ihrem Schüler später ihren Meister gefunden, den man nach Fehrbellin den Großen Kurfürsten nennen würde. Daß Brandenburg über ein eigenes Heer verfügte, das bald wegen seiner Tapferkeit und Disziplin von sich reden machte, verdankte es einem einzigen Mann: Konrad von Burgsdorff. Wenn man ihn heute nicht mehr kennt, dann teilt er nur das Schicksal vieler. Seine Verdienste um den Kurfürsten und vor allem um den Aufstieg Brandenburgs sind nicht zu leugnen. Er legte den Grundstein für die Entscheidungsschlachten bei Warschau und Fehrbellin und für alles, was noch kommen sollte, deshalb wurde sein ungerechtfertigter Sturz beklagt.

Schwerins Verdienste lagen auf ganz anderem Gebiet. Er verkörperte die Kultur und die feinen Sitten auf allen Gebieten der Verwaltung, der Politik und Diplomatie, die er teilweise in Brandenburg erst begründete. Schwerin steht als Vorbild und Vordenker für jenes spätere preußische Beamtentum, das sich durch die Würde des Dienens und seine Unbestechlichkeit auszeichnen sollte, ob jemand diese Haltungen nun hervorhebenswert findet oder nicht. Gerade heute ständen sie dem Beamtentum gut zu Gesicht und sollten nicht als Auswüchse vermeintlich blinden Gehorsams verteufelt werden.

1655 kam es zum Ausbruch des Ersten Nordischen Krieges, der 1660 mit dem Frieden von Oliva endete. Für Friedrich Wilhelm war es einer der größten Erfolge seines politischen und militärischen Lebens: Er erhielt die volle Souveränität in Preußen. Dieses für die politische und staatliche Entwicklung Brandenburg-Preußens fundamentale Ereignis wird im nächsten Kapitel ausführlicher dargestellt.

Souveränität in Preußen

Der Erste Nordische Krieg, in dem Schweden und Polen um ihre Vormachtstellung an der Ostsee stritten, öffnete Brandenburg unverhofft völlig neue Dimensionen.

Der Anlaß für den Krieg, der schon sieben Jahren später wieder aufflackerte, nachdem das Feuer des Dreißigjährigen Krieges endlich ausgetreten war, lag in dem Thronwechsel in Schweden, denn 1654 hatte Königin Christine abgedankt. Zu ihrem Nachfolger hatte Gustav Adolfs Tochter ihren Halbvetter Karl Gustav, Pfalzgraf von Zweibrücken, bestimmt. Es gelang ihr auch, ihren Wunschkandidaten auf den Thron zu bringen, zumal der neue Schwedenkönig, der sich nun Karl X. Gustav nannte, als bisheriger Oberbefehlshaber der schwedischen Truppen auf dem europäischen Kontinent kein unbeschriebenes Blatt mehr war.

Verkompliziert wurde die Situation, weil sich der Polenkönig Johann Kasimir ebenfalls den Titel eines Schwedenkönigs zugelegt hatte. Seinen Anspruch auf die schwedische Krone leitete er aus dem Hause Wasa her, dem er ebenso angehörte wie die abgedankte Königin Christine, denn es gab zwei Wasa-Linien, die Kronenträger waren: die schwedische und die polnische.

Der frischgebackene, mit 32 Jahren fast noch jugendliche Schwedenkönig aus Zweibrücken wollte es dem Polen zeigen, wer das Format zum König Schwedens hatte und prompt fiel er im Juli 1655 in Polen ein. Sein Feldzug wurde ihm von Anfang an erleichtert, weil Johann Kasimir sich keiner sonderlichen Popularität in Polen erfreute. Bedrohlich wurde diese Situation für das immer noch unter polnischer Lehnshoheit stehende Herzogtum Preußen, wohin sich das Feuer schnell ausbreiten konnte. Also war Friedrich Wilhelm in äußerster Habachtstellung.

Als erstes versuchte der Schwedenkönig, den Kurfürsten für ein Bündnis zu gewinnen, was dieser aber zunächst ablehnte, denn schließlich hatte er dem Polenkönig einen Eid geleistet. Auf jeden Fall beschloß er aber, seine eigene Rüstung zu forcieren, denn Preußen war im einen wie im anderen Fall bedroht.

Als sein Heer binnen kurzem auf 26 000 Mann angewachsen war, trat Friedrich Wilhelm nun seinerseits, gestärkt durch diese Macht im Rücken, an Karl X. Gustav heran und bot ihm seine Unterstützung unter der Bedingung an, daß Schweden seine volle Souveränität in Preußen anerkenne, wozu der Schwede völkerrechtlich überhaupt nicht in der Lage war. Die polnische Lehnshoheit über Preußen war für Friedrich Wilhelm ein ewiger Stachel, und er empfand sie immer als demütigend und bedrückend. Wie hatte er auf den Augenblick gewartet, sich ihrer endlich entledigen zu können, und dieses Ziel schien ihm zum Greifen nah. Die Anstrengungen Friedrich Wilhelms hatten auch innenpolitische Hintergründe, denn die preußischen Stände erwiesen sich als renitent und suchten ständig Rückhalt bei den Polen, den sie zum ewigen Verdruß des Kurfürsten auch meist in Warschau fanden.

Aber die Rechnung des Brandenburgers schien nicht aufzugehen, denn während der laufenden Verhandlungen waren die Schweden unaufhaltsam im Vormarsch und hatten spielend Warschau eingenommen. Wozu brauchten sie eigentlich jetzt noch den militärischen Beistand Brandenburgs, den Friedrich Wilhelm ihnen, was sie nicht vergessen hatten, anfangs außerdem verweigerte? Das Blatt hatte sich zu ungunsten des Kurfürsten gewendet, denn die siegreichen Schweden bedrohten jetzt aus ihrer Position als Siegermacht sogar das Herzogtum Preußen.

In dieser ziemlich mißlichen Situation schlug der Kurfürst einen neuen Weg ein und machte das Klügste, was er jetzt noch machen konnte. Er ließ seinen alten Lehnsherrn, den Eid von einst zur Seite schiebend, fallen, und akzeptierte am 14. Januar 1656 in Bartenstein in Preußen, wo sich die beiden Herrscher trafen, den Schwedenkönig als seinen neuen Lehnsherrn, und generös öffnete er ihm seine preußischen Häfen.

Von der ursprünglich ausbedungenen Souveränität mußte Friedrich Wilhelm vorerst Abschied nehmen. Es war schon viel damit gewonnen, daß die Schweden, die ihm immerhin noch zusätzlich das Bistum Ermland überreichten, Preußen nicht im Sturm genommen hatten.

Aber aus dem Treueid Friedrich Wilhelms von 1641 dem Polenkönig gegenüber war ein Treubruch geworden, was man in Warschau selbstverständlich nicht vergaß.

Jedoch der Sommer 1656 verlief nicht gut für Schweden, und neue Unruhe brach über Friedrich Wilhelm herein. Denn die Polen, die förmlich überrannt worden waren, hatten sich von dem ersten Schock inzwischen wieder erholt, so daß sie zum Gegenschlag ausholten und dem Aggressor seinen Heimweg wiesen.

Was Friedrich Wilhelms Position zu Schweden anbelangte, so konnte ihm eigentlich nichts Besseres passieren, denn nun war es Karl X. Gustav, der ein engeres Bündnis mit dem Brandenburger suchte. So kam im Juni 1656 in Marienburg ein Militärbündnis zwischen Brandenburg und Schweden zustande, indem sich beide Partner darauf einigten, Polen zu erobern und nach dem Sieg die Beute unter sich aufzuteilen.

Im engen Schulterschluß marschierte die schwedisch-brandenburgische Armee in Richtung Warschau, das in der Schlacht vom 18. bis 20. Juli 1656 eingenommen wurde. „Das Zeichen", so schrieb Pufendorf, „wobey man die Schweden und Brandenburger in der Schlacht vom Feinde unterscheiden solte, war ein Bueschel Stroh, welches man an den Hut hefftete, mit dem Wahl=Spruch: In GOttes Nahmen." Und er berichtete weiter: „Den lincken Flügel hielt der Churfürst mit seinem Heer, ... Weiter waren allda die churfürstlichen Generale als Graf George Friederich von Waldeck und Christoph Canneberg ... Zwischen den beyden Flügeln stunden zwey Schwedische und fünff churfürstl. Regimenter nebst den Stuecken, worüber Otto Christoph Sparr commandirte ..." (Es war jener Sparr auf Lichterfelde, dessen Herrschaft die von der Groebens übernahmen, von denen später noch die Rede ist.) „Die gantze Armee", so der erste Biograph Friedrich Wilhelms, „war nicht allzustarck, indem sie nicht viel über 16 000 Mann austrug, welches aber lauter brave Leute waren."

Brav war eine harmlose Beschreibung für die Soldaten des jungen Brandenburger Heers, das unter der Führung seines Kurfürsten seine erste Feuertaufe glänzend bestand. Die Brandenburger hatten bei ihrem ersten „Auftritt" durch ihre besondere Tapferkeit und Disziplin auf sich aufmerksam gemacht, wenn auch von schwedischer Seite der Anteil Brandenburgs an diesem Sieg geflissentlich übersehen wurde.

Warschau war genommen, aber „noch (waren die) Polen nicht verloren". Unverhofft erhielten sie Schützenhilfe von dem katholischen Habsburger Kaiser, von den Generalstaaten und zusätzlich noch vom russischen Zaren, der sein Interesse an Schwedisch-Livland angemeldet hatte und für seine Hegemonialansprüche einen besseren Einstieg nicht finden konnte.

Plötzlich sah sich der Schwedenkönig von allen Seiten umringt und bedroht. Jetzt blieb ihm nur die Chance, den militärisch erstarkten Kurfürsten noch enger an sich zu binden. Diese glückliche Wendung brachte Friedrich Wilhelm seinem eigentlichen Ziel erheblich näher, denn nun war der Schwede bereit, dem Kurfürsten Preußen zu überlassen. Am 20. November 1656 kam der Vertrag von Labiau zustande, der Friedrich Wilhelm die ersehnte Souveränität in Preußen und zusätzlich noch das Ermland garantierte. Im Original des Labiauischen Vertrages las sich das so: „Kund und zuwissen sey allen und ieden, ... daß nach den gemachten Lehns-Verträgen zwischen dem Durchlauchtigsten und Großmächtigsten Fürsten, Herrn Carl Gustaven und dem Durchlauchtigsten Fürsten, Herrn Friederich Wilhelmen, Sie das Hertzogthum Preussen und Fuerstenthum Wermeland von Ihrer Koenigl. Majestät und dem Koenigreich Schweden zu Lehn tragen wolle ..." Angesichts der geschwächten Position Schwedens dachte Friedrich Wilhelm nicht daran, vom Regen in die Traufe zu kommen. Nicht an einem Lehnswechsel war ihm gelegen, sondern daran, daß „nemlich Ihre Churfuerstl. Durchl. wegen aller obbesagten Stuecke oberster und souverainer Fuerst des Hertzogthums Preussen und Fuerstenthums Wermeland ist ..." Und das brachten „... Ihrer Churfuerstl. Durchl. Geheimen Staats=Rath Otto Freyherrn von Schwerin wie auch Friederichen von Jena ..." am Ende auch zu Wege. Ostpreußen hatte damit seinen souveränen Landesherrn, vorerst jedenfalls.

Der brandenburgische Kurfürst schien am Ziel seiner Wünsche. Daß der Polenkönig den Vertrag von Labiau ignorierte, bedarf kaum der Erwähnung. Der Schwedenkönig hatte, wie er glaubte, Friedrich Wilhelm für die Abtretung eines Herzogtums, das ihm nicht einmal gehörte, unlösbar an seine Seite gebracht. Zwischenzeitlich schienen alle Parteien zufrieden, sieht man von Johann Kasimir einmal dabei ab.

1657 änderte sich unversehens die politische Großwetterlage, denn plötzlich war Dänemark mit auf den Plan getreten, aber auf der gegnerischen Seite, weil es die schwedische Übermacht im Ostseeraum befürchten mußte.

Der Kurfürst sah durch die Übermacht der polnischen Verbündeten zurecht seine junge Errungenschaft bedroht. Aber Preußen wollte er, koste es, was es wolle, unter allen Umständen behalten, und so ließ er sich in Verhandlungen mit dem kaiserlichen Gesandten Franz von Lisola ein, warf kurzerhand das schwedische Bündnis über Bord, wechselte die Fronten, weil ihm als Gegenleistung dafür Preußen auf's Neue zugesichert wurde.

Die ehemals gegnerische Seite hielt ihr Versprechen – ein Zeichen, daß der Brandenburger aufgrund seiner Militärmacht längst ein ernstzunehmender Partner geworden war -, und in dem Vertrag von Wehlau, der im September 1657 durch Schwerins und Lisolas diplomatische Verhandlungen zustandekam, verzichtete nun Polen, Friedrich Wilhelms alter und neuer Partner, endgültig auf seine Lehnshoheit über Preußen, wenn man dem Kurfürsten auch das durchweg katholische Ermland wieder abnahm. Am 6. November 1657 kam es in Bromberg, wo der Vertrag ratifiziert wurde, sogar zu einem „Gipfeltreffen" zwischen Johann Kasimir und Friedrich Wilhelm, das bei der Vorgeschichte von besonderer politischer Brisanz war und den Kurfürsten international aufwerten mußte, während der Pole in demselben Maße das Gesicht verlor.

In dem Vertrag hatte sich Friedrich Wilhelm lediglich dazu verpflichten müssen, die Schweden in Zukunft militärisch nicht mehr zu unterstützen. Nun, das war kein Problem für ihn – hatte er doch dafür zum zweiten Mal die Souveränität in Preußen erlangt, und diesmal endlich von dem rechtmäßigen Lehnsherrn. In kürzester Zeit wechselte der Kurfürst also zweimal die Fronten – aber der Lohn dafür konnte sich sehen lassen. Mit Moral hatte das natürlich alles nichts zu tun – aber solche Frontenwechsel waren im 17. Jahrhundert völlig normal und für Friedrich Wilhelm geradezu charakteristisch. Außer Preußen sollten in den Folgejahren noch die ehemaligen Ämter des Deutschen Ritterordens Lauenburg und Bütow sowie die Johanniterbesitzung Draheim an Brandenburg fallen.

Nun gehörte Friedrich Wilhelm zur großen Koalition gegen seinen ehemaligen Verbündeten, und gemeinsam wurden Schleswig-Holstein und Jütland von den Schweden gesäubert. Das Oberkommando über die vereinigten polnischen, kaiserlichen und brandenburgischen Truppen hatte man dem Kurfürsten übertragen, dessen berühmte Flugschrift „... Gedencke daß du ein Teutscher bist" ihre Wirkung nicht verfehlte. Der Feldzug zog sich ab September 1658 ein gutes Jahr lang hin, wobei die Alliierten auch noch, aber ohne Friedrich Wilhelm gegen das schwedisch besetzte Vorpommern antraten. Der Kurfürst versuchte es mit Appellen an die Schweden, sich aus Vorpommern zurückzuziehen, denn schließlich gehörte dieser wichtige Landstrich an der Ostsee nach dem Erbvertrag mit dem letzten Pommernherzog ihm. (Im Hinblick auf die Krankheitsgeschichte Friedrich Wilhelms ist erwähnenswert, daß der Kurfürst während des Jütlandfeldzugs seinen ersten Gichtanfall erlitt.)

In dieser Zeit erschien Frankreich auf der Bühne, das Schwedens völligen Untergang verhindern wollte, denn schließlich waren beide

Länder die „Garantiemächte" des Westfälischen Friedens. Nach fünf Jahren Krieg gelang es der französischen Diplomatie Kardinal Mazarins, alle Beteiligten an den Verhandlungstisch zu bringen. Zum Verhandlungsort wurde das Kloster Oliva bei Danzig bestimmt, wo sich in den ersten Januartagen 1660 die Gesandten Polens, Österreichs und Brandenburgs sowie der gegnerischen Seite, also Schwedens, einfanden. Während der laufenden Verhandlungen starb überraschend am 22. Februar 1660 der Schwedenkönig, erst 38 Jahre alt. Nun befürchtete man, daß die Verhandlungen scheitern könnten. „Ob man auch gleich vermeynete, es wuerde das Friedens=Werck durch den dazwischen kommenden Tod Carl Gustavs Koenigs in Schweden gehindert werden, so gieng es nichts destoweniger vor sich, und wurde endlich der Friede zwischen den Polen, dem Kayser und Churfuersten auf einer, und den Schweden auf der andern Seite im Kloster Oliva, nicht weit von Dantzig den 1. May bey umgestuemer Nacht geschlossen."

Am 3. Mai 1660 wurde mit dem Frieden von Oliva der Erste Nordische Krieg beendet. Für Friedrich Wilhelm brachte er die Erfüllung seiner jahrelang gehegten Wünsche: Alle kriegsführenden Parteien erkannten endgültig seine Souveränität in Preußen an, wenn Vorpommern auch vorerst den Schweden noch belassen wurde.

Für den Kurfürsten hatte sich der Nordische Krieg wahrlich gelohnt. Er hatte zwar nicht alles bekommen, was er wollte, auf jeden Fall aber das wichtigste. Denn nun konnte aus Brandenburg Brandenburg-Preußen werden, bis dieser Einheitsstaat am Ende nur noch den Namen Preußen tragen sollte. Die erlangte Souveränität in dem nordöstlich, außerhalb der deutschen Reichsgrenzen gelegenen Herzogtum war ein fundamentales, ein epochemachendes Ereignis in der Entwicklung Brandenburg-Preußens. Oliva war der Anfang, die Grundlage für die spätere Entwicklung Preußens bis hin zu seiner Vormachtstellung in der zweiten Hälfte des 18. und im ganzen 19. Jahrhundert.

Friedrich Wilhelm konnte sich wirklich beglückwünschen, übrigens auch noch auf anderen Gebieten, nämlich auf dem des internationalen diplomatischen Parketts und des militärischen Gewichtes. Zum ersten Mal hatte der brandenburgische, überhaupt ein brandenburgischer Kurfürst international eine entscheidende Rolle gespielt. Sein Ansehen als Feldherr war gestiegen, seine Truppen hatten sich bewährt und sich Respekt verschafft. Das hatte die Schlacht um Warschau schlagartig allen klar gemacht. Auch auf dem Gebiet der Diplomatie war man aufmerksam auf diesen Kurfürsten geworden. Daß ihm seine Frontenwechsel von dem jeweils Verlassenen als untreu und unzuverlässig angelastet wurden, damit konnte er gut leben. Er hatte das richtige Gespür dafür bewiesen, was für sein Land gerade machbar und was klug war und ihm nützte. Denn ziellos hatte er sich nicht in dieses Kräftemessen eingelassen.

Im ganzen europäischen Staatengefüge hatte sich etwas geändert – denn es war eine neue Macht hinzugekommen, von der bis dahin niemand Notiz genommen hatte.

Jetzt war Friedrich Wilhelm Herr im Hause Preußen. Dieser Umstand verschaffte ihm zunehmend Respekt in seinem neuen Herzogtum, dessen Hilferufe in Warschau immer mehr verhallten. Allerdings war der Widerstand im alten Ordensland nicht über Nacht zu brechen, denn mit offenen Armen wurde der Brandenburger dort nicht aufgenommen. Jahre sollten noch vergehen, bis Friedrich Wilhelm anerkannter Herr in seinem eigenen Hause war.

Als der Hohenzoller noch abhängig von dem Polenkönig gewesen war, profitierten die preußischen Stände, der Landadel und die Stadt Königsberg von dieser Zwitterstellung. Nahmen sie Anstoß an den Forderungen des Brandenburgers, fanden sie Rückhalt bei dem eigentlichen Lehnsherrn, der in Warschau saß. Mißfiel ihnen eine Einmischung der Polen in ihre Angelegenheiten, wandten sie sich schutzsuchend an ihren Herzog im fernen Berlin. Adel und Städte nutzten diese Stellung, denn Schutz und Beistand fanden sie bei jedem, und es war leicht für sie, den einen gegen den anderen auszuspielen. Aus Gewohnheit und Erfahrung lag ihnen dabei die polnische Gangart weitaus mehr als die brandenburgische, denn die Polen hatten sie aus ihrer Ruhe niemals aufgescheucht.

So hatte sich auf dem Lande längst ein selbstherrlicher, nahezu von allen Steuern befreiter Adel etablieren können, und in den Städten sah es nicht viel anders aus. Niemand redete ihnen in ihre Geschäfte hinein. Königsberg war ein Paradebeispiel dafür, eine reiche Stadt mit vielen Zünften, kleinen Handwerksbetrieben und Geschäftsstraßen. Und eine Universität gab es hier selbstverständlich auch. Prächtige Bürgerhäuser und stattliche Kirchen zeugten vom Reichtum dieses Städtestaates. Aber die Königsberger lebten wie auf einer Insel, und im engen Kreis verengte sich eben auch ihr Sinn. Auf Investitionen waren sie nicht anzusprechen. Sie scheuten größere Kapitalanlagen und Unternehmungen und jedes wirtschaftliche Risiko. Und so hatte sich dort längst eine Art von Krämerseelengeist entwickelt, den sich die Königsberger durch den Brandenburger, der in ganz anderen Dimensionen dachte, nicht zerstören lassen wollten.

Schockiert waren sie natürlich, als sie es eines Tages schwarz auf weiß lesen konnten, daß der Polenkönig dem brandenburgischen Kurfürsten die absolute Gewalt über Preußen abgetreten hatte. Und diese Flugblätter stammten nachweislich von Johann Kasimir und nicht etwa von ihrem neuen Souverän. Sie fühlten sich von ihrem alten Schutzpatron verraten und verkauft.

Die Ruhe war dahin, denn jetzt ging es forsch an den Aufbau gesamtstaatlicher Behörden. Verwaltung und Steuerwesen mußten vereinheitlicht werden. Bereits 1660 wurde das Generalkriegskommissariat geschaffen, eine Behörde, die für die Finanzierung des Heeres aufzukommen hatte. Die Einführung der Akzise, einer Verbrauchs- oder Konsumsteuer in den Städten – eine Art Vorläufer der heutigen Mehrwertsteuer – sowie der direkten Grundsteuern auf dem Lande fand wenig Gegenliebe und forderte den Widerstand heraus. Im Grunde waren alle Maßnahmen, die der Kurfürst zur Schaffung von Zentralbehörden in seinem dreigeteilten Land ergriff, alles andere als populär und mußten die Opposition auf den Plan rufen. In Kleve hatte es nicht anders ausgesehen.

Friedrich Wilhelms Hauptproblem war sein zerrissener Gebietskörper, so stattlich er auch angewachsen war. Aber er bestand eben aus dem im Zentrum liegenden Mutterland Brandenburg, aus dem fernen Herzogtum Preußen und den nicht weniger nahen Rheinprovinzen. Daraus ergaben sich auch ganz persönliche Probleme: Der Landesherr konnte nicht überall gegenwärtig sein, wenn er sich auch ständig auf Inspektionsreisen befand und keines seiner Länder aus den Augen ließ. So entschloß sich Friedrich Wilhelm, in Kleve und in Preußen Statthalter einzusetzen, die die kurfürstlichen Interessen vor Ort vertraten. Mit der Wahl seiner Statthalter hatte der Kurfürst Glück, oder es sprach für seine Menschenkenntnis, daß er aufrichtige und ihm freundschaftlich gesinnte Männer fand. Beide Statthalter waren ihrem Landesherrn treu ergeben und vertraten das Kurfürstentum Brandenburg in ihren über 1000 Kilometer voneinander entfernt liegenden Provinzen geradezu vorbildlich. In Kleve wurde Johann Moritz Fürst von Nassau-Siegen zum Statthalter ernannt.

Das Statthalteramt in Preußen übertrug Friedrich Wilhelm dem

Fürst Boguslaw Radziwill. Statthalter in Preußen; zeitgenössischer Stich

Fürsten Boguslaw Radziwill, einem litauisch-polnischen Kalvinisten und weitgereisten Mann. Radziwill wie Johann Moritz vertrat gegenüber den aufsässigen Ständen die kurfürstlichen Interessen unnachgiebig.

Der Streit um die innere Verfassung Preußens währte von 1660 bis 1674 allein 14 Jahre. Der sogenannte Lange Landtag in Königsberg schleppte sich mühsam von 1661 bis 1663 dahin und mußte wegen des häufigen Dissenses vom Oberpräsidenten des Geheimen Rates Otto von Schwerin zeitweilig abgebrochen werden. 1662 griff der Kurfürst schließlich selber ein und reiste mit einer Rückendeckung von 2000 Soldaten nach Königsberg, wo er am 25. Oktober 1662 einzog. 1663 wurde der Lange Landtag abgeschlossen. Der Kurfürst hatte zwar nicht alles, aber immerhin einen tragfähigen Kompromiß erreicht. Es gelang ihm, wenn auch mit ähnlichen Geburtswehen wie in Brandenburg, seine Heeressteuer durchzusetzen, wofür er aber den preußischen Ständen ebenfalls einen Teil ihrer angestammten Privilegien lassen mußte.

Johann Moritz Fürst von Nassau-Siegen,
Statthalter in Kleve; Stich von Michiel von
Musscher 1673

Daß der Landtag nicht noch länger währte, hing ohne Frage damit zusammen, daß kurz nach Eintreffen des Kurfürsten der Rädelsführer der Königsberger Opposition, der Schöffenmeister – heute würde man ihn einen Laienrichter nennen – Hieronymus Roth gefangen genommen und verurteilt wurde. Wenn man einer Bewegung ihr Haupt abschlägt, fällt sie zumeist in sich zusammen. Natürlich wußte das auch Friedrich Wilhelm. Er ließ Roth zu lebenslanger Haft verurteilen, die er auf der brandenburgischen Festung Peitz absitzen mußte, wo er im Jahre 1678 starb.

Der Widerstand der Stände war gebrochen, wobei es vorerst aber lediglich die Spitze des Eisbergs betraf, denn nur die Stadt Königsberg war bereit, sich ihrem neuen Landesherrn zu unterwerfen. Pufendorf schrieb: „Endlich haben die Preußischen Staende nach so vielen Streitigkeiten im Jahr 1663 am 18. Octobr. Ihrer Churfl. Durchl. als ihrem Obersten und souverainen Fuersten, wie auch dero maennlichen

Nachkommen den Eyd der Treue geleistet. Der Churfuerst saß bey diesem Actu auf einer hohen Buehne zwischen dem Bischof von Wermeland und dem Pro-Cancellario in der Mitten."

Diese Huldigung war mühsam genug zustandegekommen, aber eine Befriedung war noch lange nicht in Sicht. Während in Königsberg Ruhe eingetreten war, wurde die Adelsopposition auf dem Lande immer munterer und machte dem Kurfürsten zwischen 1669 und 1671 arg zu schaffen. An die Spitze dieser adligen Widerstandsbewegung hatten sich die Kalcksteins gestellt, die weiterhin oder aufs Neue Schutz und Beistand bei denen suchten, die sie längst fallen gelassen hatten, bei den Polen nämlich.

Ohne auf diese Entwicklung im einzelnen einzugehen, muß erwähnt werden, daß Friedrich Wilhelm sich am Ende auch hier die Ruhe und Eintracht durch Gewaltanwendung erzwingen mußte, die ihm von Haus aus widerstrebte.

1672 ließ er den notorischen Widersacher und in Adelskreisen keineswegs sonderlich populären jüngeren Kalckstein, Christian Ludwig, einen Abenteurer, der sich in Warschau aufhielt, verhaften. Da die Polen seine Auslieferung verweigert hatten, wurde Kalckstein, wenn auch unter Bruch des Völkerrechts, in einer Nacht- und Nebelaktion nach Preußen entführt und dort kurzerhand zum Tode verurteilt. Das Todesurteil, übrigens war es das einzige Mal, daß der Kurfürst zu diesem allerletzten Mittel griff, fand keinen ungeteilten Beifall, auch bei den Richtern nicht. Selbst Otto von Schwerin hatte sich dagegen ausgesprochen, aber in dem Fall Kalckstein blieb Friedrich Wilhelm unnachgiebig. Er brauchte den Konsens auch auf dem Lande und war nach zwölf Jahren nicht mehr bereit, sich diesen Frieden von einem Mann zerstören zu lassen, dessen abenteuerliches Leben ihn selbst unter seinen Standesgenossen diskreditiert hatte.

Kalckstein wurde im November 1672 in Memel enthauptet. Offenbar bedurfte es eines solchen Exempels, das Friedrich Wilhelm statuierte, denn danach kehrte auch in den Kreisen des Landadels Ruhe ein.

Jetzt endlich anerkannten die Gutsbesitzer seine Souveränität in Preußen und huldigten ihrem Landesherrn. Sie zogen ganz allmählich einen Schlußstrich unter ihre Vergangenheit, stellten das Liebäugeln mit den Polen ein, und wurden nach und nach Preußen.

Am Ende dieser schweren Geburt kam ein kerngesundes Kind zur Welt, auf dessen Namen später der gesamte Einheitsstaat getauft wurde.

Die Krönung des ersten Preußenkönigs fand 1701 programmatisch in Königsberg i.Pr. statt, denn aus dem brandenburgischen Kurfürsten Friedrich III. und Preußenherzog wurde am 18. Januar der König „in" Preußen. Der Soldatenkönig bezeichnete dieses alte Herzogtum als eines seiner schönsten Länder und brachte es in solchen Flor, daß die Provinz Preußen später zu Deutschlands Kornkammer wurde. Der große Preußenkönig ließ kein Jahr vergehen, ohne Inspektion oder Revue seiner östlichsten Provinz, die er schließlich noch mit Westpreußen vereinigte und damit nach Jahrhunderten das alte Ordensland in seinem Urzustand wieder herstellte.

Daß Preußen zwischenzeitlich, genau bis 1657, unter polnischer Lehnshoheit gestanden hatte, wußten in Deutschland später nur noch die Historiker, selbst für die Einheimischen und für alle Preußen stellte es immer das dar, was es gewesen ist: eines der preußischen Stammlande. Daß es das werden konnte, verdankte das Königreich Preußen seinem Großen Kurfürsten.

Sieger von Fehrbellin

Der Königlich Preußische Geheime Rath und Praesident der Societät der Wissenschaften Jacob Paul von Gundling schrieb 1724 über Fehrbellin: „Eine mäßige Stadt und Paß, woselbst zwischen Tarmo und Hackelberg, die Schweden von Churfürst Friderich Wilhelm Anno 1675 geschlagen worden."

Einen „Choral von Fehrbellin" hat es zwar nie gegeben wie beispielsweise den von Leuthen, aber dafür gibt es in Berlin einen Fehrbelliner Platz, der dauerhafter war als jener UfA-Streifen mit Otto Gebühr.

Auch ohne einen Film ist die Schlacht von Fehrbellin, sollte man beide vergleichen, die größere zu nennen, selbst wenn Roßbach und Leuthen für Generationen von Historikern den Grund zu Preußens Gloria legten. Fehrbellin aber machte Roßbach und Leuthen und alles, was noch kam, erst möglich – es war, um ein Wort des viel geschmähten Saddam Hussein aufzugreifen, die Mutter aller Schlachten, aller preußischen wohlgemerkt, wenn sie auch noch eine rein brandenburgische war.

Aber ihr Ausgang war von einer solchen Überraschung und ihre

Wirkung hatte eine Durchschlagskraft, daß man ein Viertel Jahrhundert noch danach den Jahrestag von Fehrbellin mit Jubelfeiern beging.

Wenn man heute mit dem Auto von Berlin nach Rostock oder Hamburg fährt, erscheint kurz nach dem Verlassen des Berliner Rings der Hinweis auf die Abfahrt nach Kremmen und nach Fehrbellin. Sicher fahren viele achtlos daran vorüber, denn was besagen diese Orte schon. Anders wird es dann mit Neuruppin, worauf ein wenig später die Aufmerksamkeit des Autofahrers gelenkt wird, denn hier kommen dem einen oder anderen Assoziationen zu Fontane, vielleicht auch noch zu Schinkel, Namen von Persönlichkeiten, die ein bescheidener Ort wie Fehrbellin nicht anzubieten hat. Und dennoch trat dies kleine märkische Städtchen einst kurzzeitig ins Rampenlicht der Geschichte, wenn es auch ebenso schnell wieder in die Bedeutungslosigkeit versank. Aber in seiner Sternstunde versammelten sich hier Persönlichkeiten von Rang und Namen, die Fehrbellin mit Stolz nennen darf. Es war ja nicht allein der Kurfürst, sondern mit ihm ein ganzes Aufgebot an tapferen Soldaten und bekannten Generalen.

Wenn die Schlacht von Fehrbellin ausführlicher behandelt wird, hat das den Sinn, den Kurfürsten als Feldherrn näher vorzustellen, denn ein Feldherr war er ja mit Leidenschaft. Dem aufmerksamen Leser wird es nicht entgangen sein, daß die Feldzüge Friedrich Wilhelms, sehen wir von Warschau einmal ab, nur am Rande erwähnt wurden. Fehrbellin steht hier für alle Feldzüge und Schlachten, weil es nicht mein Anliegen ist, die vielen Kriegsschauplätze chronologisch aufzuführen. Das soll und muß den Militärhistorikern vorbehalten bleiben.

Die Vorgeschichte begann, wie solche Dinge oft zu gehen pflegen, entfernt vom späteren Ort der Handlung, nämlich am fernen Oberrhein, wo 1674 die brandenburgischen Truppen standen, stehen mußten, weil Friedrich Wilhelms unberechenbare Bündnispolitik ihm einen Krieg gegen die Franzosen bescherte, an der Seite des ungeliebten Kaisers, der um diese Zeit sein Verbündeter war. Dieses Bündnis war alles andere als das Ergebnis gegenseitiger Zuneigung, sondern eines gemeinsamen Hasses gegen die Franzosen, die im Mai 1674 ihren Vasallen Jan III. Sobieski zum polnischen König kürten, der in den Augen des Kurfürsten und des Kaisers nichts als ein Spielball der Franzosen war, die nun im fernen Warschau ihren Paladinen hatten und damit das Reich von allen Seiten einkreisten. Am 1. Juli 1674 schlossen der Kaiser, der Kurfürst und die Generalstaaten einen Beistandspakt, und so war Friedrich Wilhelm vertraglich zu militärischer Hilfe im Westen verpflichtet, wo sich am Himmel dunkle Gewitterwolken bedrohlich zusammengezogen hatten.

Ende August brach der Kurfürst in Begleitung seiner Gemahlin Dorothea und seines ältesten Sohnes, des Kurprinzen Karl Emil, zu seinen Truppen auf, die mit den kaiserlichen Armeen gemeinsam die im Elsaß stehenden Franzosen schlagen wollten. Am 13. Oktober passierten die Brandenburger die Rheinbrücke bei Kehl und marschierten in das Elsaß ein, wo der Kurfürst, spätestens nach dem Ersten Nordischen Krieg längst kein Unbekannter mehr, von der Straßburger Bevölkerung jubelnd begrüßt wurde.

In dem Punkt waren sich Friedrich Wilhelm und sein Feldmarschall Derfflinger völlig einig: Noch vor Einbruch des nahenden Winters müßte das Elsaß von den Franzosen gesäubert sein. Bereits am 18. Oktober marschierten ihre Regimenter gemeinsam mit den Kaiserlichen gegen Marlenburg, um den französischen Oberbefehlshaber Turenne in die Zange zu nehmen. Aber der kaiserliche General Bournonville hatte nicht im mindesten das Format Friedrich Wilhelms oder Derfflingers – man hatte eher den Eindruck, daß er auf seiten der Franzosen kämpfte, so daß Turenne spielend entkommmen konnte. Der Kurfürst war über das defensive Verhalten seines angeblichen Verbündeten maßlos verärgert. Sein Beschwerdebrief an den Kaiser blieb, gleichermaßen merkwürdig, ohne Echo, so daß Turenne, an sich haushoch unterlegen, in aller Ruhe nach einer Winterstellung Ausschau halten konnte.

Lorbeeren waren also am Oberrhein mit solchen Verbündeten nicht zu ernten – das wurde dem Kurfürsten schlagartig klar. Ärgerlich war außerdem, daß man im Reich allgemein davon ausging, daß Friedrich Wilhelm selbstverständlich den Oberbefehl über die vereinten Armeen habe. Und so war man über dessen Mißerfolge sehr verwundert, zumal ihm wegen seines Ruhms von Warschau und der nicht vergessenen Feldzüge in Schleswig und in Jütland der beste Ruf als ein glänzender Feldherr vorausging.

Tatenlos mußte Friedrich Wilhelm in Kolmar zusehen, daß nichts mehr passierte. An sich mußte dem Kurfürsten jede Feuerpause willkommen sein, denn wieder hatte sich seine Gicht gemeldet und ihn diesmal völlig außer Gefecht gesetzt. Mit der Gicht stellten sich auch die Depressionen ein und machten den Umgang mit ihm immer schwieriger bis ihn plötzlich ein schmerzliches Ereignis aus seiner Lethargie riß, von dem der Kurfürst sich eigentlich nie wieder erholen sollte. Während

Der Große Kurfürst zwei Jahre vor der Schlacht von Fehrbellin; nach M. Merian d. J., Schloß Charlottenburg

einer Heeresinspektion bei Straßburg erkrankte sein Lieblingssohn Karl Emil so schwer an der bei den Truppen allgemein herrschenden „Seuche“, daß er am 7. Dezember, erst zwanzigjährig, plötzlich starb. Der Vater wurde darüber regelrecht gemütskrank. Er schloß sich ein, ließ niemanden mehr zu sich und machte andere für den Tod des Kurprinzen verantwortlich, der für ihn ein politischer Giftmord war.

Mit diesem Schicksalsschlag verlor der Kurfürst seinen Nachfolger, der aus ganz anderem Holz gemacht war als der nun aufrückende Friedrich, der dem Vater in nichts ähnelte, verweichlicht und prunksüchtig war, das Kriegshandwerk im Unterschied zu dem verstorbenen Bruder und zu seinem Vater scheute und sich alles andere als mutig und kämpferisch zeigte.

Nun begab sich Friedrich Wilhelm auf die Suche nach einem Winterquartier für seine Truppen und ließ sich in der Nähe von Schweinfurt nieder.

König Ludwig XIV., der "Sonnenkönig";
Stich von Anton Joseph Gaitte nach Hyacinthe
Rigaut

Der Krieg war aus, bevor er überhaupt begonnen hatte. Aber die Schlachten auf dem diplomatischen Parkett waren dafür um so heißer: Der Kurfürst mußte unbedingt vom Kaiser abgezogen werden, und für dieses Ziel waren Frankreich alle Mittel recht. Zunächst wurde dafür der Pole eingesetzt, ohnehin ein willfähriges Werkzeug der Franzosen, wenn auch nicht sonderlich tauglich für so ein Unterfangen. Als Köder wurde ihm wieder Preußen in Aussicht gestellt, falls er den Brandenburger aus der kaiserlichen Allianz herausbrechen würde, was ihm, wie kaum anders zu erwarten, selbstverständlich nicht gelang.

Ein noch gefährlicherer Feind als Frankreich es zugegebenermaßen war, erwuchs dem Kurfürsten in Schweden, das Frankreich aus vielerlei, vor allem aber aus finanziellen Gründen eng verbunden war. Und diesen Trumpf spielte Paris jetzt aus, zumal der weit mehr stach als die schwache polnische Karte. So machten die Schweden auf Drängen ihrer westeuropäischen „Freunde" endlich gegen Brandenburg mobil. Eigentlich paßte ihnen die Sache nicht, denn schließlich gab es ja ein Bündnis mit Friedrich Wilhelm gegen Polen, das heißt der Einfall Schwedens war glatter Vertragsbruch. Nun nahm man Bündnisse nicht tierisch ernst, und was den Kurfürsten selbst betraf, so war er mit Vertragsbrüchen ja ebenso flott bei der Hand gewesen wie alle seine Partner. In moralischer Hinsicht waren sich die Herrschaften im 17. Jahrhundert alle ähnlich. Aber letztlich war es kein spezifisches Phänomen des 17. Jahrhunderts – wer hat sich später an Verträge gehalten – wer hält sich heute daran? Waren Hitler nicht die Hände durch seinen Freundschaftsvertrag mit Stalin gebunden? Hat die UNO ein Recht, in andere Länder einzumarschieren, nur weil ihr deren Regierungen nicht passen?

Als Schweden sich zierte, drohte Ludwig XIV. schließlich mit Sperrung der Hilfsgelder, und da fielen die Schweden um und endlich ein in die Mark Brandenburg. Am 28. Dezember 1674 besetzten die schwedischen Kolonnen unter Reichsfeldmarschall Graf Carl Gustav von Wrangel die Mittel- und die Neumark und durchzogen Hinterpommern. Während der Kurfürst sein Winterquartier in Franken bezog, erreichte ihn die Kunde von der Besetzung seines Landes. Niederschmetternd für ihn – sein Land von eigenen Truppen entblößt und dann diese Besetzung durch eine Streitmacht, die immer noch als die beste ihrer Tage galt. Wieder befiel den Kurfürsten tiefe Resignation – er wurde regelrecht melancholisch, sah sich und sein Land dem Untergang preisgegeben. Zu allen seelischen Belastungen bescherte ihm der naßkalte Winter anhaltende Gichtanfälle, die auch die Wolfsfelle, in die er seine Füße hüllte, nicht lindern konnten.

Aber Resignation auf Dauer war nicht Friedrich Wilhelms Sache. Sie kam und ging und bald begriff der Kurfürst, daß dieser Schwedeneinfall auch durchaus mehr sein konnte als eine bloße Herausforderung. Er war zum Kampf bereit und kommentierte lapidar: „Die Schweden sind in die Mark eingefallen, auf diese Art könnte ich ganz Pommern bekommen."

Nun wurde er aktiv und entwickelte vom fernen Franken aus eine lebhafte Diplomatie. Ein Brief jagte den anderen. Der Kaiser wurde ebenso umworben wie Prinz Wilhelm III. von Oranien, dem er schrieb: „Euer Liebden können sich versichern, daß ich nunmehr in solchem Stande durch die Schweden gesetzt bin, daß, wenn ich heute zu sterben komme, meine lieben Kinder an den Bettelstab geraten würden, denn im Kriege von anno 1618 bis 1648 (habe ich) solchen Ruin meiner Lande nicht gesehen, als diesen."

Wrangel war ein tüchtiger und ein korrekter Offizier, der zudem noch gemeinsam mit Friedrich Wilhelm Schulter an Schulter vor Warschau gefochten hatte. So achtete er auf Zucht und Ordnung in seinen Truppen, ganz anders als sein Bruder, der Generalleutnant Woldemar von Wrangel, dessen Soldaten sich wie die Vandalen aufführten. Alles in allem hausten die Schweden in der Mark nicht minder grausam als im Dreißigjährigen Krieg. Sie schändeten Friedhöfe und Kirchen, gruben Menschen bei lebendigem Leibe ein, sengten und mordeten, erschlugen Kinder und Greise und bereicherten sich, wo sie nur konnten.

In ganz Brandenburg waren nicht mehr als 350 Berittene und 1500 Mann Fußvolk zurückgeblieben. So ordnete der Kurfürst aus der Ferne den ersten Widerstand, der fast Partisanencharakter hatte. Der Berliner Statthalter, Johann Georg Fürst von Anhalt-Dessau (Vater des „Alten Dessauers“) erhielt die Weisung, Bürger- und Bauernwehren aufzustellen und auf die alten Roßdienste des Adels zurückzugreifen. Es entstand regelrecht eine Art Landwehr oder „Volkssturm“. Allein in Berlin wurden 2500 Männer unter Waffen gestellt. Wo man auf einen Schweden traf, erschlug man ihn wie einen Hund. In der Altmark wurden auf Weisung Achaz von der Schulenburgs die Bauern bewaffnet, deren Haß auf die Schweden noch keineswegs verblaßt war, denn solange lag der Dreißigjährige Krieg noch nicht zurück.

Auf seine Landsleute konnte Friedrich Wilhelm sich also verlassen. Die Bauernkompanien zogen stolz mit ihren Fahnen durch das Land, mit rotem Adler auf weißem Grund, selbstredend mit den Initialen ihres Landesherrn und dem rührenden Spruch: „Wihr Bauern von gering Guth dienen unsern Genädigen Churfürsten und Herrn mit unsern Blut.“

Fast erinnert uns dieser verzweifelte Befreiungskampf an die Zeit 150 Jahre später, als nach und nach ein ganzes Volk aufstand, um den Usurpator Napoleon in seine Schranken zu weisen.

Aber so richtig verstand man es in Brandenburg nicht, warum der Kurfürst nicht sofort heimkehrte. Der jedoch hatte alle Hände voll zu tun, Verbündete gegen die schier unüberwindliche militärische Übermacht Schweden zu sammeln. Und so brach Friedrich Wilhelm Anfang März auf, um in Den Haag die Holländer für seine Sache zu gewinnen, an seiner Seite Derfflinger und Kurfürstin Dorothea. Der Kurfürst war, nichts konnte zu dieser Zeit ungelegener kommen, von seinen Gichtanfällen so gelähmt, daß weder Wolfsfelle noch stärkste Schmerzmittel seinen qualvollen Zustand linderten, so daß er kurz vor

Kleve buchstäblich zusammenbrach. Jede geringe Berührung und Bewegung bereiteten ihm Höllenqualen, weshalb man ihn mit größter Mühe und Behutsamkeit auf sein Schloß in Kleve brachte. An eine Weiterreise war nicht mehr zu denken. Die Ärzte waren rat- und hilflos, Schmerzmittel, welcher Art auch immer, blieben ohne Wirkung. Zwei ganze Monate – welch wertvoll vertane Zeit! – fesselten ihn hier ans Bett.

Indessen erhielt Derfflinger den Auftrag, nach Schweinfurt zurückzukehren, um den längst überfälligen Abmarsch der brandenburgischen Truppen vorzubereiten.

Endlich, Anfang Mai 1675, konnte Friedrich Wilhelm, wenn auch noch keineswegs genesen, seine Reise fortsetzen. Am 15. Mai wurde das Haager Protokoll unterzeichnet, das Bündnis mit den Niederlanden, dem sich der Kaiser, Spanien, Celle und Wolfenbüttel anschlossen – eine große Koalition also, aber letztlich eine wertlose, denn sie trat niemals in Erscheinung.

Immerhin hatte Friedrich Wilhelm aber von seinem Krankenlager aus mit dem holländischen Reeder Benjamin Raule eine Flotte aus gecharterten Kriegsschiffen zusammengestellt, um wenigstens die Schweden auf dem Wasser attackieren zu können. Im Grunde war das der Anfang der brandenburgischen Kriegsmarine, und Raule übernahm den Küstenschutz vor Preußen und vor Hinterpommern. Wenn auch nicht mit seerechtüblichen Methoden, denn Raule war in der Wahl seiner Mittel nicht zimperlich, so wurden doch immerhin 20 schwedische Handelsschiffe im Laufe der Zeit gekapert.

Am 15. Mai, dem Tag des Haager Protokolls, wurde die Kriegserklärung gegen Schweden allgemein beschlossen. Der Kurfürst war zunächst mit seinem Erfolg zufrieden und konnte endlich Derfflinger nach Schweinfurt folgen. Dem Fürsten von Anhalt-Dessau hatte er geschrieben: „Ich hoffe von Schweinfurt in vierzehn Tagen schon an der Elbe zu stehen. Edelleuten, Bürgern und Bauern wollen Euere Liebden gleichfalls befehlen, allen Schweden, wo sie solche bekommen können, die Hälse entzwei zu schlagen und kein Pardon zu geben.“ Das hatten die Genannten ohnehin schon längst getan, wo immer sich ein Schwede blicken ließ.

Derfflinger hatte alles glänzend vorbereitet, so daß nun 3000 Infanteristen, 7000 Reiter und 1100 Dragoner geordnet und in „Windeseile“ in Richtung Thüringen aufbrachen. Wieder wurde der Kurfürst von schweren Gichtanfällen heimgesucht, aber er wußte, daß es ohne ihn nicht ging, und so blieb er, eingepackt in Juchtenstiefel, die mit Fell gefüttert waren, bei der Truppe bis sie endlich in Magdeburg anlangten.

Für den 10. Juni hatte Friedrich Wilhelm einen landesweiten Buß- und Bettag angeordnet und den Predigttext für alle Pfarrer selbst bestimmt, die über Jeremia 20, Vers 11 und 12 zu sprechen hatten: „Aber der Herr ist bei mir, wie ein starker Held: darum werden meine Verfolger fallen, und nicht obliegen; sondern sollen sehr zu Schanden werden, darum, daß sie so thörlich handeln; ewig wird die Schande sein, der man nicht vergessen wird.

Und nun, Herr Zebaoth, der du die Gerechten prüfest, Nieren und Herz siehest, laß mich deine Rache an ihnen sehen; dann ich habe dir meine Sache befohlen.“

Einen Tag später hielt der Kurfürst in Magdeburg einen Kriegsrat und traf folgende Festlegungen: Zuerst müßte Rathenow genommen werden, dann wollte man sich gegen Brandenburg wenden. Soviel wußte Friedrich Wilhelm: In Rathenow stand der Schwedenoberst von Wangelin, in Havelberg der Reichsfeldmarschall Carl Gustav von Wrangel und in Brandenburg die Hauptarmee unter dessen Bruder Woldemar.

Die Schweden hatten bis dato, was eigentlich wunder nimmt, nicht die geringste Ahnung vom nahen Standort der brandenburgischen Armee.

Am 13. Juni brachen 7000 Reiter in aller Frühe von Magdeburg nach Rathenow auf, an ihrer Spitze Derfflinger. Den Marsch nach Rathenow machte auch der Kurfürst mit, aber seine Gichtanfälle ließen keinen Ritt mehr zu – er konnte seine Truppe ganz gegen seine Gewohnheit nur noch in einer Kutsche begleiten.

Der nun folgende „Blitzkrieg“ Derfflingers glich einem Husarenstück und ist wegen seiner Originalität allemal wiedergebenswert.

Der Landrat von Briest versicherte in einem vor Rathenow mit Friedrich Wilhelm geführten Gespräch, daß die Schweden völlig ahnungslos seien, die Brandenburger noch in Franken wähnten, in Saus und Braus sorglos in den Tag hineinlebten und überdies den Kurfürsten längst tot glaubten – das ausgestreute Gerücht hatte seine Wirkung also nicht verfehlt.

Angeblich hatte Briest vereinbarungsgemäß am Abend des 14. Juni zu Ehren der Schweden ein Festessen inszeniert, wobei die sorglosen Gäste dem Alkohol so reichlich zusprachen, daß ihre Kampfmoral mit ihnen selbst zu Boden sank.

Rathenow war nur über Brücken zu erreichen, die von den Schweden vorsorglich in Zugbrücken umgerüstet waren.

In der Mitternachtsstunde des 15. Juni pirschten sich die Brandenburger an Rathenow heran, allen voran der alte Derfflinger mit sechs weiteren Unerschrockenen durch Sumpf und Wasser bis sie die Zugbrücke am Haveltor erreichten. Auf den Anruf des schwedischen Wachpostens: „Was vor Volk?“ antwortete der Feldmarschall: „Schwedisch Volk – ein schwedischer Offizier, der von Brandenburgern verfolgt wird.“ Um „seine“ Landsleute zu schützen, die vorsorglich von Derfflinger in schwedische Uniformen gesteckt waren, fiel die Zugbrücke herab. Derfflinger betrat sie zunächst allein, dann aber folgten ihm in wildem Sturm alle „verfolgten Schweden“.

Pufendorf gab die Geschichte so wieder: „Vor welcher Dörfling mit einem Troup Dragoner bis an die aüserste Brücke der Havel so aufgezogen war, voraus gieng, und sich vor einen Schweden ausgab, den ein Brandenburgischer Troup verfolgte; Da er nun nach vielen Wort=Wechsel und Bedraenung es erhielt, daß man die Brücke hernieder ließ, brach er alsobald in die Stadt hinein, und hieb die Wache nider.“

Allmählich wurde es in Rathenow lebendig. Die Herren Offiziere, wein- und bierselig, lieferten den Eindringlingen dennoch einen mutigen Widerstand. Nicht alle schienen betrunken zu sein, möglicherweise war es niemand; hatte das besagte Festessen des Landrats wirklich stattgefunden? Aber mit oder ohne Festessen waren die Schweden die Unterlegenen. Der Oberst Wangelin und weitere Offiziere wurden in Gewahrsam genommen. Der Überraschungserfolg der Brandenburger war perfekt, und der Sieger von Rathenow hieß Derfflinger.

In die Freude des Kurfürsten, der selbstredend hochbeglückt über diese Schlacht und ihren Ausgang war, mischte sich wiederum der Wermutstropfen seiner nicht abreißenden Schmerzen, selbst wenn er immer noch inmitten seiner Kavallerie schlief, soweit er mit seiner Gicht überhaupt noch Ruhe fand.

Es ist an der Zeit, über Derfflinger ein Wort mehr zu verlieren. Wer war Georg von Derfflinger und was bedeutete er dem Kurfürsten und Brandenburg? Wenn sein Name auch in preußisch gesinnten Kreisen bis heute nicht verblaßt ist, so wird wohl allgemein nicht mehr von ihm gewußt, als daß er ein alter Haudegen war. Das ist auch durchaus richtig, charakterisiert aber nicht den ganzen Mann. Derfflinger war ein

Reichsfreiherr Georg von Derfflinger;
Stich aus Petrus Valckenier "Das Verwirrte Europa ...", fortgesetzt von Andreas Müller, Amsterdamm 1683

Paradebeispiel dafür, daß außergewöhnliche Leistungen sich zu jeder Zeit Bahn brechen konnten, daß nicht immer die Herkunft allein die Weichen für das Leben stellte. So ist auch das keine Errungenschaft unserer Zeit – das hat es früher schon gegeben.

Geboren wurde Georg Derfflinger am 10. März 1606 in Neuhofen als Sohn eines Bauern in Oberösterreich. Zunächst begann seine Berufslaufbahn als Schneiderlehrling. Die Eltern, da sie Protestanten waren, verließen Österreich aus konfessionellen Gründen und gingen in das damals noch protestantische Böhmen.

Die Zeit des Dreißigjährigen Krieges stellte die Weichen für Derfflingers Leben, der nicht die Absicht hatte, in einer Schneiderstube sein Leben abzusitzen, da ihm ein Sattel weit mehr lag als der zwangs-

Rathenow: barocke Standfigur des
Großen Kurfürsten; gestiftet im Jahre 1738
von König Friedrich Wilhelm I.

läufige Schneidersitz. Zunächst diente er als Dragoner unter Johann Georg von Sachsen und brachte es hier schon bis zu einem Offiziersrang. Dann ging er zu den Schweden, wo ihn Gustav Adolf persönlich zum Oberstleutnant beförderte. Damit aber noch nicht genug, denn unter Königin Christine, Gustav Adolfs Tochter, avancierte er bereits zum General. Nach dem Westfälischen Frieden trat General Derfflinger in kurbrandenburgische Dienste, nachdem er 1646 schon ein Fräulein von Schapelow, eine keineswegs mittellose Brandenburgerin, geheiratet hatte. Im Jahre 1656 machte Derfflinger in der Drei-Tage-Schlacht von Warschau auf sich aufmerksam, so daß ihn der Kurfürst zum Generalleutnant beförderte und ihm ein Jahr darauf die Leitung seines Geheimen Kriegsrats übertrug. Damit war Derfflinger nach knapp zehn Jahren die einflußreichste Militärperson in Brandenburg. Darüber hinaus wurde er noch Statthalter von Pommern und Gouverneur von Küstrin. 1670 erfolgte seine Beförderung zum Generalfeldmarschall. Als solcher machte er den Reichskrieg gegen Frankreich mit und hatte den Hauptanteil an dem Verlauf der Fehrbelliner Schlacht. Ihm unterstanden ein Infanterie- und zwei Kavallerieregimenter.

Auf Empfehlung seines Kurfürsten erhob ihn Kaiser Leopold im Jahre 1674 in den Reichsfreiherrnstand. Neben Pappenheim, so sagt man jedenfalls, war Derfflinger der größte Reitergeneral des 17. Jahrhunderts. Soviel zu seiner beruflichen Karriere!

Und was für ein Mensch war Derfflinger? Daß er intelligent, ehrgeizig und tapfer war, spiegelt seine Laufbahn wieder. Daneben war er draufgängerisch bis martialisch, von schlagfertigem Humor und Witz, wie sie solchen originellen Persönlichkeiten eigen sind. Trotz seines Bildungsmangels, hauptsächlich in den Sprachen, war er klug und selbst im Höfischen nicht ungewandt. Von Gefühlen hielt er wenig, zumindest empfand er es als verweichlicht oder nicht männlich, Empfindungen zu zeigen und darüber zu sprechen. Als sein Sohn 1686 bei der Schlacht vor Ofen (Budapest) fiel, soll, was wenig glaubhaft ist, sein einziger Kommentar gewesen sein: „Warum hat sich der Narr nicht besser in acht genommen."

Mit zunehmendem Alter wurde er immer einsamer und starrsinniger. Seine letzten Jahre verlebte er auf seinem von der Familie von Schapelow käuflich erworbenen Gut in Gusow bei Seelow. Auch dann noch wollte der greise kranke Generalfeldmarschall in Militär und Politik weiter mitbestimmen. Zu einem Eklat mit seinem Kurfürsten wäre es um Haaresbreite gekommen, als Friedrich Wilhelm 1687 den Marschall von Schomberg zum Oberbefehlshaber seiner Armee befördern wollte. Das kränkte Derfflinger dermaßen, daß er schriftlich bei seinem Herrn dagegen intervenierte. Die Antwort des Kurfürsten ist bezeichnend für Friedrich Wilhelms Takt und Sensibilität. Die Briefe sind typisch und charakteristisch für die Denkart und Gefühlswelt beider, daß es sich lohnt, sie gekürzt hier wiederzugeben.

„Wollgeborener besonders lieber Generalfeldmarschall.

Es ist Euch annoch außer Zweifel erinnerlich, was Ich mit Euch zum öftern wegen eines tüchtigen und capabeln Generals, dem ich meine Armee und Militz eu Chef zu kommandiren anvertrauen könnte, in gnä-

Neugotisches Schloß des Generalfeldmarschalls Georg von Derfflinger in Gusow bei Seelow am Rande des Oderbruchs

digstem Vertrauen geredet, weßgestalt Ihr auch jedesmal dafür gehalten, daß unter andern Qualitäten, die zu einer so vornehmen Charge erfordert werden, Ich insonderheit darauf zu reflectiren hätte, daß er ein Teutscher, der teutschen Sprache kundig sein müsse.

Nachdem ich nun von Tag zu Tage mehr wahrnehme und spüre, wie nützlich und nöthig mir eine solche Person sei, auf die Ich mich verlassen und welche allemahl bei mir gegenwärtig sein könne, umb bei allerhand vorfallenden wichtigen Angelegenheiten mir mit raht und taht an hand zu gehen, zumahlen, da Ihr nach Gottes Verhängniß, nun eine so geraume Zeit hero unpäßlich und nicht im stande gewesen Eure Dienste bei mir zu versehen, Alß hat es sich neulicher Tagen also gefüget, daß der Maréchal Graf v. Schomberg, welcher der Religion halber Frankreich und Portugal verlassen müßen, sich allhier bei Mir eingefunden und sich nicht abgeneigt gezeigt, meine Dienste allen andern zu präferiren, ungeachtet Ihm vom Kayser, Engelland und Prinz von Oranien allerhand stattliche und vortheilhafte Conditiones offeriret worden, Ich habe mich solchem nach in Gottes nahmen resolviret, denselben in Meinen Diensten zu accomodiren, und ihm die Statthalterschaft in Preußen, wie auch das Generalat über meine Trouppen zu conferiren; Eß

Ruine der Dorfkirche in Gusow; in einem Anbau fand Derfflinger seine selbstbestimmte letzte Ruhestätte

seyn die gute Qualitäten, Kriegs=Experienz, Tapferkeit und geschicklichkeit dieses Grafen in der ganzen Welt so bekannt und er hat davon in vielfältigen Occasionen solche Proben abgelegt, daß ich unnöthig achte, Euch von seinen Qualitäten weitläuftige Meldung zu thuen.

Und gleichwie Ich der zuversicht lebe, daß er Mir und meinem churfürstlichen Hause gute und nützliche Dienste werde leisten können, Also bin ich auch versichert, Ihr werdet alß einer meiner liebsten ältesten und treuesten Diener diese meine gefaßte Resolution und Wahl allerdings in unterthänigkeit approbiren ...

Gegeben Cölln an der Spree, den 16. April 1687.
(gez.) Friedrich Wilhelm.
An den Feldmarschall."

Das ausgesprochen liebenswürdige Schreiben des Kurfürsten führte keineswegs zu dem Gesinnungswandel Derfflingers, den Friedrich Wilhelm sich erhoffte. Im Gegenteil – der greise Generalfeldmarschall hielt sich für unersetzlich, empfand jeden Nachfolger als Demütigung und wollte Friedrich Wilhelms „gefaßte Resolution und Wahl" nicht „approbiren". Und so erwiderte er seinem Herrn:

„Durchlauchtigster Kurfürst, Gnädigster Herr.

Eure Churfürstliche Durchlaucht gnädigstes Rescript unterm Dato Cölln an der Spree den 16. dieses habe ich heute mit unterthänigstem Respect erhalten und mit mehreren daraus verstanden, wie Eure Churfürstl. Durchl. gnädigst resolviret, den Herrn Marschall, Grafen v. Schomberg, das Generalat über Dero Truppen zu conferiren; Ob ich nun zwar woll gemeinet, daß Ew. Churfürstl. Durchl. meine Ihro treu geleistete, unterthänigste, langwierige Dienste, wozu ich auch den Rest meines Lebens gäntzlich gewidmet gehabt, hätten gnädigst consideriren werden, insonderheit, da mir Gott nunmehro einen guten Anfang zu meiner Besserung verliehen hat, ... also werde bei fernerer meiner erfolgenden Beßerung die Gnade suchen, Ew. Churfürstl. Durchl. in Persohn unterthänigst aufzuwarten, oder da meine völlige Genesung noch etwas anstehen sollte, solches durch ein unterthänigstes Schreiben zu thun, mich erkühnen, inmittelst aber bin ich in tiefster Devotion

Gusow, den 20. April 1687.
Ew. Churfürstl. Durchl. unterthänigster
getreu gehorsambster Diener
Frh. von Derfflinger m. pr.“

Aus Rücksicht gegen Derfflinger beförderte der Kurfürst seinen neuen Armeechef, den Hugenotten Graf Schomberg nicht zum Generalfeldmarschall, denn die beabsichtigte Rangerhöhung und Gleichstellung hatten den alten Mann in Gusow am meisten gekränkt.

Fontane, der für patriotisches Verhalten immer empfänglich war, widmete dem „Alten Derffling“ 1846 eine Ballade, aus der die folgenden beiden Strophen mir besonders wiedergebenswert erscheinen:

Er stieg zu hohen Ehren,
Feldmarschall ward er gar,
Es mocht’ ihn wenig kehren,
Daß einst er Schneider war;
Nur, fand er einen Spötter,
Verstund er keinen Spaß
Und brummte: „Für Hundsfötter
Ist hier mein Ellenmaß.“

Krank lag in seinem Schlosse
Der greise Feldmarschall,
Keins seiner Lieblingsrosse
Kam wiehernd aus dem Stall;
Er sprach: „Als alter Schneider
Weiß ich seit langer Zeit:
Man wechselt seine Kleider -
Auch hab' ich des nicht Leid."

Finden wir heute noch das Schloß, in dem Derfflinger „krank lag" und starb? Vorsorglich hatte sich der greise Generalfeldmarschall an der östlichen Seite der Dorfkirche eine Grabkapelle bauen lassen, in der er seine letzte Ruhe fand. Jedoch die Kirche ist verfallen und auch den Anbau gibt es nicht mehr. Aber das Epitaph vom alten Derfflinger konnte gerettet werden und ziert heute das Kirchenschiff der ehemaligen Komturei in Lietzen-Nord, wohin es ausgelagert wurde. Die Kirche in Gusow wurde übrigens kein Opfer von Kriegshandlungen. Es war der Zahn der Zeit, der sie zerstörte, die allerdings erst nach 1945 begann.

Das Schloß aber steht noch wie eh und je und erlebt heute eine Renaissance unter seinem neuen Besitzer, einem Berliner Architekten. Ausstellungen und Konzerte lassen den alten Derfflingerschen Besitz, dem neuer Glanz verliehen wurde, mit seinem schönen weitläufigen Park zu einem Anziehungspunkt in der östlichen Mark Brandenburg werden. Und noch etwas erinnert an den einstigen Besitzer: ein Derfflinger-Stein im dichten Park des Schlosses.

Kehren wir nun zurück nach Rathenow und Fehrbellin im Jahre 1675.

Als Woldemar von Wrangel in Brandenburg von dem Verlust Rathenows erfuhr, strebte er die Vereinigung seiner Armee mit der seines Bruders in Havelberg an. Vorsorglich ließ der Kurfürst den einzig möglichen Paß in Fehrbellin sperren, indem er den Oberst Hennig von Treffenfeldt (Treffenfeldt wurde erst in der Schlacht von Fehrbellin geadelt) beauftragte, die Fehrbelliner Brücke zu zerstören.

Am 16. Juni morgens fand ein Feldgottesdienst statt, den der Kurfürst unter das Psalmwort stellte: „Der Herr ist ihre Stärke. Er ist die Stärke, welche den Gesalbten hilft." Nach dem Feldgottesdienst brach er auf und traf am Abend im Dorf Barnewitz ein, wo es in Strömen goß.

Epitaph des Reichsfreiherrn und Generalfeldmarschalls von Derfflinger; nach dem Verfall der Dorfkirche in Gusow befindet es sich heute in der Kirche der ehemaligen Johanniter-Komturei in Lietzen-Nord bei Seelow

Der Kurfürst – kaum bedarf es noch der Erwähnung – litt wieder oder immer noch so schwer an seiner Gicht, daß man ihn tragen und in eine Kalesche legen mußte, in der er die Nacht zubrachte.

Die Lage spitzte sich dramatisch zu, und die Begegnung auf dem Schlachtfeld rückte unaufhaltsam näher. Die Vereinigung der beiden Wrangels war durch das Abbrennen der Fehrbelliner Brücke zunichte gemacht worden. Auf den exakten Verlauf der Schlacht einzugehen, ist Sache der Militärhistoriker – wir wollen ihn uns ersparen.

Friedrich Wilhelm der Große Kurfürst in
der Schlacht von Fehrbellin;
Gemälde von Wilhelm Camphausen

Interessant sind vielleicht die Kräfteverhältnisse, die, wie könnte es anders sein, zwischen der schwedischen und der deutschen Geschichtsschreibung erheblich differieren. Verlassen wir uns am besten auf das Mittel, und danach standen sich etwa 10 000 Schweden und 6000 Brandenburger gegenüber.

Der 18. Juni brach an, der Himmel grau in grau, begleitet von Dauerregen. Der Kurfürst aber wollte diese Schlacht um jeden Preis, jetzt und hier und noch vor Fehrbellin. Alle Umgehungsversuche, die besonders

Kirche in Fehrbellin

Derfflinger über Kremmen vorgeschlagen hatte, lehnte er kategorisch mit dem Wort ab: „Wir sind jetzt dem Feinde so nahe, daß er Fell und Federn lassen muß.“

Sechs Kilometer vor dem Fehrbelliner Paß, der für die Schweden noch die einzige Rettung versprach, kam es dann zu der Schlacht, wenn auch bei Hakenberg und nicht bei Fehrbellin. Es war eine reine Reiterschlacht. Viele Offiziere taten sich hervor, nicht nur allein der längst ergraute Derfflinger. Selbst der beleibte und von Gicht gequälte Landesherr ließ sich auf seinen Schimmel heben und griff mutig mit in das Getümmel ein. Anfeuernd rief er seinen Schwadronen zu:

Denkmal des Großen Kurfürsten in
Fehrbellin; ein Geschenk Kaiser Wilhelms II.
im Jahre 1902 an die Stadt

„Getrost, tapfere Soldaten! Ich, Euer Fürst und jetzt Euer Kapitän will siegen oder ritterlich mit Euch zugleich sterben."

Hervorgehoben werden muß auch Friedrich Landgraf von Hessen-Homburg, dem schon als Reitergeneral in schwedischen Diensten ein Bein vor Kopenhagen weggeschossen worden war. Ihm und Derfflinger gelang es, das schwedische Eliteregiment, das Infanterieregiment von Dalwig oder das sogenannte „blaue Regiment" Gustav Adolfs in die Flucht zu schlagen und somit restlos aufzulösen. Der Landgraf hatte im Vergleich zu vielen anderen den Vorteil, daß er geländekundig war, denn schließlich lagen seine Be-

Aussichtsturm (Denkmal) mit der von Christian Daniel Rauch entworfenen Siegesgöttin in Hakenberg; errichtet zum 200. Jahrestag der Schlacht von Fehrbellin

sitzungen in Neustadt an der Dosse im Amt Ruppin, und er war hier zu Hause.

Homburg war ein tapferer Soldat, und eine Mißstimmung zwischen ihm und seinem Kurfürsten hat es offenbar nie gegeben, so daß Heinrich von Kleist später in seinem Drama von der Wirklichkeit abwich.

Die Schlacht von Fehrbellin – sie war geschlagen, und sie war haushoch gewonnen von einem Heer, das bis dahin allein noch niemals angetreten war und dann noch gegen die militärische Großmacht, die Schweden seit den Tagen Gustav Adolfs ohne Frage war.

Um jede Schlacht ranken sich Legenden, so auch um die von

Fehrbellin. Daß der Kurfürst Derfflinger mitten im Schlachtgetümmel zurief: „Ich bin nicht gekommen mein Land zu verbrennen sondern zu retten", haben wir schon gehört. Für Schulbücher gleichermaßen gut geeignet war Frobens angeblicher Opfertod. Als der Kurfürst dem sich auflösenden „blauen Regiment" folgte, wurde neben ihm sein Stallmeister Emanuel von Froben erschossen, daß heißt er verlor ein Bein und verblutete vor Ort. Gemeint war aber nicht Froben, sondern der Kurfürst selbst, der kurz zuvor seinen Schimmel mit Froben getauscht haben soll, worauf sein Stallmeister angeblich bestand, um die Aufmerksamkeit des Feindes auf sich zu lenken. Wenig glaubhaft! Wie konnte ein Mann wie Friedrich Wilhelm, schwer beleibt, von Gichtschmerzen geplagt sich mitten im Schlachtengetümmel von einem auf ein anderes Pferd heben lassen? Der Volksmund hat aus Frobens Tod wahrscheinlich einen Opfertod gemacht, als allgemeines Zeichen der Anhänglichkeit und Opferbereitschaft der Brandenburger für ihren Landesherrn. Frobens Opfertod ist sogar in Form eines Gemäldes der Nachwelt überliefert worden – aber es hat einen Fehler, es stimmt nämlich nicht. Pufendorf sah das viel nüchterner, wenn er schrieb: „Sintemahl die Schweden mit ihren Stücken entsetzlich loßbrannten, da denn eine Stück-Kugel den Stall-Meister Froben, der hinter dem Churfürsten ritte, zu Boden warff."

Die Schlacht von Fehrbellin, die Kurfürst Friedrich Wilhelm ohne fremde Hilfe zur Überraschung ganz Europas gewonnen hatte, machte ihn sozusagen über Nacht zu einem Helden, der schier Unvorstellbares vollbracht hatte. Das allgemeine Erstaunen ist kaum zu beschreiben. Wohl wußte man seit langem, daß dieser Brandenburger es in sich hatte, und, obwohl seinem Range nach doch „nur" ein Kurfürst, den meisten Königen seiner Zeit an Mut und Tapferkeit weit überlegen war. Friedrich Wilhelm war in aller Munde. Überall feierte man seinen triumphalen Sieg über die Schweden, selbst seine Gegner sparten nicht mit Lobeshymnen. Nun war er der Große Kurfürst und wurde auf Flugblättern, in Balladen, Dramen, in Gedichten, Liedern und in Versen als solcher gepriesen und gefeiert. Freudenfeste in Deutschland und in den Niederlanden wollten nicht abreißen – der Name des brandenburgischen Kurfürsten war seit Fehrbellin mit einem Nimbus umgeben.

Natürlich war das Echo Balsam für den kranken Mann, die beste Medizin gegen seine Gicht und weiteren Beschwerden, denn 1674 hat-

„Hier legten die Brandenburger den Grund zu Preussens Größe"; Inschrift an einem weiteren, ungleich bescheideneren Siegesdenkmal in Hakenberg, das auf der Gegenseite folgende Inschrift trägt: „Friedrich Wilhelm der Grosse kam sah und siegte den XVIII. Juni MDCLXXV"

ten ihn erstmalig Nierenkoliken heimgesucht. Die Strapazen vom Rhein bis an den Rhin hatten darüber hinaus zur völligen nervösen Überreizung Friedrich Wilhelms geführt, die sich gelegentlich auch in Ungerechtigkeiten gegen seine tapferen Offiziere Luft machte, wenngleich er seine Unleidlichkeit meist spontan bereute. Der Kurfürst war, und das mag ihn entlasten, inzwischen ein schwerkranker Mann geworden, der nicht mehr in der Lage war, sich ohne fremde Hilfe auf sein Pferd zu setzen, geschweige denn, daß er noch eine Treppe steigen konnte.

Aber sein brennender Ehrgeiz machte nicht Schluß bei Fehrbellin – die Schweden hatten ganz Brandenburg für immer zu verlassen. Einem Teil der aufgelösten schwedischen Regimenter gelang die Flucht über die notdürftig geflickte Brücke bei Fehrbellin in Richtung Wittstock. Aber zum Atemholen kamen sie nicht. Sie wurden Tag und Nacht gejagt von Friedrich Wilhelms Truppen, wobei der Generalleutnant von Görtzke, der Generalmajor Götze und wieder der Landgraf von Hessen-Homburg ihnen ständig auf den Fersen waren. Bereits am 22. Juni war die Mark Brandenburg von den Schweden gesäubert, die sich nach

Mecklenburg gerettet hatten. Feldmarschall Wrangel war nach dem Schicksalsschlag von Fehrbellin ein gebrochener Mann und zog sich auf sein Schloß Spyker auf Rügen zurück, wo er schon ein Jahr später starb.

Welche militärischen und moralischen Wirkungen und Auswirkungen hatte Fehrbellin für Brandenburg und Preußen und für das übrige Europa? Rein sachlich war es der erste Ruhmestag in der Geschichte der brandenburgisch-preußischen Armee. Der moralische Stellenwert erhielt dadurch noch besonderes Gewicht, daß gerade die Schweden Brandenburg zu diesem Ruhm verhalfen. Weiterhin leiteten die Militärexperten, auch die späteren, davon ab, daß der Erfolg einer Schlacht im besonderen Maße von ihrer Spontaneität abhängt. So bildete sich in der späteren preußischen Armee, letztlich bis hin zur Deutschen Wehrmacht die Tradition des Überraschungsangriffs heraus. Die Wurzeln für Roßbach und Leuthen und auch für Sedan gingen auf den Überraschungseffekt von Fehrbellin zurück.

Friedrich der Große faßte es zusammen, den Mut seines Urgroßvaters und die Wirkung, die von Fehrbellin ausging: „... Dieser eben so glänzende als muthvolle Feldzug verdient, dass man Cäsar's: veni, vidi, vici auf ihn anwendet. Er ward von seinen Feinden gelobt, von seinen Unterthanen gesegnet; seine Nachkommen aber betrachten diesen glänzenden Tag als den Anfang der Grösse, zu welcher das Haus Brandenburg seitdem gestiegen ist." Und damit hatte er wohl recht.

Es entsprach keineswegs Friedrich Wilhelms Natur, sich mit dem Erreichten zu begnügen. Außerdem saß die Demütigung durch den Entzug Vorpommerns tief. Der Kurfürst sah jetzt eine Chance, sich militärisch das zu sichern, was ihm laut Erbvertrag lange zustand. Die Schweden waren zwar aus Brandenburg verjagt, aber damit nicht aus Norddeutschland. Und so besetzte seine Infanterie im Oktober die Inseln Wollin und Usedom und nahm im Jahre 1676 fast alle vorpommerschen Städte ein – allein Stettin leistete erbitterten Widerstand.

Außenpolitisch gesehen machte Friedrich Wilhelm jetzt sicher einen Kardinalfehler, wie solche Dinge eben im Siegesrausch zu gehen pflegen: Er lehnte Ludwigs XIV. Angebot zu einem Sonderfrieden rundweg ab. Am 6. Januar 1678 ritt der Kurfürst endlich ein in seine Hafenstadt Stettin, wenn auch nach großen Opfern auf beiden Seiten. Als Abrundung seines Pommernfeldzugs fielen Ende 1678 auch Rügen und Stralsund in seine Hand.

Der Triumph des Großen Kurfürsten war vollkommen. Aber auf dem diplomatischen Parkett wurde schon die Wende eingeleitet, denn allmählich war der Brandenburger nicht nur dem Kaiser, sondern vor allem auch dem „Sonnenkönig“ zu groß geworden. Während der sieggewohnte Kurfürst sich auf der Höhe seines Ruhmes wähnte, startete das demoralisierte Schweden völlig überraschend eine Gegenoffensive im fernen Preußen. Schwedens Idee war das allerdings nicht gewesen – die Geburtshelfer saßen in Paris und versprachen den Schweden dafür Geld und dem polnischen König für seine Unterstützung das Herzogtum Preußen.

Von Livland aus waren die Schweden in Preußen eingefallen, während im Westen Kleve gleichzeitig von den Franzosen besetzt wurde. (Das war der Fluch des zerrissenen Gebietskörpers, den Friedrich Wilhelm zu verwalten und zu schützen hatte.) Preußen schien verloren – ohne Gegenwehr den Schweden preisgegeben. Es war mitten im Winter, und der Kurfürst litt mehr denn je unter seiner Gicht und körperlichen Hinfälligkeit. Aber seine kämpferische Natur gestattete es ihm nicht, widerstandslos aufzugeben, und so entsandte er den Generalleutnant von Görtzke mit 5000 Soldaten an den Pregel. Auch ihn selbst hielt es nicht länger mehr zu Hause, und so begab er sich am 16. Dezember 1678 mit 5500 Berittenen und 3500 Infanteristen bei Schnee und Eis auf den Weg in sein fernes Herzogtum, das er im Januar 1679 erreichte. An sich grenzte dieses Unternehmen eines gichtgelähmten und steinkranken Mannes an Tollkühnheit – aber sein Pflichtbewußtsein und seine Kämpfernatur waren größer als jede Rücksichtnahme gegen sich selbst. In seinem schwerstkranken Zustand ließen ihn Dorothea und auch sein Sohn Friedrich nicht allein. Nachdem die Weichsel überquert war, ließ Friedrich Wilhelm seine Musketiere auf Schlitten setzen, und es begann eine wilde Jagd über das zugefrorene Frische Haff nach Königsberg. Die Verfolgungsjagd der fliehenden Schweden ging weiter über das Kurische Haff, von wo der Kurfürst selbst nach Königsberg zurückkehrte.

Bei diesem Winterfeldzug in Preußen machte erstmals ein Mann auf sich aufmerksam, der in Fehrbellin nicht in Erscheinung trat: Hans Adam von Schöning, dem Friedrich Wilhelm das Kommando übergab. Das mörderische Unternehmen hatte an Härte und winterlicher Kälte nicht seinesgleichen. Aber Schöning gab sich nicht damit zufrieden, Ostpreußen von den Schweden zu säubern, und jagte sie über Memel durch Litauen und Lettland bis acht Meilen vor Riga. Die meisten

„Übergang des Großen Kurfürsten mit seinem Heer über das Kurische Haff am 19. 1. 1679"; Gemälde von W. Simmler, ehemals im Berliner Zeughaus (1898 zerstört)

schwedischen Soldaten verloren ihr Leben. Dort, wo sie nicht erfroren, wurden sie von kurländischen und livländischen Bauern bei Schnee und minus 30 Grad erschlagen. Der Rest geriet in brandenburgische Gefangenschaft: Hans Adam von Schöning ließ keinen Schweden ungeschoren.

Dieser schier unglaubliche siegreiche Winterfeldzug in Preußen und im Baltikum befestigte Friedrich Wilhelms Ruhm auf's Neue – der rote Brandenburger Adler erhob seine Flügel nun über ganz Pommern, über Preußen und weite Teile des Baltikums. Der Kurfürst selbst hatte Königsberg zu seinem Hauptquartier gemacht, wo er von seinem Krankenlager aus den Verlauf der „Treibjagd" verfolgte und alle Siegesmeldungen entgegennahm.

Friedrich Wilhelms Schlittenüberfahrt über das Kurische Haff ist bildlich ebenfalls festgehalten worden – diesmal keine Legende und keine Glorifizierung wie Frobens Opfertod, sondern die realistische Wiedergabe eines mutigen Unternehmens von einem schwerkranken Mann.

Hans Adam von Schöning, der sich in diesem Winterfeldzug beson-

Feldmarschall Hans Adam von Schöning; aus Theodor Rehtwisch "Vom Großen Kurfürsten"

dere Verdienste erwarb, stand auch in sehr persönlicher Beziehung zu seinem Kurfürsten. Er soll hier näher vorgestellt werden, weil er neben Derfflinger eine weitere bedeutende Offizierspersönlichkeit Friedrich Wilhelms war. Schönings Werdegang unterschied sich grundlegend von dem Derfflingers. Während Derfflinger aus eigener Kraft den Weg nach oben ging, war Schönings Laufbahn durch seine Geburt vorgezeichnet.

Schöning, im Jahre 1641 in Tamsel in der Neumark geboren, bereiste alle großen Höfe und Städte Westeuropas. Sein Bildungsweg führte ihn über Frankreich, Italien und Malta nach Spanien, von dort nach England und nach Holland, von wo er über Hamburg in seine märkische Heimat zurückkehrte. 1665 übernahm er nach dem Tode seines Vaters die Herrschaft Tamsel und trat zugleich in kurfürstlichen Dienst. Bald wurde er Rittmeister, dann Oberst und Gouverneur von Spandau, avancierte als 36jähriger zum Generalmajor und brachte es zwölf Jahre später zum Feldmarschall. Seine kriegerischen Verdienste erwarb sich Schöning

Tamsel in der Neumark: barockes Schloß, erbaut von Hans Adam von Schöning nach 1665

weniger um Fehrbellin, wohl aber um Friedrich Wilhelms Winterfeldzug in Preußen. Später, im Sommer 1686, sollte Schöning, der längst Derfflingers rechte Hand und als der Jüngere der eigentliche „Drillmeister" des Heeres geworden war, noch einmal militärisch auf sich aufmerksam machen, als er an der Seite der kaiserlichen und bayerischen Truppen Ofen (Budapest) eroberte. Das Kommando des brandenburgischen 8000 Mann-Heeres hatte der Kurfürst Schöning übertragen, der wesentlichen Anteil an dem Sieg über die Türken hatte, auch wenn der Kaiser später zur Verärgerung Friedrich Wilhelms die Brandenburger gern unterschlug.

Tamsel selbst erhielt sein späteres Gesicht erst durch Hans Adam von Schöning, der das Schloß neu aufführen ließ und einen Park anlegte. Die Kirche, ursprünglich gotisch, wurde 200 Jahre danach durch Schinkel umgebaut. In dieser Kirche wurden der Feldmarschall von Schöning und seine Gemahlin, eine geborene von Pöllnitz, beigesetzt. Tamsel war nach der Beschreibung Theodor Fontanes einst eine Perle in der märkischen Schlichtheit und wurde von der Neumark mit demselben Stolz genannt, wie später das Schloß Charlottenburg von den Berlinern.

Obelisk mit Viktoria im Park von Tamsel

Statue im selben Park

Offenbar verstand Schöning nicht nur etwas vom Kriegshandwerk, sondern auch von der Landwirtschaft, denn als besonders florierendes Gut war Tamsel vor ihm nicht bekannt gewesen. Nach 1730 trat Tamsel noch einmal kurz in den Brennpunkt märkischer Geschichte, als Kronprinz Friedrich nach seinem Fluchtversuch von seinem Vater nach Küstrin verbannt wurde und von hier aus häufig eine Frau von Wreech, die nachmalige Herrin auf Tamsel besuchte. Bis zum heutigen Tag erinnert ein Obelisk im Park mit einer Viktoria an Friedrichs Aufenthalte in Tamsel, aber wohl mehr für den, der darum weiß, denn die Reliefs und Inschriften sind abgeschlagen worden. Es blieb nur der gegliederte Sockel mit dem Obelisken, der leer und tot auf die Vorderfront des heute ziemlich verwahrlosten Schlosses blickt.

Nach dem Zweiten Weltkrieg fiel die Neumark und mit ihr Tamsel an Polen. Auf Tamsel mußte deshalb näher eingegangen werden, weil es im Unterschied zu Gusow, dem Sitz des alten Derfflingers, heute nicht mehr zu Deutschland gehört. Da es aber einst eine ganz andere Bedeu-

Kirche in Tamsel; ehemals gotisch, von Schinkel umgebaut, beherbergte sie die Grabstätte derer von Schöning

tung hatte als Gusow etwa, schien mir das Andenken an diesen malerischen märkischen Sitz, der heute leider verblaßt ist, der Erwähnung wert.

Was blieb von Fehrbellin, von den Feldzügen des Kurfürsten in Pommern, in Preußen und im Baltikum?

Schwedens Macht war gebrochen, Polen noch bedeutungsloser geworden. Aber Friedrich Wilhelms Macht war letztlich zu begrenzt und ohne wirtschaftlichen Rückhalt, um aus den Blitzsiegen Erfolge von Dauer machen zu können. Auch er war von französischen Subsidien abhängig, um seine Armee zu halten. Diplomatisch hatte man den siegreichen Brandenburger längst in die Falle gelockt, und der 1678 bereits geschlossene Vertrag von Nymwegen zwischen Frankreich und Holland, dem sich 1679 auch der Kaiser und Schweden anschlossen, machte all seine militärischen Erfolge zunichte. Was blieb, waren sein Ruhm und die moralische Aufwertung Brandenburg-Preußens – also ausschließlich ideelle Werte, materielle gestattete man ihm nicht. Und so mußte Friedrich Wilhelm notgedrungen am 29. Juli 1679 in St. Germain-en-Laye den Nymweger Vertrag akzeptieren. Preußen blieb sein, die Mark unangetastet, aber von seinen pommerschen Eroberungen ließ man ihm lediglich den schwedischen Landstreifen rechts der Oder und Anteile am Kolberger Zoll. Vorpommern blieb schwedisch.

Frankreich versuchte zwar, den Kurfürsten mit einer Entschädigung von 300 000 Talern zu trösten – jedoch die Demütigung von St. Germain verwand der Kurfürst nie. Er ließ für seine Nachfolger als Verpflichtung eine Gedenkmünze prägen, die als Inschrift den Vers Vergils trug: „Exoriare aliquis nostris ex ossibus ultor“ („Möge aus unseren Gebeinen ein Rächer entstehen“). Und es kam einer nach ihm, der ihn “rächte”: Friedrich der Große, gute 75 Jahre später siegte der König bei Roßbach.

Seine glänzenden Siege hatten Friedrich Wilhelm nicht allein den Ehrennamen eines Großen Kurfürsten eingebracht, sondern Brandenburg-Preußen nach dem Vertrag von Oliva international ein weiteres Mal erheblich aufgewertet. Und was Stettin betraf, so war er der Stadt bei aller Demütigung doch um einen Schritt nähergekommen. (Seinem Enkel, dem Soldatenkönig, blieb es vorbehalten, Stettin im Jahre 1715 Preußen anzugliedern.)

Was blieb dem Kurfürsten übrig nach diesem Pariser Diktat? Er ging ein Bündnis mit dem Land ein, das alle seine Erfolge zunichte gemacht hatte. Und er erhielt dafür ein jährliches Salär von 100 000 Livres, die er als Hilfsgelder für sein Land, vor allem aber für seine Armee dringend benötigte. Die Nützlichkeit stand über der Moral – keine spezifische Eigenschaft Friedrich Wilhelms. Das war allgemein so üblich damals.

Religiöse Heimstatt für jedermann

Mißt man Kurfürst Friedrich Wilhelm an seiner Einwanderungs- oder Asylpolitik, wie wir es heute sagen würden, sowie an seiner praktizierten religiösen Toleranz, müßte man Brandenburg-Preußen als das gelobte Land bezeichnen.

Aber Vorsicht, denn die Öffnung dieses Tors zur Welt war zumindest doppelt motiviert und auch nicht frei von Eigennutz. Worunter dieses Land am meisten litt, war sein Bevölkerungsmangel, denn der Dreißigjährige Krieg hatte besonders die Brandenburger Bevölkerung empfindlich dezimiert. Von daher war dem Kurfürsten jeder Emigrant willkommen, sofern er bereit war zu arbeiten und zu siedeln.

Andererseits entsprach es Friedrich Wilhelms religiösem Selbstverständnis, daß unterschiedliche Glaubensbekenntnisse nicht zu Barrieren führen dürften, sondern tolerant miteinander umzugehen hätten.

Der Große Kurfürst hat auf dem Gebiet der religiösen Toleranz Meilensteine gesetzt und war in dieser Hinsicht vielen Fürsten weit voraus – man könnte seine Haltung durchaus als vorweggenommene Aufklärung bezeichnen.

Nimmt man das Resümee aller Edikte und der von Friedrich Wilhelm selbst veranlaßten Religionsverhandlungen und Beschlüsse vorweg, so kristallisieren sich fünf Schwerpunkte heraus. Bevor es überhaupt zu Religionsgesprächen und Erlassen kam, hatte der Kurfürst schon vielen evangelischen Glaubensgenossen, die ihres Bekenntnisses wegen andere, hauptsächlich katholische Länder verlassen mußten, eine neue Heimat geboten.

Der Hauptstreit zwischen den beiden evangelischen Konfessionen, den Lutheranern und den Reformierten, entbrannte im eigenen Lande selbst und das mit solcher Vehemenz, daß der Kurfürst sich zu Beginn der 60er Jahre entschloß, Frieden zu stiften, und wenn es sein mußte auch per Dekret. Der so erreichte Burgfrieden war zumindest tragfähig, und führte zu mehr Akzeptanz auf beiden Seiten.

Mit seinem Edikt von 1671 durften sich nach 100 Jahren erstmals wieder Juden in Brandenburg niederlassen, deren restlose Vertreibung auf Kurfürst Johann Georg 1573 zurückging. So war sein Edikt angesichts der allgemeinen Judenfeindlichkeit in anderen Ländern ein mutiger und kühner Schritt, der auch in der eigenen Bevölkerung keineswegs auf ungeteilte Gegenliebe stieß.

Letztlich war Friedrich Wilhelm jedermann willkommen, egal zu welcher Konfession, zu welchem Gott er sich bekannte. Als er kurzzeitig mit der phantastischen Idee umging, eine „Brandenburgische National-Universität der Wissenschaft und Künste“, eine Art Universaluniversität mit einer Weltsprache und einer Religion, in Tangermünde an der Elbe zu stiften, war in der verschickten Gründungsurkunde ausdrücklich darauf hingewiesen worden, daß neben allen Christen, auch Juden, Mohammedaner und „andere Ungläubige“ willkommen seien. Daß diese Universität starb, bevor sie je das Licht der Welt erblickte, hatte andere Gründe, auf die ich später noch zu sprechen komme.

Unter allen konfessionellen „Großtaten“ des Kurfürsten muß schließlich das berühmte Edikt von Potsdam von 1685 genannt werden, mit dem er seine „Freundschaft“ zu Ludwig XIV. aus leicht verständlichen Gründen nicht festigen konnte. Er aber bot allen gejagten und verfolgten Hugenotten Asyl in Brandenburg, und über 20 000 reformierte Christen kehrten ihrer Heimat den Rücken, um aufzubrechen in ein fernes unbekanntes Land.

Während Kurfürst Joachim II. den Protestantismus in sich erst langsam reifen lassen mußte, auch wenn er sich 1539 offiziell zu ihm bekannt hatte, wurde es unter Johann Georg bereits orthodox lutherisch. Er vertrieb nicht nur die Juden, auch die Altgläubigen, die Katholiken, hatten weitaus bessere Tage gesehen. Unter Joachim Friedrich änderte sich diesbezüglich wenig. Die Juden mußten bleiben, wo sie waren, und die Katholiken wurden in der durchweg protestantischen Mark Brandenburg, deren Landesherr ein frommer Lutheraner war, zweitplaziert.

Der Wandel in Brandenburg kam mit Johann Sigismund, mit seinem Konfessionswechsel zum reformierten Glauben, was schon beschrieben wurde. Sein Edikt von 1614 legte den Grundstein für die religiöse Toleranz in Brandenburg-Preußen, wenn es zunächst auch nur die beiden evangelischen Bekenntnisse betraf. Auf jeden Fall aber war sein Edikt die Wurzel für jenen Baum der Toleranz, der später reife Früchte tragen sollte, nicht nur für christliche Konfessionen.

Sechs Jahre nach dem Toleranzedikt seines Großvaters wurde unser Friedrich Wilhelm geboren. Daß sein Vater, Kurfürst Georg Wilhelm, ein strenggläubiger Kalvinist war und sorgsam darüber wachte, daß sein Sohn im reformierten Glauben erzogen würde, ist bekannt. Und daß die Erziehung Friedrich Wilhelms, besonders an der Seite Leuchtmars, im väterlichen Sinne aufging, ist ebenso bekannt – auch er wurde ein frommer Kalvinist, der jedoch zu neuen Ufern aufbrechen sollte, ohne dabei Verrat an seinem eigenen Bekenntnis zu begehen.

Unter seiner Regentschaft wurde Brandenburg zu einem Sammelbecken für alle Emigranten, wobei ihm seine Nachbarländer auf ihre

Weise dabei halfen, nämlich durch deren Intoleranz. Darüber hinaus zahlte sich auch sein Aufenthalt in Holland aus, denn die wirtschaftliche Blüte verdankte das Land nach Friedrich Wilhelms Meinung auch seiner Toleranz.

So kamen Einwanderer nach Brandenburg zu Tausenden aus den westlichen Nachbarländern, die ihres evangelischen Glaubens wegen ihre katholische Heimat verlassen mußten. Einmal aus Deutschland selbst, vor allem aus der Pfalz, dann aber auch – und das überwiegend – aus Frankreich, längst vor der Aufhebung des Edikts von Nantes. Unter den evangelischen Franzosen waren bedeutende Familien, die mit ihrem Glauben auch Kapital und wirtschaftliche Erfahrungen mit ins Land brachten. Überall gründeten sie Manufakturen, und die späteren preußischen Seiden-, Woll-, Leder-, Gold- und Silberfabriken, um nur einige zu nennen, waren durchweg französischen Ursprungs. Bereits 1672, also noch 13 Jahre vor dem Edikt von Potsdam, gründete die „französische Kolonie“, wie sich die in Berlin lebenden Hugenotten nannten, ihre eigene französisch-reformierte Kirche.

Alle Einwanderer brachten ihre landesspezifischen Erfahrungen und Traditionen mit in ihre neue Heimat. Die Hugenotten oder Réfugiés (Flüchtlinge), wie man sie hierzulande nannte, beflügelten besonders den Bereich der Wirtschaft und der verfeinerten Warenproduktion, deren Hauptabnehmer auf den Gebieten des Juwelier- und Kunsthandwerks bald die Kreise des brandenburgischen Hofes wurden. Auch Friedrich Wilhelm selbst bevorzugte den gediegenen und feinen französischen Geschmack.

Holländische und rheinländische Familien kamen gleichermaßen nicht mit leeren Händen. Sie gründeten in ihrer neuen Heimat mit Eigenkapital Handelshäuser und Manufakturen. Vor allem waren sie investitionsfreudig und unternehmerisch gesinnt. Von daher wurden sie von den alteingesessenen Ständen und Zünften, die unbeweglich waren und jegliche Risiken scheuten, nicht mit derselben Freude aufgenommen wie von ihrem neuen Landesherrn.

Die Protestanten aus der Pfalz beflügelten den Obst- und Gemüseanbau, für Friedrich Wilhelm und besonders für Luise Henriette eine willkommene Bereicherung auf diesen wenig ausgebildeten Gebieten.

Es kamen selbst die verfolgten Wallonen aus dem spanischen Belgien, Waldenser aus Piemont und evangelische Christen aus dem kaiserlichen Böhmen, aus Schlesien und aus Polen.

Allmählich entwickelte sich Brandenburg so zu einem Vielvölkerstaat. Von einer homogenen Bevölkerung konnte bald keine Rede mehr sein, wobei die Emigranten natürlich immer noch eine Minderheit bildeten.

Aber bunter und heterogener war es schon in Brandenburg geworden, bevor der Kurfürst per Dekret ganze Glaubensgemeinschaften einlud.

Den neuen Brandenburgern wurde zunächst jegliche Hilfe zuteil, wie Steuererlässe für fünf bis sechs Jahre und kostenlose Bereitstellung von Land und Baumaterial. Jeder war in die Lage versetzt, durch Kreativität und Fleiß sich seine eigene neue Existenz zu schaffen und dabei ungehindert seinen Glauben in Kirchen oder auch in Wohnungen auszuüben.

Der Westfälische Friede hatte dem Kurfürsten neben einem ansehnlichen Gebietszuwachs vor allem einen religiös-moralischen Sieg gebracht: die rechtliche Gleichstellung von Reformierten und von Lutheranern. Aber im täglichen Leben konnte davon keine Rede sein. Das Gros der Bevölkerung war lutherisch, und ihre Geistlichen hatten keine Hemmungen, die reformierten Christen weiterhin von ihren Kanzeln öffentlich zu diffamieren, da sie in ihren Augen mehr zu bekämpfen waren als die Katholiken. Alle Angriffe waren natürlich auch Brüskierungen des Kurfürsten, dem aber nicht daran gelegen war, kraft seiner landesherrlichen Gewalt dem Treiben der Lutheraner ein Ende zu setzen, sondern die sich zuspitzenden und immer schärfere Konturen gewinnenden Kontroversen auf dem Verhandlungsweg beizulegen.

Spätestens hier bedarf es einer kurzen Rückblende auf die Entwicklung der beiden evangelischen Konfessionen. Der gestörte Kirchenfrieden ging auf das Marburger Religionsgespräch von 1529 zurück, in dem der Streit der beiden Reformatoren Luther und Zwingli – Vorgänger Calvins – nicht beigelegt werden konnte. Im Brennpunkt stand die unterschiedliche Auffassung vom Abendmahl, wobei Luthers Antwort lautete: „Es ist der wahre Leib und Blut unsers Herrn Jesu Christi, unter dem Brot und Wein uns Christen zu essen und zu trinken von Christo selbst eingesetzt.“ Nach Zwinglis Meinung fand sich in den Evangelien nicht einmal ein Hinweis auf eine derart übersinnliche Deutung der letzten Mahlzeit Jesu Christi mit seinen Jüngern, so daß die Reformierten von daher die lutherische Lehre nicht als evangelisch anerkennen wollten oder konnten. Vereinfacht gesagt, war Luthers Überzeugung an den Wortlaut „das ist“ gebunden, während Zwingli darauf beharrte, daß das Abendmahl den Leib und das Blut Christi bedeute und dementsprechend formulierte: „es bedeutet.“

Bis 1613, als Johann Sigismund zum reformierten Glauben übertrat, war die lutherische Lehre Staatsreligion in Brandenburg. Mit seinem Toleranzedikt stellte der Kurfürst beide Bekenntnisse gleichberechtigt nebeneinander. Jedoch die Lutheraner machten da nicht mit und predigten von ihren Kanzeln munter weiter: „Behüt' uns Gott, vor dem calvinistischen Gift."

Verkompliziert wurde die Situation zudem durch die oberste Kirchenbehörde, das Konsistorium, das sich aus Vertretern beider Konfessionen zusammensetzte, die vom Kurfürsten selbst ernannt wurden, weil er als Summus Episcopus zugleich der oberste Bischof im Lande war. Diese Bedeutung ging auf Martin Luther selbst zurück, der seine protestantische Kirche unter die Herrschaft der Landesfürsten stellte, nach dem er sie von Rom gelöst hatte.

In dieser Eigenschaft erließ der Kurfürst 1658 eine Neuordnung für die Ordination der Pfarramtskandidaten. Daran entzündete sich ein heftiger Streit, denn die Lutheraner in der Mark hielten streng an der Formula Concordiae von 1577, der sogenannten Konkordienformel, fest, auf die jeder Pfarramtskandidat vereidigt wurde. Schwerpunkt dieser Konkordienformel war die eindeutige Verurteilung des kalvinistischen Bekenntnisses, denn „jemand, der nicht glaubt, daß im Abendmahlsbrot der Leib Christi genossen wird, kann nicht in Gottes Himmel kommen. Ein Reformierter, der diesen Glauben ablehnt, gibt sich als Ungläubiger zu erkennen. Das Abendmahl nur als Gedenken an den Opfertod Christi zu verstehen, macht ihn zum Sakramentsschänder."

Diese Konkordienformel wurde zum Aufhänger eines Streits, in den der Kurfürst schließlich selbst eingriff. Uneingeschränkt selbstbewußt gab sich die Gegenseite. Der Rektor des Berliner Gymnasiums verkündete provokativ von der Kanzel: „Wer nicht lutherisch ist, der ist verflucht." Der Fehdehandschuh war hingeworfen oder aufgenommen worden, von beiden Seiten.

Solche Schmähungen und Konfrontationen blieben keine Ausnahme. Als Holland die schwedische Flotte besiegte, sollten in Brandenburg-Preußen Dankgottesdienste abgehalten werden. Samuel Pomarius, Pfarrer an St. Petri in Cölln, pries dagegen nicht die siegreichen kalvinistischen Niederländer, sondern den lutherischen Schwedenkönig. Pomarius wurde des Landes verwiesen. Damit aber nicht genug. Als nächster folgte ihm Joachim Kemnitz, der lutherische Konsistorialpräsident, der 1659 Pomarius' Nachfolger unbekümmert auf die inzwischen

Sankt Nikolaikirche in Berlin: Hier wirkte Paul Gerhardt von 1657 bis 1666 als Archidiakon bis er nach dem Bruch mit seinem Kurfürsten Brandenburg verließ

verbotene Konkordienformel vereidigen ließ. Auch Kemnitz mußte seinen Hut nehmen.

Im Juni 1662 untersagte Friedrich Wilhelm allen Lutheranern in einem Edikt jegliche Verketzerung der Reformierten und ernannte gleichzeitig den Oberpräsidenten von Schwerin und den Hofprediger Bartholomäus Stosch, einen reformierten Eiferer, zu seinen Vertretern bei den kommenden Religionsgesprächen mit der lutherischen Partei. Jedoch diese Gespräche waren wenig ergiebig, denn die Lutheraner beharrten auf ihrer Konkordienformel, die in der Mark Brandenburg längst den Bekenntnisschriften zugerechnet wurde, wenn sie auch nicht in allen lutherischen Landeskirchen üblich war.

Aber gerade diese Konkordienformel wollte Friedrich Wilhelm durch sein Edikt unterbinden. Er verlangte, daß in Zukunft alle Pfarramtskandidaten einen Revers auszufüllen hätten, in dem sie sich zur Einhaltung seines Edikts verpflichteten. Er ging noch einen Schritt weiter und verbot allen angehenden Pfarrern in seinen Landesteilen, an der orthodox-lutherischen Universität in Wittenberg Theologie zu studieren.

Die erste Sitzung unter der Leitung Schwerins fand im September 1662 in der kurfürstlichen Bibliothek statt. Erstmals trat hier ein Mann in Erscheinung, von dem bislang noch nicht die Rede war, wenngleich er als Pfarrer an St. Nikolai in Berlin und vor allem als Dichter vieler beliebter Kirchenlieder weit über die Landesgrenzen hinaus bekannt war: Paul Gerhardt („O Haupt voll Blut und Wunden", „Befiehl du deine Wege", „Geh aus, mein Herz, und suche Freud"). Auch Paul Gerhardt gehörte der lutherischen Kommission an, zeichnete sich allerdings bei den Gesprächen in den Folgemonaten überwiegend durch Passivität und Schweigen aus. Das war im Grunde auch verständlich, denn er hatte schon zu Beginn der Religionsgespräche seinen Standpunkt in einem Gutachten zu Papier gebracht und eingeräumt: „... daß unter den Reformierten Christen seien, gebe ich gern zu, aber daß die Reformierten als solche Christen und also meine Mitbrüder seien, das ist es, was ich bestreite ... ein Christ ist derjenige, welcher den wahren seligmachenden Glauben rein und unverfälscht hat, also kann ich die Calvinisten als solche nicht für Christen halten." Das war eindeutig genug, und bedurfte keines weiteren Kommentars.

Im Mai 1663 brach man die Gespräche ab, eigentlich ohne faßbares Ergebnis, wenn sich danach auch eine gewisse Ruhe einstellte. Der Kurfürst, der aber um jeden Preis Glaubensfrieden stiften wollte, erließ im September 1664 ein zweites Toleranzedikt und untersagte jetzt auch jedem Reformierten Angriffe gegen die Lutheraner.

Aber das eine wie das andere Edikt führte nicht zu dem Konsens, den sich der Kurfürst wünschte, und so bat man schließlich die Theologischen Fakultäten in Helmstedt, Jena, Wittenberg und Leipzig, die Ministerien in Hamburg und in Nürnberg um Gutachten über die Kernfrage, ob das Edikt ohne Verletzung des Gewissens unterschrieben werden könne. Die meisten angeschrieben Institutionen hüllten sich in Schweigen, nur Nürnberg antwortete mit einem eindeutigen Ja.

Was tun? Wie sollten sich die lutherischen Geistlichen verhalten? Konnten sie den Revers unterschreiben, ohne damit ihren geleisteten Amtseid auf die Konkordienformel zu brechen?

Die Geduld Friedrich Wilhelms war über Gebühr strapaziert und er ordnete als erstes das Verhör des gesamten Geistlichen Ministeriums an. Wer nicht unterschrieb, mußte gehen. Die ersten beiden Geistlichen, die dieser Aufforderung nicht nachkommen konnten, mußten ihren Dienst quittieren. Das Ministerium versicherte dem Kurfürsten, alle seine

Paul Gerhardt-Denkmal vor der gleichnamigen spätgotischen Hallenkirche in Lübben, die seit 1931 seinen Namen trägt

Verordnungen strikt einzuhalten, nur den Revers könne man ohne Verletzung des eigenen Gewissens nicht unterschreiben. Am Ende baten die Lutheraner den Kurfürsten eigentlich nur noch um dieselbe Religionsfreiheit, wie er sie auch den Katholiken gewährte. Im Grunde hatten sie bereits verloren.

Die Wogen in Berlin gingen selbstverständlich hoch. Man unterstellte Friedrich Wilhelm, daß er alle zwingen wolle, den reformierten Glauben anzunehmen, was nicht im mindesten seine Absicht war.

So traf es auch Paul Gerhardt, der sich durch seinen Amtseid an die Konkordienformel gebunden fühlte, und damit seine Pfarrstelle verlor.

Paul Gerhardt; Stich von Gottlieb Wernsdorf, 1676

Das mußte Aufsehen erregen. Der Magistrat, die Stände, ganz zu schweigen von der Berliner Bevölkerung versuchten ihren populären Pfarrer zu halten und verwendeten sich mehrfach bei dem Kurfürsten für ihn. Ob Paul Gerhardt allerdings in dieser Angelegenheit so harmlos und so friedfertig war, wie es ihm nachgesagt wurde, ist heute schwer zu beurteilen. Der Kurfürst jedenfalls hielt ihn für einen renitenten Kontroverstheologen, der seinen großen Einfluß auch auf andere nicht verfehlte. Dennoch baute er ihm aufgrund der vielen Interventionen und nicht zu leugnenden Popularität des lutherischen Pfarrers, dessen Kirchenlieder längst Eingang in das Gesangbuch der Reformierten gefunden hatten, eine Brücke. Als er im Herbst 1666 aus Kleve zurückkehrte, ließ er dem Berliner Magistrat mitteilen, er sei bereit, Gerhardt ohne Unterschrift wieder in sein Amt einzusetzen. Er war mit einer formalen Versicherung seiner Friedfertigkeit einverstanden und sandte im Januar 1667 einen Sekretär in Gerhardts Wohnung, der ihm erklärte: „S.

Chrf. Durchl. lebten der gnädigen Zuversicht, er würde sich dennoch allemal dero Edictis gemäß zu bezeigen wissen.“

Jedoch sein Gewissen konnte Paul Gerhardt nicht beiseite schieben, und so entgegnete er seinem Landesherrn: „Wer die Konkordienformel zu verlassen, zu verleugnen und abzuschaffen hilft, derselbige versündigt sich an Gott und seiner himmlischen Wahrheit, an der ganzen lutherischen Kirche und an seinem selbsteigenen Gewissen aufs Äußerste.“ Das war das Ende. Paul Gerhardt mußte gehen und brach auf in das damals sächsische Lübben, wo er 1676 starb.

Auch sein Nachfolger an St. Nikolai, der den Revers zwar unterschrieben hatte, verstieß gegen die Toleranzedikte und wanderte für ein halbes Jahr in das Gefängnis.

Doch ganz allmählich kehrte Ruhe ein. Unmißverständlich hatte Friedrich Wilhelm allen mitteilen lassen, daß er diejenigen nicht mehr in seinen Diensten wünsche, die die Unterschrift nicht leisten wollten oder könnten.

Niemanden wollte er bekehren, wohl aber brauchte er den Religionsfrieden, und am Ende hatte er gesiegt. Sein Anliegen formulierte der Kurfürst so: „So lassen wir einem jeden hierinnen, bis ihm Gott mehr Lichts und erkenntnüss gebet, seine Meinung, und begehren keinen zu zwingen, daß er von solchem Consensu fundamentali anderen opiniren solle, als wie er es begriffe.“

Und seinem Nachfolger hatte der Kurfürst 1667 in sein Politisches Testament geschrieben: „Ewere von Gott untergebene unterthanen müsset Ihr ohne ansehung der Religion als ein rechter Landes vatter lieben“, wenngleich er selbst kalvinistischen Beamten in seinem Dienst den Vorzug gab. Das aber war völlig normal und hat sich im Grunde bis heute nicht geändert, soweit die Konfession noch eine Rolle spielt.

Am Ende hatte der Kurfürst zwar gewonnen, wenn auch die Vereinigung der beiden evangelischen Bekenntnisse noch in weiter Ferne lag. Der Staatsräson jedoch mußten sich beide beugen, sozusagen eine verordnete Toleranz, die durch Vernunft nicht zu erreichen war. War das der Anfang der Verbindung zwischen Thron und Altar, die jahrhundertelang hielt und alles andere als segensreich gewesen ist? Sehr fraglich, ob der Kurfürst daran dachte, denn ihm ging es allein um die Duldsamkeit, die leider ohne sein Eingreifen nicht zu erreichen war.

1817 erst, unter König Friedrich Wilhelm III., kam es zur Gründung der Altpreußischen Union, einer formalen Vereinigung der lutherischen und reformierten Kirche.

Bereits König Friedrich Wilhelm I., der Enkel des Großen Kurfürsten, hatte den Streit zwischen den Lutheranern und Reformierten als Pfaffengezänk abgetan und geschrieben: „Es wird nicht heißen: Bist du lutherisch, bist du reformiert? Es wird heißen: ... die meine Gebote gehalten, kommet zu mir ins Reich, dann soll dir viel Freude Willkommen sein“ – aber beilegen konnte auch er ihn nicht.

Ein weiteres Edikt, das 1671 folgte, konnte Friedrich Wilhelms Popularität weder bei den Reformierten noch bei den Lutheranern mehren, und dennoch setzte er es durch: seine offizielle Einladung an die Juden. Er war sich dessen wohl bewußt, daß er mit diesem Schritt ein heißes Eisen anpackte, denn schließlich brach er mit der Tradition seines Hauses und letztlich auch mit der seiner Bevölkerung. Aber andererseits gab es die Juden schon wieder in Brandenburg-Preußen, wenn auch noch mehr oder weniger sporadisch und ohne offizielle Zulassung, auf jeden Fall aber mit Duldung und Billigung des Kurfürsten.

Bereits 1650 hatte Friedrich Wilhelm polnischen Juden ein Privileg ausgestellt, in der Mark Brandenburg Märkte zu besuchen und frei umherzureisen, wenngleich der brandenburgische Landtagsrezeß von 1653 noch einmal festschrieb, keine Juden im Land zuzulassen. 1664 erteilte der Kurfürst dem Juden Moses Jakobsohn ein Handelsprivileg für Memel, obwohl der Landtag in Preußen ein Jahr zuvor die Juden aufs Neue ausgesperrt hatte.

Die Situation in der Mark Brandenburg und in Preußen war aber nicht vergleichbar mit der in seinen niederrheinischen Provinzen, die die Juden nie vom Handel und Wandel ausgeschlossen hatten. So ist bekannt, daß der Rabbiner Mordechai Gumpel zu den wichtigsten Hoflieferanten des Kurfürsten in Kleve zählte. Als dessen Sohn Elia die Tochter der Glückel von Hameln heiratete, befanden sich unter der illustren Hochzeitsgesellschaft immerhin der Statthalter von Kleve und Friedrich Wilhelms Sohn, der spätere Kurfürst Friedrich III. und erste Preußenkönig. Juden waren dem Kurfürsten also nicht fremd, und ihre Geldwechsel- und Verleihgeschäfte keineswegs unangenehm.

Zunächst hatten die Juden in Brandenburg für ihre befristeten Aufenthaltsgenehmigungen Schutzgelder und Abgaben zu entrichten. Ihr Handel am Wohnort, auf Messen und Jahrmärkten brachte Geld in Umlauf und ins Land, wobei die chronische Geldknappheit durch die wenigen jüdischen Kaufmannsfamilien selbstredend nicht zu lindern war.

Der Anfang, wenn auch unter Umgehung der Landtagsbeschlüsse, war also getan. 1670 bot sich dem Kurfürsten endlich eine Gelegenheit, seine bis dahin eher „illegale“ und ganz private Judenpolitik zu legitimieren. Der eigene Kaiser spielte ihm dabei in die Hände. In Wien gab es zu Friedrich Wilhelms Zeit die größte jüdische Gemeinde im Reich mit eigenen Schulen und Synagogen. Wie selbstverständlich gehörten diese reichen Juden zu den kaiserlichen Hoflieferanten. Der Neid und Haß der Christen wuchs in demselben Maße wie der Reichtum der Juden – und genau das wurde ihnen zum Verhängnis. Unglücke, die die kaiserliche Familie trafen, wurden durch Intrigen den Juden angelastet. Schließlich gab der Kaiser dem Drängen seiner Beichtväter und christlichen Berater nach und beschloß „die Ausweisung von Juden und Jüdinnen aus Wien und dem Lande Österreich.“ Das war im Jahre 1670.

Über die Vorgänge in Wien war der Kurfürst durch seinen Residenten Andreas Neumann ständig informiert, und so war der von Kaiser Leopold befohlende Exodus der Juden das Signal für Friedrich Wilhelms Judenedikt vom Mai 1671, ein Ansiedlungsprivileg vorerst für etwa 50 wohlhabende Familien. Aber das war nur ein bescheidener Anfang – der Kurfürst machte weiter.

Die Lebensbedingungen für die Juden in der Mark Brandenburg waren keineswegs schlecht, auch wenn es ihren in Kleve, Mark und Ravensberg angesiedelten Glaubensgenossen vergleichsweise schon besser ging. Aber das Tor hatte Friedrich Wilhelm ihnen geöffnet und damit jene Glaubensgemeinschaft wieder aufgenommen, die seine Vorfahren einst ins Exil geschickt hatte.

Im Vergleich zu den alteingesessenen Familien waren die Juden oftmals geradezu privilegiert. Sie hatten lediglich acht Reichstaler pro Familie als Schutzgeld an den Kurfürsten zu entrichten, im übrigen waren sie fast steuerfrei und konnten Handel treiben, wo sie wollten.

Gewiß, bei seinen Ständen und Zünften führte das bald zu Widerständen – aber die Juden betrachtete der Kurfürst als seine Sache, er bestimmte sogar ihren Rabbiner. Als Summus Episcopus empfand er sich auch als deren geistliches Oberhaupt.

Nun waren sie also wieder da, die Juden, die vor 100 Jahren noch verbrannt und aus Brandenburg vertrieben wurden. Bis zum Ende des 17. Jahrhunderts lebten etwa 8000 Juden in Brandenburg.

In ihren Rechten waren sie zwar im Vergleich zu ihren christlichen Mitbürgern noch jahrhundertelang benachteiligt, aber das Zusammenleben in Preußen und später auch im Deutschen Reich gestaltete sich im wesentlichen reibungslos, ohne Ghettos und Pogrome. So entwickelte sich im Laufe der Jahrhunderte eine gemeinsame christlich-jüdische Kultur bis nach gut 260 Jahren der Mann kam, der die Juden nicht nur ins Exil, sondern in die Gaskammern schickte, Adolf Hitler. Dieser Judenhaß war nicht nur unbegreiflich, sondern an sich auch atypisch für Deutschland, wo die herrlichsten Synagogen standen und es keine Ghettos gab. Wieviele jüdische Kriegsfreiwillige gingen nicht als Juden, sondern als Deutsche, in den Ersten Weltkrieg?! Die religiösen Unterschiede waren nicht im mindesten so trennend wie das Verbindende in diesem Land. Daß der Judenhasser Hitler kein Deutscher war, schwächt den Völkermord nicht ab, denn wieviele Deutsche machten diesen Irrsinn mit.

Welch ein Kontrast: Der Große Kurfürst hieß die österreichischen und alle Exiljuden willkommen, und seine Zünfte, selbst seine Geheimen Räte beklagten sich, „... daß sie (die Juden – d.A.) auch größere Freiheiten als die Christen besäßen.“ Und 260 Jahre später wurden sie verbrannt wie zu Joachims I. Zeiten, zusätzlich aber noch mit „deutscher Gründlichkeit“ – ein Terminus, den Joachim glücklicherweise nicht kannte.

Die geplante Universitätsgründung in Tangermünde fand hier nur wegen Friedrich Wilhelms religiöser Toleranz Erwähnung. Ansonsten gehört sie nicht in dieses Kapitel.

Ganz anders dagegen das Edikt von Potsdam, das heute noch vielen historisch oder religiös keineswegs überdurchschnittlich Interessierten bekannt ist.

Daß einige Hugenotten schon vor diesem Edikt in Brandenburg lebten, wissen wir. Das entsprach Friedrich Wilhelms Siedlungspolitik und seiner religiösen Haltung. Bereits 1672 war es zur Gründung einer französisch-reformierten Kirche in Berlin gekommen.

Hugenotte, ursprünglich ein Spottname, der wahrscheinlich aus einer Verstümmelung des Wortes Iguenots (Eidgenossen) entstand, wie sich die Genfer Opposition zeitweilig nannte, war die Bezeichnung für die in Frankreich lebenden evangelischen Christen. Auf ihre Geschichte soll hier nicht näher eingegangen werden. Ähnlich wie in Deutschland hatte die katholische Alleinherrschaft ihre Probleme mit der Anerkennung dieser „Abtrünnigen“. Mit dem Edikt von Nantes vom 13. April 1598 sicherte Heinrich IV. den Hugenotten mit Ausnahme einiger Städte freie Religionsausübung zu.

Der Große Kurfürst empfängt die französischen Glaubensflüchtlinge, die Réfugiés; Gemälde von Hugo Vogel

Erst unter Ludwig XIV. – bezeichnend sein Wort „L'état c'est moi" (Der Staat bin ich) – wurden die Hugenotten wegen seines absolutistischen Anspruches auch auf die „Alleinherrschaft über alle Seelen" zum Störfaktor, und 1675 begannen die Zwangsbekehrungen und Verfolgungen der Reformierten aufs Neue. Mönche rissen ihre Kirchen nieder und schlugen ihre Prediger tot. Die Hugenotten flohen zu Tausenden in die Schweiz, nach Deutschland, Holland und nach England bis Ludwig XIV. am 18. Oktober 1685 schließlich das hemmende Schutzedikt von Nantes aufhob, und damit waren die Reformierten vogelfrei. Flucht, Verfolgung, Tod und Selbstmord waren die Folgen, die mit unbeschreiblichen Grausamkeiten einhergingen. Nach der Aufhebung des Edikts „fand eine in der Geschichte beispiellose Auswanderung statt", wie Friedrich der Große später schrieb.

Standarte des 1686 aus französischen Réfugiés gebildeten Infantrie-Regiments No. 13; es gehörte zu den besten preußischen Regimentern und focht im Siebenjährigen Krieg erfolgreich in den berühmten Schlachten

Mit dem berühmten Edikt von Potsdam vom 29. Oktober 1685 beantwortete der brandenburgische Kurfürst zehn Tage später die konfessionspolitische Entwicklung in Frankreich. Wenn er das Bündnis mit Ludwig XIV. auch nicht offiziell aufkündigte, so kühlte sich das Klima jetzt doch merklich ab. Überdies war den Franzosen nicht entgangen, daß Friedrich Wilhelm trotz der ungeklärten Territorialfragen mit den evangelischen Schweden seit April 1685 wieder ins Gespräch gekommen war.

Der Kurfürst griff zwar nicht direkt mit seinem Edikt in die innenpolitischen Angelegenheiten Frankreichs ein, reagierte aber unmittelbar mit seiner offiziellen Einladung nach der Aufhebung der Schutzrechte für die Hugenotten auf Ludwigs Schritt.

Seinem Angebot sollten über 20 000 Hugenotten folgen, von denen

Giebel der Französischen Kirche am
Gendarmenmarkt in Berlin

sich die Hälfte etwa in Berlin niederließ. Von seinem zweisprachig gedruckten Potsdamer Edikt wurden allein in Paris 500 Exemplare verteilt. Der Kurfürst hatte geschrieben: „Wir Friedrich Wilhelm ...thun kund, nachdem die harten Verfolgungen, womit man eine zeithero in dem Koenigreich Frankreich wider unsere, der evangelisch reformierten Religion zugethane Glaubensgenossen verfahren. Viel Familien veranlasset aus selbigem Koenigreiche hinweg in andere Lande sich zu begeben. Dass wir dannenher aus gerechtem Mitleiden bewogen werden, denenselben eine sichere und freye Retraite in alle unsere Lande und Provincien in Gnaden zu offeriren.“

Am Giebel der Französischen Kirche auf dem Berliner Gendarmen-

Das berühmte Reiterstandbild des Großen Kurfürsten von Andreas Schlüter vor dem Schloß Charlottenburg

markt, die zwar erst nach dem Tode Friedrich Wilhelms entstand, erinnert heute noch die folgende Inschrift an den Dank der Hugenotten: „Gott zur Ehre. Der Gemeinde zum Segen. Unter dem Schutze der Hohenzollern. Erbaut 1705. Erneut 1905“ wie noch alljährlich am 29. Oktober am Reiterstandbild des Großen Kurfürsten im Innenhof des Charlottenburger Schlosses von den Berliner Hugenotten Kränze zur Erinnerung an diesen denkwürdigen Tag niederlegt werden.

Über die freie Ausübung ihrer Religion hinaus versprach ihnen der Kurfürst finanzielle Darlehen, Wohnungen, Gewerberäume und Bauplätze. Auch stand der Übernahme in den Staats- und Militärdienst nichts im Wege. Die Réfugiés erhielten Kirchen und Schulen, und bereits 1689, ein Jahr nach Friedrich Wilhelms Tod, entstand das heutige Französische Gymnasium in Berlin.

Pufendorf hat uns in seiner Biographie den Wortlaut des Edikts wiedergegeben, dessen Inhalt uns in seinem Kern bekannt ist. Die Entstehungsgeschichte schilderte er so: „Indem auch der Koenig in Franckreich die Reformirten in seinem Reiche aufs aergeste verfolgte, schmertzete solches unsern Grossen Friederich Wilhelm gar sehr, und zwar vornemlich deßwegen, weil der Koenig in der Abschaffung des

Blick auf den Turm von Schloß Charlottenburg
durch das reich verzierte Gitter

Edicts von Nantes gesetzet hatte, er haette die Ruhe des Stillstandes zu Ausrottung der Reformirten Religion gebrauchen wollen, da sich doch der Churfuerst selbst um dessen Vollendung so eyfrig bemuehet hatte. Weil nun dieser mitleidige Printz gar wohl sahe, daß er mit seiner Vorbitte vor die Reformirten beym Koenige nichts ausrichten wuerde, als war er darauf bedacht, wie er diesen armen und bedraengten Leuten auf eine andere Art helffen koente. Zu solchem Ende gab er zu Potsdam ein Edict heraus."

Die Verstimmung mit Ludwig XIV., der nun mit einer Sperrung der Subsidien drohte, nahm der Kurfürst in Kauf und ließ seinem französischen Bündnispartner die Antwort geben: „... der Koenig haette dieselben nicht umsonst gereichet, und sich auch mehr ausgedinget, als jene waeren, daß er auch redlich erfuellet. Ubrigens waere er keineswegs in willens, die Ehre, Renommée und Staats-Interesse vor eine solche Summe Geldes dem andern zu versetzen. Was aber das Wort Verfolgung anlangete, so koente er nicht sehen, wie man anders nennen koente die Hinwegreissung der Kinder aus dem Schoß der Eltern, die Einqvartierungen der grausamsten Dragoner, die Galeeren, Gefaengnisse, Ausgrabungen der Begrabenen, die Abschaffung des Edicts von Nantes, welches der Koenig selbst bestaetiget." Im Grunde waren die Fronten damit geklärt.

Der Kurfürst, der zunächst bei dieser Völkerwanderung investieren und damit ganz erheblich draufzahlen mußte, handelte aus reinem christlichen Verantwortungsgefühl. Ihm ging es um die Hilfeleistung für seine bedrängten und verfolgten Glaubensgenossen. Daß sie seinem Land dereinst, vielleicht schon bald, auch wirtschaftlich auf die Beine helfen sollten, war ihm natürlich genehm, jedoch die meisten kamen ohne Hab' und Gut. Sie hatten nur ihr nacktes Leben retten können. Wirtschaftliche Kalkulationen als Motiv für sein Potsdamer Toleranzedikt, wie hier und da zu lesen, waren, wenn sie überhaupt bestanden, in hohem Maße spekulativ – sie konnten auch in Nichts zerrinnen.

Mit dem Edikt von Potsdam fand die Konfessionspolitik des Großen Kurfürsten ihren Höhepunkt und Abschluß, denn nur drei Jahre sollten ihm noch bleiben. Er hatte in seiner 48jährigen Regierungszeit neben der eigentlichen Schöpfung Brandenburg-Preußens und einem stehenden Heer die Länder seines Staates nach innen konsolidiert und die Wirtschaft zu einer bescheidenen Blüte gebracht. Politisch war sein Land, wenn auch noch kein Königreich, ohne Frage bedeutsam geworden, und auf außenpolitischem Gebiet war der Kurfürst längst ein von allen Seiten gesuchter Partner. Der Kaiser suchte seine Nähe in demselben Maße wie er sie fürchtete, und Ludwig XIV. wie die Schwedenkönige sahen ihn weit lieber an ihrer als auf der gegnerischen Seite.

Sein größtes und bleibendes Werk aber, das er allen seinen Nachfolgern als Vermächtnis hinterließ, lag auf einem ganz anderen Gebiet: es war die Menschenfreundlichkeit und Toleranz. Seit dem Großen Kurfürsten lebten in Brandenburg-Preußen und später im Königreich Preußen Lutheraner, Reformierte, Katholiken, Juden, Mohammedaner und „andere Ungläubige" in Frieden miteinander, selbst für Sektierer hatte dieser Fürst ein Ohr. Alle preußischen Könige nach ihm haben dieses Vermächtnis gehalten. Bei Friedrich dem Großen, der einzige Atheist unter den Hohenzollern, dessen Toleranz aus der Aufklärung und nicht aus der Religion herrührte, sollte jeder nach seiner Façon selig werden. Der Soldatenkönig hatte die Augsburger ins Land gerufen, und als die polnischen Teilungen kamen, gestatteten Friedrich II. und Friedrich Wilhelm II. den „preußischen" Polen die Pflege ihres religiösen und kulturellen Erbes.

Preußen war kein Hort der Unfreiheit und des blinden Gehorsams, wie ihm leichtfertig nachgesagt wird. Ordnung und Selbstdisziplin sind alles andere als das. Selbst der sich militärisch gebärdende Soldatenkönig war ein friedliebender Monarch. Der einzige, der diesbezüglich aus der Rolle fiel, war Friedrich II., und ausgerechnet der führt den Beinamen „der Große". Die Menschen sind offenbar für klingendes Spiel und kriegerischen Ruhm weit empfänglicher als für das Stille. Die ihm folgenden drei Friedrich Wilhelms waren durchweg freundliche, ja teilweise liebenswürdige Monarchen. Auch Wilhelm I. war von Haus aus friedfertig – der „Kartätschenprinz" war eine Episode -, nur durch den weitaus stärkeren Bismarck ließ er sich in Kriege hineinziehen. Er selbst wollte nie Kaiser werden und unterschied sich nicht von anderen deutschen Fürsten. Bismarck wollte, daß er Kaiser wird, und der greise König war zu schwach, seinem unentwegt mit Rücktritt drohenden Ministerpräsidenten Widerstand zu leisten.

Aber seit Bismarck vollzog sich leider in der religiösen Toleranz allmählich eine Wende. Auch mit den Juden hatte Bismarck seine Probleme, wie eigentlich mit allen, mit Katholiken und Sozialdemokraten ebenso, selbst wenn noch alles ruhig blieb. Kaiser Wilhelm II. hatte dann die jahrhundertelangen preußischen Traditionen seinem deutschen Weltmachtstreben untergeordnet. Es wurde laut in Deutschland, und in demselben Maße immer leiser um und in Preußen. Den Juden passierte zwar noch nichts, aber zwischen dem Vermächtnis seines Urahnen und ihm lagen nicht nur Jahrhunderte, sondern Welten.

Friedrich Wilhelm aber bleibt nicht nur für die Juden und die Hugenotten das, was er war und vorlebte: ein Beispiel und Vorkämpfer für religiöse Toleranz.

Kunst und Wissenschaft

Auf ganz anderen Gebieten noch hat dieser Kurfürst Spuren hinterlassen, die von der Zeit nicht alle auszulöschen waren. Nicht nur auf Schlachtfeldern und an Verhandlungstischen, sondern auch als Bauherr und als Förderer von Kunst und Wissenschaften hob er sich ab von vielen Fürsten. Das war bemerkenswert, weil niemand nach dem Dreißigjährigen Krieg soviel Elend und verbrannte Erde sah wie Friedrich Wilhelm.

Als sich die Verhältnisse im Lande allmählich normalisierten, wandte sich der Kurfürst seinen Liebhabereien zu, die selbstverständlich auch seinem Repräsentationsbedürfnis entsprachen.

Selbst die Dichtkunst hatte in Brandenburg ein Zuhause, und einige Vertreter des Pegasus sind heute noch bekannt. Zu ihnen gehörte der Königsberger Poesie-Professor Simon Dach (1605 – 1659), der überwiegend durch Auftragsdichtungen seinen Lebensunterhalt bestritt, aber viele bekannt gewordene weltliche und geistliche Lieder schuf. Man könnte ihn als Hofpoeten bezeichnen, denn zahlreiche Werke entstanden zu Ehren des kurfürstlichen Hauses, die unter dem Titel „Churbrandenburg. Rose, Adler, Löw und Scepter" in Königsberg erschienen. Seine Stellung als Rektor einer Schule und Universitätsprofessor verdankte er schon Friedrich Wilhelms Vater. Einige Gedichte Simon Dachs, die überwiegend Heinrich Albert vertonte, wurden zu Volksliedern, unter denen sein „Ännchen von Tharau" wohl am bekanntesten geworden ist. Und wem der Name Simon Dach nichts sagt, der kennt zumindest dieses Lied, wenn neuerdings auch seine Urheberschaft bezweifelt wird. Andererseits kennt man die Entstehungsgeschichte des Liedes ziemlich gut und weiß, daß Simon Dach es 1637 zur Hochzeit seines Freundes, des Pfarrers Portatius mit Anna Neander in dessen Auftrag niederschrieb. Wie auch immer, auf jeden Fall war Simon Dach zu Friedrich Wilhelms Zeit ein sehr bekannter Mann, dessen geistliche Lieder sich noch in den Gesangbüchern unserer Zeit wiederfinden. Bis heute gibt es in Berlin noch eine Simon-Dach-Straße.

Zu den bedeutendsten Männern auf diesem Gebiet, deren Bekanntheitsgrad bis heute nicht geschwunden ist, gehörte zweifellos Paul Gerhardt (1607 – 1676), einer der bekanntesten protestantischen Kirchenliederdichter überhaupt. Auf ihn bin ich im Zusammenhang mit dem Konfessionsstreit eingegangen.

Kirche in Blumberg; ehemaliger Besitz derer von Loeben, Burgsdorff und Canitz

Und schließlich hatte der Kurfürst auch seinen Hofpoeten, wenn die Bezeichnung gestattet ist, den Freiherrn und Geheimen Rat Friedrich Ludwig von Canitz (1654 – 1699). Canitz, ein Enkel Konrad von Burgsdorffs, hatte die Herrschaft Blumberg geerbt, aber nicht von seinem Großvater, der dort nur eingeheiratet hatte, sondern aus der von Loebenschen Linie, denn die Gemahlin Konrad von Burgsdorffs war eine Geborene von Loeben, die auf Blumberg saßen.

Canitz, dessen Werdegang oder „Kavalierstour" mit vielen beschriebenen Zeitgenossen zum Verwechseln ähnlich war, war zunächst in diplomatischen Diensten des kurbrandenburgischen Hofes tätig, bis er sich als Hofpoet einen Namen machte. Seine Gedichte und Lustspiele

Friedrich Ludwig Freiherr von Canitz, Staatsminister und Hofpoet; Enkelsohn Konrad von Burgsdorffs, Gemälde in der Dorfkirche von Blumberg

Johann von Loeben auf Blumberg; Kurfürstlich Brandenburgischer Geheimer Rat und Kanzler unter Joachim Friedrich und Schwiegervater Konrad von Burgsdorffs, Gemälde in der Dorfkirche Blumberg

umrahmten und verschönerten die Festlichkeiten bei Hofe ebenso wie die eigenen auf seinem Blumbergschen Besitz.

Fontane nannte Canitz einen „märkischen Poeten", dessen Alexandriner Blumberg über seine nähere Umgebung hinaus bekannt machten und stellte diesen Ort in eine Reihe mit Wandsbek, Gohlis und Alten-Gleichen. Nun gut – manchmal irrte Fontane auch, selbst wenn Canitz zu seiner Zeit ein viel gelesener und bekannter Poet war, dessen Gedichte Aufsehen erregten und allein dreizehn Auflagen erfuhren. Bis heute erinnert in der Dorfkirche von Blumberg ein Porträtgemälde an den kurfürstlichen Hofpoeten und Geheimen Rat von Canitz, der 1698, ein Jahr vor seinem Tode also, von Kaiser Leopold in den Reichsfreiherrnstand erhoben wurde.

Ihm zur Rechten, wenn auch nicht in einer Front, hängen unter der ehemaligen Empore die Gemälde von Johann von Loeben und seiner Gemahlin, Canitz' Urgroßeltern. Das ist einer besonderen Erwähnung

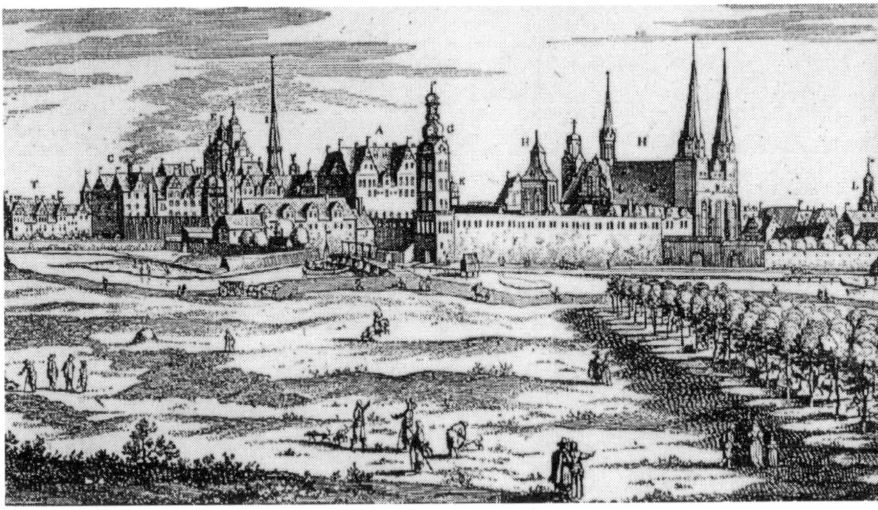

Panorama von Berlin und Cölln zur Zeit des Großen Kurfürsten; Stich aus Zeitlers Topographia Electoratus Brandenburgici ...

wert, weil Johann von Loeben als erster Kanzler dem Geheimen Rat vorstand, den Kurfürst Joachim Friedrich 1604 ins Leben rief. Zu Friedrich Wilhelms Zeiten war der Geheime Rat längst eine stehende Einrichtung, eine Art Regierungskabinett.

Natürlich förderte Friedrich Wilhelm nicht nur die Dichtkunst, die unter seinen musischen Ambitionen eher eine Nebenrolle spielte. Er verschönerte Städte, baute herrliche Schlösser und Gärten und gestaltete ganze Landschaften neu.

Wenn Friedrich Wilhelm auch ein typischer Barockfürst war, so bevorzugte er in seinem Baustil doch die strengeren klassizistischen Formen, die aus Holland herüberwirkten. Unter dem Großen Kurfürsten erlangte die brandenburgische Schloßbaukunst ihren Anschluß an die europäische Kultur.

Dabei orientierte er sich nicht wie die meisten deutschen Fürsten an Frankreich, sondern wie in allem an Holland, wofür es mannigfache Ursachen gab. Einmal hatte er selbst in seiner Jugend vier Jahre dort

Alter Marstall in Berlin – heutiger Zustand; der Vorgängerbau brannte 1665 nieder, an seiner Stelle entstand von 1666 bis 1669 der frühbarocke Marstall, der später das erste Hoftheater beherbergte, das 1713 den Sparmaßnahmen des Soldatenkönigs zum Opfer fiel. Der Marstallgiebel konnte nach den Zerstörungen im Zweiten Weltkrieg nicht originalgetreu rekonstruiert werden.

gelebt und war als Bewunderer dieses Landes in seine triste Heimat zurückgekehrt. Später vertieften sich die Beziehungen zu seinem Nachbarland durch seine Ehe mit Luise Henriette von Oranien weiter. Die Freundschaft zu Johann Moritz von Nassau-Siegen, ebenfalls ein Angehöriger der Oranischen Familie, seinem Statthalter in Kleve, tat ihr übriges. Johann Moritz hatte Kleve bau- und gartenkünstlerisch so ansprechend verschönert, daß die Gestaltung Friedrich Wilhelm zur Nachahmung reizte.

Während sich der Kurfürst mit dem Umbau seines Berliner Schlosses aus finanziellen Gründen noch gedulden mußte, entstand 1647 unter der Leitung Michael Hanffs eine Allee aus Linden und Nußbäumen, die von der Hundebrücke, der späteren Schloßbrücke, bis an den Tiergarten führte und aus der später, wie bereits beschrieben, „Unter den Linden" wurde.

Die 1647 angelegte Allee führte mitten durch die Stadt, die später ja nach ihrer Begründerin „Dorotheen-Stadt" genannt wurde. Bei

Friedrich Wilhelm der Große Kurfürst (J.G.F.); nach einem Schabkunstblatt von J. Gole

Porträtmedaille von Kurfürstin Dorothea

Gundling ist darüber folgendes zu lesen: „Vor den Neustädtischen Thor fänget sich die Neustadt oder Dorothen-Stadt an, welche sich längst der schönen Alee, bis an den Thier-Garten erstreckt. Es hat Churfürst Friderich Wilhelms zweyte Frau Gemahlin Dorothea Gebohrne Herzogin von Holstein solche veranlasset, worauf sie von Churfürst Friderich Wilhelm Anno 1674. den 2. Januarii mit der Stadt Gerechtigkeit begabet worden. Ehemahlen war diese Stadt ein Acker, so zu dem Churfürstlichen Vorwerck gehöret, welche doch anjetzo sehr schön gebauet ist."

Ihr anmutiges Aussehen erhielt Berlins Prachtstraße hauptsächlich im 18. und 19. Jahrhundert, wo sich fast alle Preußenkönige verewigt haben.

Heinrich Heine, wahrlich kein Freund Preußens und durch Paris verwöhnt, beschrieb „Unter den Linden" später so: „Wirklich, ich kenne keinen imposanteren Anblick, als vor der Hundebrücke stehend nach den Linden hinaufzusehen. Rechts das hohe prächtige Zeughaus, das neue Wachthaus, die Universität und Akademie. Links das Königliche Palais, das Opernhaus, die Bibliothek usw. Hier drängt sich Prachtgebäude an Prachtgebäude."

Kurfürstin Luise Henriette – erste Gemahlin Friedrich Wilhelms; 1858 vom Magistrat der Stadt Oranienburg gestiftet

Auf der Suche nach einem fähigen Baumeister konnte der Kurfürst 1650 den in Holland ausgebildeten Festungsbauingenieur Gregor Memhardt gewinnen, der neben einigen Reparaturarbeiten am Schloß vor allem den Lustgarten durch Wassergräben, Laubengänge und Pflanzen umgestaltete und verschönerte.

Seine erste große Bewährungsprobe als Baumeister bestand Memhardt aber an einem entlegenen Ort, in Bötzow nämlich, wo er 1651 anstelle einer alten askanischen Wasserburg einen Schloßneubau im holländischen Stil aufführte. Der Große Kurfürst hatte, wie erwähnt, seiner Gemahlin Luise Henriette das Amt Bötzow zum Geschenk

Schloß Oranienburg – ein Geschenk Friedrich Wilhelms an Luise Henriette, der zu Ehren der Ortsname Bötzowin Oranienburg umgewandelt wurde

gemacht, und ihr zu Ehren nannte man das Schloß Oranienburg, einen Namen, den die Stadtväter 1653 dem ganzen Ort gegeben haben. Ein Lustgarten und ein reizvoller Landschaftspark mit Wasserleitungen, Bepflanzungen, Laubengängen und Obstspalieren machten Oranienburg zu einem Kleinod in der märkischen Schlichtheit.

Hier fühlte sich Luise Henriette wie zu Hause, wie in Holland. Die Schloßbesitzerin verweilte jedoch in Oranienburg nicht zur Erholung und Entspannung. Sie entfaltete dort einen vorbildlichen Landwirtschaftsbetrieb, siedelte holländische und fränkische Einwanderer an, die Molkereien, Schäfereien und Brauereien anlegten. Oranienburg wurde bald zu einem Mustergut, die Kurfürstin selbst zu einer Gutsbesitzerin, die auf Heller und Pfennig abrechnete und Soll und Haben bestens kalkulierte.

Auch wenn sie ihren Mann nach Ostpreußen begleiten mußte, hielt sie ständigen Kontakt zu ihrem Gut und ließ sich über die Erträge oder Mißernten exakt Bericht erstatten. Ihre Wirtschaftsbücher führte sie persönlich und zwar so penibel und mit solcher Akribie, daß man unwillkürlich an ihren Enkel, den Soldatenkönig, dabei denken muß, der schon als Kind ein „Haushaltsbuch“ besaß und führte, was seine Eltern pein-

Barockhaus am Schloßplatz in Oranienburg: 1657 als Amtshauptmannshaus erbaut

lich berührte. Viele Eigenschaften des sparsamen und haushälterischen Soldatenkönigs erinnerten an seine holländische Großmutter, mit der er schon viel Ähnlichkeit besaß.

1665 stiftete Luise Henriette in Oranienburg ein Waisenhaus, eines der ersten in Deutschland überhaupt.

Über Oranienburg vermerkte Gundling: „Diese Stadt war ehemahlen Bözow genennet ... Nachgehends hat Churfürst Friderich Wilhelm ein Großes und vortreffliches Schloß durch den Ober Ingenieur Herrn Memmert aufbauen lassen, und solches nach seiner Frau Gemahlin Louyse, Printzeßin von Oranien, Oranienburg genennet ..."

Später, unter Kurfürst Friedrich III. erfuhr das Schloß seiner Mutter einen prächtigen Umbau und wurde zum ersten Barockschloß in der Mark Brandenburg.

Nun wandte sich der Kurfürst Potsdam zu, wo er nicht nur ein Schloß wünschte, sondern eine ganze Komposition von Baukunst und Natur, im Grunde einen großen Landschaftspark, in den der Schloßbau harmonisch eingefügt werden sollte. Die malerische Havellandschaft hatte es ihm immer angetan. Sein Ausspruch: „Das ganze Eyland muß ein

Potsdam – Stadtschloß und Neptunteich; historische Aufnahme

Das Berliner Stadtschloß – Imaginäre Fassade (vom 1.7.1993 bis 30.9.1994) auf dem Schloßplatz (nach Teilzerstörungen im Zweiten Weltkrieg wurde das Schloß auf Veranlassung des SED-Regimes dem Erdboden gleichgemacht)

Schloß Kleinglienicke – 1682 als Jagdschloß für den Großen Kurfürsten erbaut (mehrfach umgebaut)

Paradies werden“ war sicher dem Brief entnommen, den Johann Moritz ihm am 20. August 1664 aus Kleve schrieb: „Das gantze Eyland muß ein Paradies werden, weil die Edelleut, wie ich vernehme, draus seiend.“

Der Auftrag ging wiederum an Memhardt, und so entstand von 1662 bis 1669 der erste Teil des Schlosses, während die zweite Bauphase unter Arnold Nehring 1680 begann.

Aber es blieb nicht allein bei Potsdam. Die idyllische Kulturlandschaft, die der Große Kurfürst schuf und bei der Johann Moritz nachweislich Pate stand, wurde allmählich ein märkisches Paradies, wo die Alleen und Wege auf Lustschlösser zuführten, denn neben Potsdam gab es Schlösser auch in Caputh und Bornim und in Glienicke ein Jagdschloß.

In Caputh hatte es schon früher ein kurfürstliches Jagdschloß gegeben, das im Dreißigjährigen Krieg in Schutt und Asche fiel. Nach seinem Wiederaufbau schenkte Friedrich Wilhelm 1662 den gesamten Gutsbesitz seinem Kammerjunker, dem piemontesischen Architekten und Ingenieur Philipp de la Chièze (1629 – 1673), der sich wegen des Müllroser Kanals und vieler Festungswerke beachtliche Verdienste um

Schloß Caputh: Geschenk des Großen Kurfürsten an seinen Kammerdiener und Ingenieur Philipp de la Chièze im Jahre 1662, der den Barockbau aufführen ließ. Nach de la Chièzes Tod fiel es zurück an Friedrich Wilhelm und wurde Witwensitz der Kurfürstin Dorothea

Brandenburg erworben hatte. Nach de la Chièzes Tod, der Schloß und Park im Barockstil umgestaltet hatte, fiel Caputh an den Kurfürsten zurück – es wurde nach dem Ableben Friedrich Wilhelms zu Dorotheas Witwensitz, wenn auch nur für ein Jahr, denn 1689 starb auch sie.

Der letzte große Schloßneubau des Kurfürsten begann im Jahre 1678 für Kurprinz Friedrich in Köpenick anstelle des alten Jagdkastells, das sich Joachim II. bauen ließ und in dem dieser auch starb.

Von allen Schlössern, die der Große Kurfürst bauen ließ, ist Köpenick das einzige, das ohne wesentliche Umbauten und Zerstörungen die Jahrhunderte überdauern sollte. Die malerische Lage dieses Schlosses muß Gundling schon beeindruckt haben, wenn er schrieb: „Eine mittelmäßige Stadt so auf einer Insul lieget, welche die Spree machet. Es ist darselbsten die angenehmste Gegend, welche die Churfürsten bewogen, dahin ein Schloß zu bauen, wie dann Churfürst Joachim der andere, wegen der nah gelegenen Jagd daselbst ein Lust und Jagd-Haus gebauet und daselbst gestorben. Nachgehendst ist das jetzige herrliche Schloß von König Friderichen dem ersten erbauet worden ...“

Das märkisch-barocke Schloß in Köpenick wurde anstelle des von Joachim II. erbauten Jagdschlosses von Kurfürst Friedrich Wilhelm in den Jahren 1678 bis 1682 errichtet

Das letzte ist zwar nicht korrekt, aber in allem anderen können wir Gundling nur beipflichten, denn es ist bis heute „darselbsten die angenehmste Gegend" geblieben.

Und da wir noch bei Gundling sind, wollen wir hören, welchen Eindruck Potsdam auf ihn machte: „Diese Stadt, ist eine der ältesten dieses Landes, welche schon zu Zeiten der Kayser Otten des Grossen, in denen Quedlinburgischen Brieffschafften gedacht wird ... Sie liegt in einer vortrefflich schönen Gegend, deßwegen Churfürst Friderich Wilhelm Anno 1660 ein grosses und vortreffliches Schloß daselbst angelegt, woselbsten er sehr offt residiret hat. Wie dann unterschiedliche Lusthäuser in selbiger Gegend, als zu Bornim, Caput und Glinicke angeleget worden ..."

Die „vortrefflich schöne Gegend" war nicht zerstörbar, aber das „grosse und vortreffliche Schloß" in Potsdam existiert nicht mehr – wie das Berliner Schloß, dem sich der Kurfürst am Ende seiner Tage zuwandte und es durch neue Wohnräume, einen Alabastersaal mit Statuen von allen Hohenzollern-Kurfürsten und ein Triumphportal verschönern ließ.

Die Aufzählung der kurfürstlichen Schlösser wäre unvollkommen, würde Sonnenburg in der Neumark fehlen, eine Ballei des Johanniterordens in Brandenburg, dessen Herrenmeister Johann Moritz von Nassau-Siegen war, und dem ja auch der Kurfürst angehörte. In diese Reihe gehört ebenfalls das Schloß in Schwedt, das Friedrich Wilhelm Dorothea schenkte.

Überall in Brandenburg waren Holländer am Werk, und so trugen auch die Schlösser unverkennbar einen holländischen Stempel. Die meisten Schlösser entstanden dort, wo früher alte Jagdhäuser oder verwahrloste Renaissancebauten gestanden hatten. Sie lagen durchweg am Wasser, und wenn es fehlte, schaffte man es heran.

Daß neben Schloß- und Parkanlagen in jener Zeit auch Festungswerke entstanden, bedarf kaum der Erwähnung. Stadt und Land mußten durch Befestigungsanlagen und Zitadellen geschützt werden und wehrhaft sein. So finden wir auch hier dieselben Baumeister, die andererseits zur reinen künstlerischen Gestaltung herangezogen wurden. Während Memhardt Berlin-Cölln mit einem Befestigungsring und den notwendigen Bastionen umzog, die später von Nehring vollendet wurden, leitete de la Chièze die Festungsbauten in Küstrin, in Stargard und in Kolberg.

De la Chièzes Verdienst lag aber noch auf einem ganz anderen Gebiet: Er baute den Müllroser Kanal, einen künstlichen Wasserweg von 23 Kilometern Länge mit dreizehn Schleusen, der die Oder über die Schlaube mit der Spree und damit mit der Elbe verband. Flüsse und Seen gab es genug in Brandenburg, die nur sinnvoll zu verbinden waren. 1662 setzte de la Chièze seine Kanalbau-Konstruktion ins Werk, sechs Jahre später, 1668 wurde er in Betrieb genommen und Friedrich Wilhelm selbst benutzte in diesem Jahr den neuen Wasserweg auf seiner Reise nach Preußen.

Berlin konnte nun zu einer Drehscheibe des Handels werden, denn alle Waren, die bislang aus Breslau über Stettin auf dem Wasserweg oder auf dem Landweg über Leipzig nach Hamburg und nach Amsterdam befördert werden mußten, konnten durch den Kanal über Berlin mit einer wesentlichen Zeit- und Geldeinsparung an ihr Ziel gelangen.

Gundling war von dem Kanalbau, den er als herrliches und größtes Werk in ganz Europa pries, so tief beeindruckt, daß er uns folgende Beschreibung hinterließ: „... Bishero haben die Autores der Land-Charten und die Kupfferstecher vergessen den grossen Canal zwischen der Spree und der Oder in ihren Charten anzuzeichnen, da doch dieses herrliche Werck eines der grösten in gantz Europa, kan angesehen werden, in dem die Ost- und Nord-See und mithin soviele Ströme dardurch vereiniget werden. Die Frantzosen haben König Ludwigen den Vierzehenden nicht gnug zu preisen gewust, daß selbiger, vermittels der Ströme die West- und mittelländische See vereiniget hat. Doch ist gedachtes Werck zu seiner Vollkommenheit nicht gekommen. Aber dieses grosse Werck ist zu seiner grossen Vollkommenheit gelanget. Dieser Graben oder Canal ist A. 1669. vollendet worden, zu grosser Verwunderung der erfahrnsten Leute. Es hat der damalige Amts-Rath und Rentmeister Michael Matthias dieses Werck Churfürst Friderich Wilhelm angerathen, und der Churfürstliche General Quartiermeister und Ober-Ingenieur Philipp de la Chiese ein in diesen Sachen höchst geübter Mann, hat endlich dieses grosse Werck in Stand gebracht ..."

Bei dem lebhaften Interesse dieses Kurfürsten für alle künstlerischen und wissenschaftlichen Strömungen war es verständlich, daß ihm die Universitäten seines Landes am Herzen lagen. Zu ihnen gehörten die alte brandenburgische Universität in Frankfurt/Oder, die preußische Landesuniversität in Königsberg und seit 1655 die neue, von Friedrich Wilhelm selbst gegründete Universität Duisburg, die kalvinistisch orientiert sein sollte.

In seinen phantastischen Ideen und Gedankenflügen brach Friedrich Wilhelm ständig auf zu neuen Ufern und trug sich zeitweilig mit der Idee der Gründung einer länder- und religionsübergreifenden „Universal-Universität". Den Anstoß erhielt der Kurfürst von Benedikt Skytte, einem Schweden, der einen seriösen Eindruck auf ihn machte, weil dessen Vater, Johann Skytte, schwedischer Reichsrat und Kanzler der Universität in Upsalla war. Johann Skytte unterhielt mit dem berühmten Pädagogen Comenius Kontakte, und beide hatten die Illusion von einer globalen Wissenschaft mit einer Weltsprache und Weltreligion. Von daher waren Benedikt Skyttes Vorstellungen ausreichend motiviert, und der Kurfürst beabsichtigte, seine „Universal-Universität" in Tangermünde an der Elbe auf den Trümmern einer alten Burg zu gründen, zumal die Stadt verkehrsgünstig gelegen war. Die ganze Angelegenheit hatte leider einen Haken – sie war zu irreal und nebulös und fand im Ausland kaum ein Echo. Die gedruckte Gründungsurkunde, von der bereits die Rede war, wurde vielen bekannten Gelehrten zugesandt, die sich überwiegend in Schweigen hüllten. Erschwerend kam sicherlich hinzu, daß dieser Weltuniversität zunächst nur die Gehälter für zwei

Professorenstellen bewilligt werden konnten, keineswegs aus kurfürstlichem Desinteresse, sondern einfach deshalb, weil die brandenburgischen Kassen leer waren. Für eine Weltuniversität war das Angebot natürlich mehr als dürftig.

Am Ende fand sich kein einziger Wissenschaftler, und Friedrich Wilhelm verabschiedete sich wieder von der Idee und selbstverständlich auch von Skytte. Die „Universal-Universität“ war die Geburt einer Illusion und Phantasie, aber bezeichnend für Friedrich Wilhelm, daß er sie aufgriff. Gleichermaßen bezeichnend für den Kurfürsten war auch, daß ihn schnell die Erde wiederhatte.

Mehr als für seine Universitäten hatte Friedrich Wilhelm ein Faible für die Sammlung von kostbaren Büchern und Raritäten aus aller Welt. Angeregt und beflügelt wurden seine Neigungen durch seinen Statthalter in Kleve, Johann Moritz, dem er viele Bücher von bibliophilem Wert verdankte. Der Kurfürst selbst kaufte gelegentlich ganze Sammlungen auf und sparte nicht mit Neuanschaffungen für seine Bibliothek. Kostbarkeiten, natur- und militärwissenschaftlichen Inhalts, verdankte er überwiegend Johann Moritz, der ihm überdies einen 125 Kilogramm schweren Weltatlas schenkte, der als „Kurfürstenatlas“ heute in der Staatsbibliothek zu Berlin ausgestellt ist.

1661 kam es zur Gründung der „Churfürstliche(n) Bibliothek zu Cölln an der Spree“ mit etwa 20 000 Werken, aus der 40 Jahre später die königliche werden sollte, die in großen hellen Räumen und einem Lesesaal des Schlosses untergebracht und gleichzeitig den Gelehrten und Gebildeten zur Nutzung freigegeben wurde.

Die späteren Staatlichen Museen hatten ihre Vorläufer in Friedrich Wilhelms Raritätenkabinett, das aus antiken Münzen, alten Handschriftensammlungen, besonderem Glas und Fayencen sowie aus Silbergegenständen und Medaillen bestand, die von Ezechiel Spanheim, einem anerkannten Gelehrten seiner Zeit, verwaltet wurden.

Darüber hinaus war Friedrich Wilhelm auch daran gelegen, daß seine Taten und die Geschichte seines Hauses der Nachwelt überliefert würden. Und so verpflichtete der Kurfürst schon in den fünfziger Jahren einen Joachim Hübner als Hofhistoriographen, dessen Produkte aber so kümmerlich ausfielen, daß ihm schon 1658 das Gehalt gesperrt wurde. Sein Nachfolger, ein Martin Schook, trat 1664 an Hübners Stelle, hat aber gleichermaßen keine nennenswerten Spuren hinterlassen.

Mit der Besetzung dieses Amtes hatte der Kurfürst seine Probleme,

Der Große Kurfürst; anonymer Kupferstich (aus Erdmann Uhse)

und das Ärgerliche war natürlich, daß es über ihn selbst inzwischen doch vieles für die Nachwelt festzuhalten galt.

Endlich, wenn auch erst am Ende seines Lebens, konnte der Kurfürst eine herausragende Persönlichkeit, den Historiker und Staatsrechtler Samuel von Pufendorf (1632 – 1694), für dieses Amt gewinnen. Pufendorf, der 1672 eine Enzyklopädie „Über Natur- und Völkerrecht" herausgegeben hatte und an der schwedischen Universität in Lund lehrte, war aus konfessionellen Gründen in dem orthodox-lutherischen Schweden mißliebig geworden, und deshalb kam ihm Friedrich Wilhelms Ruf im Jahre 1686 sehr gelegen. An diesem Ruf reizte ihn auch, daß er in Berlin in dem ehemaligen Professor für Naturrecht Paul von Fuchs einen Gesinnungsgenossen fand, der inzwischen als Geheimer Rat Friedrich Wilhelms eine besondere Vertrauensstellung genoß. Da Pufendorf in Schweden nicht nur Universitätsprofessor war, sondern auch Hofhistoriker, galt er dort als Geheimnisträger und wurde erst im Januar 1688 entlassen.

So konnte Pufendorf wenigstens den Kurfürsten noch persönlich kennenlernen, wenn auch nur für die knapp bemessene Zeit von vier Monaten.

Pufendorfs Philosophie vom Naturrecht des einzelnen und ganzer Völker hatte viele Berührungspunkte mit Friedrich Wilhelms Auffassungen von religiöser Toleranz, von der man längst in ganz Europa sprach.

Kaum eingetroffen in Berlin begann Pufendorf mit seinem großen Werk „Friederich Wilhelms des Grossen Chur=Fuerstens Zu Brandenburg Leben und Thaten", das 1695, ein Jahr nach seinem Tod, in lateinischer Sprache erschien. 1710 gab Erdmann Uhse, Rektor zu Merseburg, eine gekürzte deutsche Fassung mit manchen Übersetzungsfehlern heraus.

Pufensdorfs Werk ist die erste und umfangreichste Biographie über den Großen Kurfürsten, die im 17. Jahrhundert Aufsehen erregte.

In Pufendorf hatte der Kurfürst nicht nur einen Hofgeschichtsschreiber gefunden, sondern einen Gelehrten von europäischem Rang, dessen Rechtsforschung und Staatsphilosophie Friedrich Wilhelms eigene Religionspolitik philosophisch und staatspolitisch rechtfertigte. Pufendorfs Ideen wurden später besonders von der 1694 gegründeten Universität Halle (Saale) hinausgetragen in das ganze Land. Im Einklang mit seinen Herrschern wurde Preußen auf diesem Gebiet zu einem der fortschrittlichsten Länder.

Irrtümer und Träume

Gewagte Allianzen

Friedrich Wilhelms Bündnisse waren, so simpel das auch klingen mag, am ehesten mit Kinderfreundschaften vergleichbar, die ebenso schnell wieder zerbrechen wie sie geschlossen werden. Ein einmal abgeschlossener Vertrag hinderte ihn keineswegs daran, sich anderweitig zu binden und gemeinsam gegen seinen ursprünglichen Bündnispartner mobil zu machen. Geradlinigkeit in Friedrich Wilhelms Bündnispolitik war schwer erkennbar, denn er paktierte eigentlich mit jedem, der ihm versprach, was er sich wünschte.

Im Grunde lavierte der Kurfürst sich durch die Jahrzehnte. Aber er verfolgte unentwegt ein Ziel, und das hieß Vorpommern. Für Friedrich Wilhelm war es eine Tragik, daß es ihm ähnlich wie Moses gehen sollte – er sah sogar mehrfach sein Land, aber er durfte es nie auf Dauer betreten. Was hatte er nicht alles für Vorpommern riskiert? Er paktierte mit Frankreich, mit den Niederlanden, dann mit dem Kaiser, nicht selten mit Schweden, ausgerechnet mit dem Land, das ihm Vorpommern streitig machte, und schließlich ließ er sich sogar mit Polen ein. Aber alle schlugen sie ihm immer wieder die Beute aus der Hand, allen voran die Franzosen. Seine Ohnmacht hatte ihren Grund in den Subsidien, die er brauchte. Solange er Hilfsgelder von Frankreich, Holland, Spanien oder dem Kaiser nahm, war er nicht frei, mochte er militärisch noch so erfolgreich sein.

So glich Friedrich Wilhelms Bündnispolitik einem Kaleidoskop, wenn man auch fairerweise sagen muß, daß er nicht sonderlich aus der Rolle fiel, denn seine Partner waren nicht viel besser. Allerdings entsprach dieses Spiel auch der Natur und dem Charakter Friedrich Wilhelms, dessen Unberechenbarkeit und Unbeständigkeit alle zur Genüge kannten. Gewiß, in seinen Zielen zeigte er Beständigkeit, richtiger gesagt: In seinem Ziel, denn immer ging es ihm um Stettin und Vorpommern. Sein Spruch "Niemand kennt meinen Sinn, weiß, ob ich Fuchs oder Hase bin" stimmte nicht, denn er war beides. Einmal war er der Jäger, dann der Gejagte.

Im Ersten Nordischen Krieg hatte der Kurfürst allein zweimal die Fronten gewechselt. Man kann nicht sagen, daß er glücklos operierte, wenn er auch zunächst Polen, dann aber seinen Partner Schweden verprellte, indem er sich nach kurzem wieder auf die polnische Seite schlug, auf die mächtigere, die inzwischen zu einer Koalition gegen die Schweden angewachsen war. Der Friede von Wehlau und der von Oliva bescherten ihm seinen größten politischen Erfolg, die Souveränität in Preußen. Aber Vorpommern nahm man ihm wieder ab, denn Frankreich brauchte Schweden als Vorposten im Nordosten. Friedrich Wilhelm war zwar der rechtmäßige Erbe Pommerns, aber das interessierte Frankreich ebenso wenig wie die Schweden, die seit dem Dreißigjährigen Krieg dort längst zu Hause waren.

Ohne Frankreich lief zu Friedrich Wilhelms Zeit gar nichts, und so wechselte der Kurfürst 1667 wieder einmal die Fronten und schloß mit Ludwig XIV. einen Vertrag, in dem er sich zur Neutralität gegenüber Frankreich im sogenannten Devolutionskrieg verpflichtete. Der Devolutionskrieg war nichts als ein Ansturm Frankreichs gegen die spanischen Niederlande, die offiziell zum Reich gehörten. Der Neutralitätsvertrag mit Frankreich wurde 1669 zu einem Geheimvertrag erweitert, in dem von einer Neutralität nun keine Rede mehr war. Statt dessen verpflichtete sich der Kurfürst zum militärischen Beistand für Ludwigs Eroberungszüge gegen die spanischen Niederlande und damit gegen das Reich. Allmählich wurde Friedrich Wilhelm der Boden unter den Füßen in dieser prekären Situation aber zu heiß, denn schnell konnten die Franzosen auch die Generalstaaten einverleiben, von denen es nur ein Katzensprung in seine eigenen niederrheinischen Besitzungen war. Das Hegemonialstreben Frankreichs schien ihm gefährlich, zumal Holland ihm auch aus konfessionellen Gründen nahestand.

Also machte der Kurfürst kehrt und schloß im Mai 1672 ein Bündnis mit den Generalstaaten gegen Ludwig XIV., mit dem er drei Jahre zuvor einen Beistandspakt gegen die Niederlande geschlossen hatte. Die Holländer versprachen ihm für seine Kehrtwendung Geld, und Friedrich Wilhelm stellte seinem niederländischen Bündnispartner dafür eine Armee von 20 000 Mann gegen seinen Bundesgenossen Frankreich in Aussicht. Zudem hatte sich auch der Kaiser, ohnehin kein Freund Frankreichs, auf die holländische Seite geschlagen. Aber dessen Beistand kam wie so oft über einen ideellen Wert nicht hinaus. Die doppelbödige Politik des Kurfürsten war heikel und gewagt genug. Ludwig XIV. zeigte sich von den Verträgen gegen ihn wenig beeindruckt. Schon bei seinem ersten militärischen Ansturm unterlagen die Niederländer, und

Friedrich Wilhelm sah, daß sein Verrat umsonst gewesen war, daß er die falsche Seite gewählt hatte. Aber das ließ sich schließlich korrigieren: Also entschloß er sich kurz und bündig zu einem neuen Frontenwechsel und schloß mit seinem alten Bündnispartner Ludwig im Juni 1673 den Separatfrieden zu Vossem. Die Franzosen zeigten keinerlei Verstimmung über den Treubruch des Brandenburgers – im Gegenteil, denn generös zahlten sie ihm die Subsidien, die Holland dem Kurfürsten zwar versprochen, aber nie angewiesen hatte. Zusätzlich überreichten sie ihm für seine "Bündnistreue" die stattliche Summe von 800 000 Livres. Friedrich Wilhelm war es zufrieden. Außerdem räumten die Franzosen von sich aus seine westrheinischen Territorien. Soweit so gut – nun waren sie also wieder Partner.

Der Übermut der Franzosen erhielt nach der Ausschaltung Friedrich Wilhelms durch den Sonderfrieden von Vossem neue Nahrung, und ihre Angriffe auf das Reichsgebiet wurden immer munterer. Die Geduld des Kaisers wurde schließlich soweit strapaziert, daß sich endlich eine große Koalition gegen Frankreich bildete, der neben dem Kaiser, fast alle deutschen Fürsten, Spanien und die Niederlande angehörten. Im Mai 1674 erklärte die Koalition Frankreich den Reichskrieg. Für Friedrich Wilhelm wieder eine vertrackte Situation, denn schließlich gab es den Vertrag von Vossem. Monatelange Verhandlungen, die sich auch wegen Friedrich Wilhelms Krankheiten mühsam dahinschleppten, führten endlich dazu, daß der Kurfürst seinen Sonderfrieden mit Frankreich über Bord warf und sich im Juli der großen Koalition gegen seinen Bündnispartner Frankreich anschloß. Umsonst war Friedrich Wilhelm aber nicht zu haben. Er bot seinen neuen Bündnispartnern wiederum 20 000 Soldaten und erhielt als Gegenleistung Gelder von Spanien und den Niederlanden, jedenfalls sagte man ihm diese zu.

Daß die große Koalition in diesem Reichskrieg eine jämmerliche Figur machte, ist schon beschrieben worden.

Diesmal jedoch verzieh Frankreich Friedrich Wilhelm seinen erneuten Treubruch nicht. In Schweden hatte der "Sonnenkönig" immer noch einen Verbündeten, und diese Trumpfkarte spielte er jetzt aus. So kam es Ende 1674 zur Überraschung Friedrich Wilhelms zum Schwedeneinfall in die Mark Brandenburg, die Initialzündung dazu kam aus Paris. Jetzt ging der Kurfürst seinerseits auf Partnersuche, und so kam, wie bereits beschrieben, im Mai 1675 in Den Haag ein großes Bündnis mit dem Kaiser, den Generalstaaten, mit Spanien und weiteren deutschen Fürsten gegen die Schweden zustande. Welchen Wert Bündnisse damals hatten, zeigte sich am besten an dieser großen antischwedischen Koalition, die nicht den Finger rührte. Allein auf sich gestellt, schlug Friedrich Wilhelm die Schweden bei Fehrbellin, verjagte sie aus Pommern und aus Preußen.

Diese Erfolgsbilanz ging allen gegen den Strich, seinen "Freunden" ebenso wie seinen Feinden. Und während Friedrich Wilhelm noch in Pommern und in Preußen focht, formierten sich hinter seinem Rücken längst seine Bündnispartner und seine Gegner. Bereits 1678 schlossen die Niederlande und Spanien mit dem ehemals verfeindeten Frankreich einen Separatfrieden. Dem Kurfürsten blieb das nicht verborgen, aber noch war er im Vormarsch und ließ sich seinen Tatendrang auch nicht erschüttern. Er hatte die Mark Brandenburg befreit und zwar allein, jetzt wollte er Vorpommern, und er holte es sich auch.

Im Februar 1679 – Friedrich Wilhelm stand auf dem Höhepunkt seines militärischen Ruhms – schlossen Kaiser und Reich mit Frankreich und Schweden den Separatfrieden von Nymwegen und besiegelten das Schicksal des siegreichen Brandenburgers. Als der Kurfürst von dem Verrat seiner neuen und seiner alten Verbündeten erfuhr, die er zwar oft genug im Stich gelassen hatte, verfiel er tagelang in tiefe Depression. Plötzlich war Friedrich Wilhelm völlig isoliert und mußte zähneknirschend am 29. Juni 1679 in St. Germain den gegen ihn gerichteten Frieden von Nymwegen akzeptieren. Stilvoll nahm man ihm Vorpommern wieder ab. Ludwig XIV. zeigte sich generös und versuchte den Kurfürsten mit 300 000 Talern zu trösten – aber hier gab es keinen Trost. Die Demütigung saß tief, und er verwand sie nie.

Unmißverständlich hatte der Franzose ihm gezeigt, daß in Europa ohne Frankreichs Segen gar nichts lief. Es hatte wenig Sinn, sich gegen Ludwig zu stellen, und so schloß sich Friedrich Wilhelm in seinem ohnmächtigen Zustand wieder dem Land an, das ihm am übelsten mitgespielt hatte. Schon im Oktober 1679 kam es zum Abschluß eines zehnjährigen Allianzvertrages zwischen Brandenburg-Preußen und Frankreich. An sich war Friedrich Wilhelms Verhalten angesichts der französischen Demütigung ohne Würde. Was sollte er aber tun? Er brauchte einen Bündnispartner, und so machte er aus seiner Not eine Tugend und reichte natürlich dem die Hand, der am zahlungskräftigsten war und ihm für dieses neue Bündnis zudem noch einen ansehnlichen Wechsel überreichte. Die Franzosen erhöhten ihre Subsidien allein in fünf Jahren von 100 000 auf eine halbe Million Livres. Wenn auch unausgesprochen, so wußten die beiden alten und immer wieder neuen Partner, daß Friedrich Wilhelm Vorpommern nicht aus den Augen ließ. Und so erhoffte er sich von diesem Vertrag, daß er die für ihn unselige Verbindung Frankreichs mit Schweden sprengen könnte. Friedrich Wilhelm ging für dieses Ziel so weit, daß er Ludwig XIV. seine Stimme für einen bourbonischen Kandidaten bei der nächsten Kaiserwahl versprach. Am meisten liebäugelte der "Sonnenkönig" selbst mit diesem höchsten Amt im Reich.

Aus heutiger Sicht war das national würdelos, für damalige Zeiten jedoch nichts Ungewöhnliches. Friedrich Wilhelms Verhalten macht schlagartig klar, wie weit man damals noch von einem Nationaldenken entfernt war. Ihn als den Gründer Preußens mit dem Gedanken an einen deutschen Nationalstaat, als einen Vorkämpfer für deutsche Einheit etwa zu bezeichnen, wozu sich patriotische Darstellungen oft hinreißen ließen, ist purer Unsinn. Territorialstaatliches Denken kennzeichnete Friedrich Wilhelm ebenso wie seine Zeitgenossen und seine Nachfolger. Von daher war es ihm gleichgültig, ob ein Ausländer auf den deutschen Kaiserthron gehoben wurde oder ein Reichsfürst. Die Hauptsache war, die Sache lohnte sich für ihn und seinen Staat. Und was die Habsburger anging, so war der Kaiser nie sein Fall gewesen.

Ludwig XIV. setzte indessen seine Raubpolitik gegen das Reich unverdrossen fort und kassierte mühelos Straßburg. Mit gebundenen Händen sah der Kurfürst nun stillschweigend diesem Treiben zu, immer in der Hoffnung, daß der Franzose ihm am Ende dafür Vorpommern überreichen würde. Aber die Hoffnung sollte sich als trügerisch erweisen, und seine zeitweilige Treue war insofern noch verhängnisvoll, als Friedrich Wilhelm nun keine anderen Bündnisse einzugehen gedachte und sich auch aus der Allianz gegen die Türken heraushielt. Die Verbündeten um den Kaiser besiegten im September 1683 in der Schlacht am Kahlenberg unter der Führung des polnischen Königs die Türken und befreiten die Stadt Wien ohne den brandenburgischen Kurfürsten, der sich im Reich durch sein Franzosenbündnis selber isoliert hatte, was man ihm doch sehr übel nahm.

Im August 1684 akzeptierten Kaiser und Reich zur Verärgerung des Kurfürsten Ludwigs Reunionen und bestätigten seine Besitznahmen. Wozu sollte man ihm jetzt noch Stettin und Vorpommern geben? Der Kaiser hatte Ludwigs Eroberungen abgesegnet. Ihm selbst lag nichts daran, den Brandenburger weiter aufzuwerten und seinen Besitzstand zu mehren. Der Franzose hatte schließlich erreicht, was er wollte, und Friedrich Wilhelm hatte während seiner Raubkriege stillgehalten. Sein Allianzvertrag mit Frankreich hatte sich als ein wertloses Papier erwiesen. Also war die neue Parole: zurück zu Holland und zum Kaiser.

Im August 1685 kam ein Bündnis mit den Niederlanden zustande, das für zwanzig Jahre festgeschrieben war. Damit leitete der Kurfürst außenpolitisch erneut eine Wende gegen Frankreich ein. Nun hielt ihn nichts mehr bei den verräterischen Franzosen, und mit seinem Potsdamer Edikt, das zwar keinen politischen Charakter trug, besiegelte er endgültig den Bruch mit Frankreich. Ein Jahr später im März demonstrierte Friedrich Wilhelm seine Abkehr von Frankreich mit einem Geheimvertrag, den er mit seinem Kaiser schloß, ebenfalls für zwanzig Jahre. Im Februar 1686 war sogar ein Verteidigungsbündnis mit Schweden zustandegekommen, was insofern besonders unbegreiflich war, da sich die Schweden ja an Vorpommern klammerten. Aber es gab auch Gemeinsames zwischen beiden Ländern, nämlich die konfessionelle Solidarität. Schweden verpflichtete sich in dem Vertrag, Front gegen Frankreich zu machen, der Kurfürst mußte als Gegenleistung auf Vorpommern verzichten, vorerst jedenfalls.

Diese außenpolitische Situation fand Kurfürst Friedrich III. vor, als sein Vater 1688 starb. Zu Frankreich waren die Beziehungen abgebrochen. Mit Holland und Schweden war Brandenburg-Preußen ebenso verbündet wie mit dem Kaiser. Das letzte Bündnis, das der Kurfürst schloß, kam seinem Nachfolger am meisten entgegen. Er hatte immer mit dem Kaiser sympathisiert, und seine Bündnispolitik überließ er nicht dem Zufall. Sie hatte von Anfang an Prinzipien. Er stand im Pfälzischen Krieg fest an der Seite des Habsburgers gegen Frankreich und unterstützte Kaiser Leopold im Spanischen Erbfolgekrieg mit einem Truppenkontingent von 8000 Mann. Seine Zuverlässigkeit war nicht umsonst gewesen, denn Kaiser Leopold akzepzierte, daß Friedrich sich "... wegen seines Herzogtums Preußen ... vor einen König proklamieren und krönen lassen wird." Seine Kaisertreue hatte sich ausgezahlt.

Vater und Sohn unterschieden sich doch sehr. Friedrich Wilhelms Bündnispolitik war ohne Prinzipien, wenn man Meistbietendes und unverbindliche Zusagen im Hinblick auf Vorpommern nicht als ein Prinzip gelten lassen will. Sie jagte einem Phantom nach und ist heute noch schwer entwirrbar. Wenn Bündniswechsel, denn zu einem Bündnis gehören zumindest immer zwei, auch nicht ungewöhnlich waren, so fielen seine Treubrüche auf dem internationalen Parkett doch aus dem üblichen Rahmen und waren ein Spiegelbild seiner selbst, seiner Unstetigkeit, seiner Unzuverlässigkeit und seines Temperaments, das sich ja oft genug zwischen Euphorie und Depression bewegte.

Der rote Adler an der Küste Guineas

Der Friede von Saint Germain hatte im Juni 1679 einerseits den Kriegszustand zwischen Frankreich und Schweden und andererseits den mit Brandenburg-Preußen beendet, wenn er auch weit mehr einem Diktat als einem Vertrag glich.

Der Kurfürst sah sich schon allein durch den Separatfrieden von Nymwegen betrogen. Als Sieger nach dem jahrelangen Ringen konnten sich Frankreich und Schweden beglückwünschen, während Friedrich Wilhelm Vorpommern mit Stettin wieder herausrücken mußte.

Gleichzeitig gelang es dem "Sonnenkönig", einen geheimen Allianzvertrag für zehn Jahre mit Brandenburg zu schließen und damit dem Kurfürsten zumindest außenpolitisch die Hände zu binden.

Von seinen kontinentalen Expansionsgelüsten, vor allem von seinem ewigen Kampf um Vorpommern war Friedrich Wilhelm fürs Erste kuriert. Er suchte nun sein Heil in Übersee, und entwickelte zur Verwunderung seiner näheren Umgebung die grandiose Vision von einer Seemacht Brandenburg, die im Ausland natürlich Kopfschütteln, aber auch Argwohn und Hellhörigkeit hervorrief.

Zunächst zog er Raule ins Vertrauen, dem er bald als Marinedirektor die Leitung seines Unternehmens übertrug. Benjamin Raule, ehemals holländischer Reeder, war zweifellos ein fähiger und auch ein wohlhabender Mann. Er war ein Abenteurer und ein "Pirat zur See", aber von daher war im Grunde niemand geeigneter als Raule, Friedrich Wilhelms Überseeträumereien zu verwirklichen.

Raule war 1675 schon zum Kurfürstlichen Rat ernannt worden und Friedrich Wilhelm längst vertraut. Als der gichtkranke Kurfürst im Winter 1675 für zwei Monate in Kleve notgedrungen Quartier nehmen mußte, hatte er vom Krankenbett aus lange Gespräche mit dem holländischen Reeder geführt und erreicht, daß Raule eine Kriegsflotte zusammenstellte, die er dem Kurfürsten vermietete. So konnte Friedrich

Wilhelm, wenn auch mit gecharterten Kriegsschiffen, die Schweden zumindest schon zu Wasser attackieren. Die Seeblockade vor Stralsund und Stettin war durchaus wirkungsvoll gewesen. Was lag also näher, sich Raule anzuvertrauen?

Anfang 1680 bestand die brandenburgisch-preußische Flotte aus 28 Schiffen, die aber noch samt und sonders Raules Schiffe waren. Wiederum hatte der Kurfürst diese Flotte gechartert, diesmal für einen Kaperkrieg gegen Spanien. Aber Brandenburg, zu Wasser völlig ungeübt, war wenig erfolgreich, sieht man von dem einzigen Volltreffer einmal ab, der die "Carolus Secundus" vor Ostende zur Strecke brachte. Durch diese Beute erhielt der Kurfürst sein erstes eigenes Schiff, das im Herbst 1684, nun unter dem Namen "Markgraf von Brandenburg", zum Flaggschiff unter neun weiteren eigenen Kriegsschiffen wurde, die Friedrich Wilhelm Raule abgekauft hatte.

Seine Idee, die immer noch Kopfschütteln auslöste, ließ Friedrich Wilhelm sich von niemandem ausreden. 1686 hatte der Kurfürst in einem Edikt geschrieben: "Handlung und Seefahrt sind die fürnehmsten Säulen eines Staates, wodurch die Unterthanen beides, zu Wasser als auch durch die Manufakturen zu Lande, ihre Nahrung und Unterhalt erlangen." Als Seemacht war Brandenburg jedoch bislang nie in Erscheinung getreten. Es war daher verwunderlich, wenn Friedrich Wilhelm die Seefahrt die "fürnehmste Säule" nannte, auf der sein Staat nicht ruhen konnte, weil es sie gar nicht gab. Der Kurfürst selbst verwischte diese Grenze zwischen Traum und Wirklichkeit – zeitlebens blieb er ein Phantast.

Raule landete schon im Jahre 1680 im kurfürstlichen Auftrag an der Goldküste am Golf von Guinea (seit 1957 Ghana), um mit den Afrikanern nicht nur ins Gespräch zu kommen, sondern "Handelsbeziehungen" zu knüpfen. Zu Raules Geschwader gehörten inzwischen immerhin dreißig Handels- und zehn Kriegsschiffe.

Zwangsläufig gab es den ersten Ärger mit der dort bereits etablierten holländischen Westindischen Kompagnie, die selbstredend auch nicht zu caritativen Zwecken dort weilte, aber schneller als der Kurfürst war. Das hätte Friedrich Wilhelm wissen müssen, und so wurden die Holländer, die zu Hause seine Verbündeten waren, in der Fremde seine erbittertsten Feinde.

1682 kam es zur Gründung einer Brandenburgisch-Afrikanischen Handelskompagnie, die Raule zumindest einen gewissen Schutz gegen

Lichterfelde bei Eberswalde – Fotomontage: oben – das "Sparrenschloß" um 1900 (seit 1614 im Besitz derer von der Groeben); unten – das ehemalige Schloß wurde 1970 zur Oberschule umgebaut

Otto von der Groeben: Epitaph in der Kirche von Lichterfelde bei Eberswalde; er gründete die Feste Großfriedrichsburg an der Küste Guineas

die holländische Konkurrenz garantierte, natürlich auch gegen die Eingeborenen.

Brandenburg-Preußen war, wenn auch zum Ärger und Verdruß der Etablierten, allmählich auf dem Weg zu einer Kolonialmacht, bisher ausschließlich eine Domäne Hollands, Englands, Frankreichs und Spaniens.

1683 gelang es bereits, einen festen Stützpunkt im fernen Afrika zu gründen, worum sich insbesondere Otto Friedrich von der Groeben Verdienste erwarb. Von der Groeben, Oberst in kurbrandenburgischen Diensten, war Herr auf Lichterfelde in der Nähe von Eberswalde, ein

Gut, das der Familie von Sparr gehört hatte, deren bekanntester Sproß Otto Christoph (1605 – 1668) zum Generalfeldmarschall unter dem Großen Kurfürsten befördert wurde, und 1614 in den Besitz derer von der Groeben überging.

Unter Groebens Leitung gingen im Dezember 1682 zwei Fregatten an der Goldküste vor Anker. Kaum gelandet nahm von der Groeben mit seinen Mannen feierlich Besitz von einem Landstrich, der ihnen zusagte und den sie damit requirierten. Groebens Tagebuch gibt Aufschluß über diese Landnahme: Die kurfürstliche Flagge wurde "mit Paucken und Schallmeyen auffgeholet, mit allen im Gewehr stehenden Soldaten empfangen, und an einem hohen Flaggen-Stock auffziehen lassen ... und weil Seiner Churfürstlichen Durchlaucht Nahme in aller Welt Groß ist, also nennete ich auch den Berg: den Grossen Friedrichsberg."

Nun also wehte der rote Brandenburger Adler an der fernen Küste Guineas auf "brandenburgisch-preußischem Besitz", und so entstand die Feste Großfriedrichsburg, die dem märkischen Adligen von der Groeben ihre Gründung verdankte.

In Windeseile wurde ein Fort errichtet, dessen Leitung dem Kapitän eines zurückbleibenden Schiffes übertragen wurde, während von der Groeben selbst im August 1683 wieder in seiner Heimat landete, gut ausgerüstet mit Nachrichten über die brandenburgischen Erfolge im fernen Afrika sowie mit einigen exotischen Tieren, Gewächsen und selbstverständlich auch mit "Mohren". Insgesamt jedoch waren die wirtschaftlichen Erträge der Reise ziemlich kläglich.

Die Kompagnie litt vor allem daran, daß die einheimischen Kaufleute Investitionen scheuten, so daß der Kreis der Gesellschafter auf Raule, einige Beamte, Offiziere und den Kurfürsten selbst begrenzt blieb.

Der Optimismus Friedrich Wilhelms war indessen nicht zu brechen, und die sich anbahnende Entwicklung schien ihm auch weiter Recht zu geben, denn noch im Jahre 1683 erhielt seine Kolonialpolitik neue Impulse. Mit den ostfriesischen Ständen und der Hafenstadt Emden wurde ein Handels- und Schiffahrtsvertrag abgeschlossen. Außerdem entstanden in Berlin, in Königsberg und Emden jeweils eine Admiralitätskammer, eine Art Vorläufer des Marineministeriums, deren Generaldirektor Raule wurde.

Der Heimathafen für die kurfürstliche Überseeflotte war Emden, wohin Friedrich Wilhelm auch eine Garnison verlegt hatte.

1684 gab es bereits eine Niederlassung in Accada und ein Jahr später entstand in Taccarary das Fort "Dorotheenschanze", eine Referenz an die kurfürstliche Gemahlin. Und schließlich nahm Raule noch die Insel Arguin in einer Bucht vor Mauretanien (heute Marokko) in Besitz. Der brandenburgische Aufstieg zur Kolonialmacht konnte sich allmählich sehen lassen.

Strategie und Taktik von Friedrich Wilhelms Kolonialpolitik glichen holländischen Unternehmungen. Auch die Gründung privater Kompagnien und "Aktiengesellschaften" vollzog sich nach niederländischem Vorbild.

Aber ein Problem ließ sich bei dieser kühnen Expansionspolitik über die Grenzen des Kontinents hinaus nicht aus der Welt schaffen: Es fehlten Geld und eine solide wirtschaftliche Basis, um der niederländischen Konkurrenz auf Dauer standzuhalten. Holland war wesentlich realistischer in der Beurteilung der brandenburgischen Kolonialbestrebungen und wußte, daß dem Kurfürsten bald der Atem ausgehen würde. So zeigte es sich dem Prestigeobjekt des alternden Großen Kurfürsten gegenüber, der sich ja allgemeiner Wertschätzung erfreute, generös und arrangierte sich 1688 sogar mit ihm, indem es Ersatz für die Verluste leistete, die den Brandenburgern durch Holland im Handelskrieg zugefügt worden waren.

Im Grunde war Friedrich Wilhelms Kolonialpolitik nichts als ein kostspieliges Abenteuer, ein "teures Spielzeug" – Dinge, die der Kurfürst ja besonders liebte. Die etablierten Seemächte waren nicht aus dem Feld zu schlagen, selbst wenn sich zeitweilig Wetterleuchten am Horizont gezeigt hatte.

Friedrich Wilhelms territoriale Erweiterungen in Übersee waren ein Traum, eine Vision, die an den harten Realitäten zerschellten.

An warnenden Stimmen aus der Umgebung des Kurfürsten hatte es wahrlich nicht gefehlt. Aber Friedrich Wilhelm ging es wie Pygmalion – er war verliebt in seine eigene Schöpfung und verfolgte wie besessen seine phantastische Idee, die natürlich viel zu kostspielig war und am Ende weder Erträge noch Zinsen brachte, sondern lediglich ein paar "rare Affen und Papageien" und einige "Mohren" für den Berliner Hof, auf die man gern verzichten konnte.

Sein Geheimer Rat nannte Raule einen Phantasten, dem der Kurfürst angeblich auf den Leim gegangen war. Aber das stimmte nicht, denn der Phantast war Friedrich Wilhelm selbst, der den Abenteurer Raule lediglich leicht begeistern konnte.

Brandenburgs Zukunft lag nicht in Übersee, sondern dort, wo auch Brandenburg lag – nämlich auf dem europäischen Kontinent.

Und so wurde dann auch das afrikanische Intermezzo mit seinem Schöpfer wieder zu Grabe getragen. Der Enkel des Großen Kurfürsten, König Friedrich Wilhelm I., durch und durch ein Realpolitiker, verabschiedete sich endgültig von der kurzlebigen Kolonialpolitik seines Großvaters, die für ihn nichts als eine "Chimäre" (Hirngespinst) war. Was keinen Gewinn abwarf und was nicht nützlich war, konnte Preußen sich nicht leisten, also verkaufte der Soldatenkönig 1721 die Feste Großfriedrichsburg an die Niederländer für ganze 72 000 Dukaten und der rote Adler, der sich 38 Jahre an Guineas Küste erhoben hatte, wurde sang- und klanglos wieder eingeholt.

Johann Kunckel auf Kaninchenwerder

Als Johann Kunckel jene Havelinsel östlich von Sakrow, aber auch nicht fern von Potsdam, im Jahre 1685 bezog, die jetzt seit langem schon den Namen Pfaueninsel trägt, war sie tatsächlich noch ein Paradies für Wildkaninchen und wurde daher völlig zutreffend allgemein Kaninchenwerder genannt. Jedoch ihr offizieller Name scheint das nie gewesen zu sein, auch nicht zu Kunckels Zeiten, in dessen Schenkungsurkunde die Insel "Pfau-Werder" genannt wurde, obwohl die Pfauen bis zu ihrem Einzug dort noch ein Jahrhundert warten mußten.

Was hat die malerische Insel mit einem Manne namens Kunckel zu tun, der heute nur noch wenigen etwas sagt? Der aufmerksame Inselbesucher bemerkt bestenfalls am östlichen Uferpfad einen mittelgroßen, wenig ins Auge fallenden Feldstein, der Kunckels Namen trägt und noch ein wenig mehr.

Wer war Johann Kunckel, dem der Große Kurfürst eine ganze Insel schenkte und zwar für Kind und Kindeskinder?

Kunckel war zu seiner Zeit ein bekannter und achtbarer Chemiker, der, was viele Herren damals von ihren Alchimisten hofften, sich angeblich auf die Goldmacherkunst verstand, obwohl er selbst an keiner Stelle diesen hohen Anspruch für sich erhoben hatte. Sein Geburtsdatum ist ungewiß, wahrscheinlich erblickte er um 1638 in Hütten bei Rendsburg das Licht der Welt.

Bevor Kunckel zu Friedrich Wilhelm näher in Beziehung trat, diente

Johann Kunckel von Löwenstern

er 1677 dem sächsischen Kurfürsten als "Goldmacher" für ein stattliches Jahresgehalt von 1000 Talern, das aber mehr ideellen Wert hatte, denn gezahlt wurde es nie. Auf seine Eingabe bekam er die an sich logische Antwort: "Kann Kunckel Gold machen, so bedarf er kein Geld; kann er solches aber nicht, warum sollte man ihm Geld geben?"

Es war die Zeit der Suche nach der Entdeckung des legendären "Steins der Weisen", dem man die Kraft zuschrieb, unechte Metalle in Gold verwandeln zu können. Kunckel fand weder den Stein der Weisen noch das Gold, entdeckte dafür aber den Phosphor, der die Stoffe leuchten ließ.

Die Verstimmung des erfolglos experimentierenden "Goldmachers" mit dem sächsischen Hof hielt sich insofern in Grenzen, da ihn genau um diese Zeit ein Ruf des brandenburgischen Kurfürsten erreichte. Freilich waren die Angebote aus Potsdam spartanischer. Kunckels

Jahresgehalt belief sich nur auf 500 Taler – zu mehr sah sich der Kurfürst nicht in der Lage -, hatte dafür aber den Vorteil, daß er es wirklich erhielt.

Ob der Kurfürst, der in seinem ganzen Leben ebenso realistisch wie phantastisch war, von seinem Chemiker die Entdeckung des Steins der Weisen und die Goldmacherkunst erwartete, ist schwer zu sagen. Jedenfalls rief er ihn am 2. August 1678 in sein Land, wo Kunckel bald Teilhaber einer Glashütte bei Potsdam wurde. Viele Glasmanufakturen waren in dieser Zeit entstanden, die ebenso schnell wieder von der Bildfläche verschwanden. Eine Ausnahme bildete die Potsdamer Hütte unter der Leitung des Chemikers und inzwischen auch berühmten Glasmachers Johann Kunckel, der in der Hütte auf dem Hakendamm bei Potsdam das Rubinglas erfand, das sich zu herrlichen Pokalen verarbeiten ließ und ihm zu Ehren auch Kunckelglas genannt wurde.

Kunckel zauberte zwar kein Gold, entwickelte dafür aber viele experimentelle Methoden in der Chemie und schrieb das 1679 erschienene Buch "Ars vitraria experimentalis oder die vollkommene Glasmacherkunst", das bedeutendste Werk und erste umfassende Lehrbuch auf diesem Gebiet in Deutschland.

Friedrich Wilhelm förderte die vielen Experimente der Alchimie, war doch die Erfindung des Rubinglases allein schon zu einem Exportartikel geworden. Von daher sann der Kurfürst nach einem Flecken, an dem Kunckel sich ungestört und unbeobachtet seinen geheimnisvollen und mystischen Experimenten hingeben konnte und schenkte ihm, wie schon erwähnt, im Jahre 1685 die spätere Pfaueninsel mit vielen Privilegien wie dem des freien Brauens, Backens und Branntweinbrennens. Auch der Bau einer Windmühle war ihm gestattet, "... damit seine Leute nicht gezwungen seien, des Backens und Brauens, des Mahlens und Schrotens halber, die Insel zu verlassen."

Niemand durfte die Insel verlassen, keiner durfte sie betreten. Allein der Kurfürst, wenn seine Gesundheit ihm solche Unternehmungen gestattete, landete mit seiner Barke auf der Insel und hielt sich dort "für viele Stunden" auf. Kunckel hatte neben Pokalen seinem Herrn für militärische Zwecke Röhren, Tiegel und Zylinder anzufertigen.

Bald entstand an der nordöstlichen Inselseite neben einer Kristallglashütte auch ein geheimnisumwobenes alchimistisches Laboratorium, wo mancher Heil- und Zaubertrunk gebraut wurde. Es zischte, dampfte, glühte, qualmte und roch den ganzen Tag auf dieser Insel, und wenn der

Kunckelstein auf der Pfaueninsel: Johann Kunckel, Alchimist und Chemiker – Erfinder des Rubinglases

Wind ungünstig stand, konnte man den Geruch in Sakrow, selbst noch in Potsdam wahrnehmen.

Übrigens sagte man, der Kurfürst habe so viel Vergnügen an dieser faustischen Atmosphäre gehabt, daß er selbst, seine Perücke zur Seite legend, mit experimentierte und offenbar kindliche Freude an dem Sieden und Zischen hatte, wenn die Ergebnisse auch schwer zu definieren waren.

Natürlich kam Friedrich Wilhelm auch zu Zwecken der Kontrolle. Er wollte sich persönlich über die Ergebnisse der mehr oder weniger im Verborgenen ablaufenden Experimente informieren. Aber bis auf das schon erwähnte Rubinglas hatte Kunckel eigentlich nichts vorzuweisen.

Sehen wir von dem Rubinglas einmal ab, war Johann Kunckel nichts als ein kostspieliges Vergnügen, das der Kurfürst sich leistete, der seinem Chemiker bis zu seinem Tode gewogen blieb. Er gab das auch ganz offen zu und räumte ein, daß er die Summen, die sein Alchimist verschlinge, früher am Spieltisch oder durch Feuerwerk vertan hätte: Jetzt leiste er sich eben dafür die Liebhaberei der Kunckelschen Zauberversuche.

Daß Kunckel in der Kristallglashütte auf der Pfaueninsel mit

Pfaueninsel: Königliches Schloß, erbaut unter Friedrich Wilhelm II. 1793; "die Ruine (soll) an die Vergänglichkeit mahnen und an sonst nichts"

Metalloxiden zur Färbung von Glas erfolgreich experimentierte, machten erst Ausgrabungen 1972 deutlich. Die Produktion vor Ort war sicherlich von minderer Bedeutung, die wissenschaftlichen Ergebnisse aber konnten sich sehen lassen. Freilich erfuhr man das erst 300 Jahre später.

Als Friedrich Wilhelm 1688 starb, verlor Kunckel nicht nur seinen Gönner, sondern auch seine Stellung als Hof- und Leibchemiker. Sogar der Prozeß wurde ihm gemacht, angeblich wegen Veruntreuung. Davon jedoch konnte nicht im mindesten die Rede sein. Er wurde das Opfer einer Intrige und Schikane, und so war ihm im Prozeß auch gar nichts nachzuweisen. Am Ende stellte man Kunckel die Frage nach den Ergebnissen seiner Experimente, nach ihrem Sinn und ihrem Nutzen. Kunckels Antwort war ebenso geschickt wie ehrlich, wenn er den Richtern sagte: "Der hochselige Herr Kurfürst war ein Liebhaber von seltenen und kuriosen Dingen und freute sich, wenn etwas zustande gebracht wurde, was schön und zierlich war. Was dies genutzt hat, diese Frage kann ich nicht beantworten."

Noch bevor Kunckel seine Insel und die Mark Brandenburg verließ, brannten seine Laboratorien, seine Glashütte und Schmelzöfen und eigentlich alles, was er selbst erbaut hatte im Mai 1689 bis auf die Grundmauern nieder. Der Funkenflug der brennenden Insel ging bis nach Sakrow und nach Moorlake hinüber. Tagelang noch qualmte es auf Kaninchenwerder, aber nun nicht mehr wie früher aus den Laboratorien, die selbst ein Opfer des Flammenmeers geworden waren.

Kunckel mußte schließlich noch seinen städtischen Besitz in Berlin veräußern, bevor er Brandenburg verlassen durfte. Er folgte einer Einladung König Karls XI. von Schweden und ging im Jahre 1692 nach Stockholm. Hier war man dankbarer als in seiner alten Umgebung, nun unter Kurfürst Friedrich III., und so avancierte Kunckel bald zum schwedischen Bergrat bis ihn der König in den Adelsstand erhob. Als Kunckel von Löwenstern starb der "Leibchemiker" Friedrich Wilhelms, der einst sein großer Förderer, Bewunderer und Gönner gewesen war, am 20. März 1703 in Dreißighufen bei Pernau in Estland.

Aus der Insel des Zauberers aber wurde die zauberhafte Pfaueninsel, die damals ihre Blütezeit noch vor sich hatte. Nicht alle Preußenkönige suchten dieses Eiland, aber Friedrich Wilhelm II., der Dritte und sein gleichnamiger Sohn, der vierte Friedrich Wilhelm, machten aus der Pfaueninsel Preußens Arkadien. Auch Kronprinz Friedrich Wilhelm, der spätere 99-Tage-Kaiser Friedrich III., war entzückt von dieser Insel.

Zu Fontanes Zeiten fand man noch "verstreute Schlackenreste" an der Stelle der alchimistischen Hütte Kunckels. Heute findet der Inselbesucher nur noch den Kunckelstein, denn Mauerreste, die die Feuersbrunst von einst überstanden, sind längst zugewachsen und von Gestrüpp und Bäumen überwuchert.

Ein ganz anderes Bild bietet sich dem Besucher heute dar: eine Theaterkulisse mitten in der Natur unter freiem Himmel am Havelufer. Wahrhaftig eine Zauberinsel, deren wechselhafte Geschichte einst mit dem Großen Kurfürsten und Johann Kunckels Zauberei begann, die später unter den Händen einiger kunstliebender und romantischer Preußenkönige einen ganz anderen Zauber erhielt, den sie bis heute auf ihre vielen Besucher ausübt.

Am Anfang aber stand er, an den heute nur noch der schlichte und sicher häufig übersehene Stein erinnert: Johann Kunckel, kurfürstlich brandenburgischer Alchimist und Chemiker.

Krankheiten und Wirkungen

Daß Friedrich Wilhelms Kindheit überwiegend freudlos verlief, ist dargestellt worden. Seine früh sich abzeichnenden Depressionen sollten ihn bis in sein letztes Jahr hinein begleiten.

Immer wieder finden wir bei ihm Züge der Unsicherheit, der Niedergeschlagenheit und des Zweifels an der eigenen Kraft, selbst dann noch als der Erfolgreiche bereits den Ehrennamen der Große Kurfürst führte. Daß er sich selbst isolierte und vom gesellschaftlichen Leben zeitweilig ganz zurückzog, daran war seine Umgebung gewöhnt.

Seit seiner Lebensmitte wurden die Depressionen zusätzlich noch durch viele organische Erkrankungen verstärkt.

Mit Vierzig um die Jahreswende 1659/60 erlitt der Kurfürst seinen ersten Gichtanfall. Zwei Jahre später, im Januar 1662 weilte der französische Gesandte de Lessin zu Bündnisverhandlungen in Berlin, die insofern erwähnenswert sind, weil sie ein Licht auf Friedrich Wilhelms Charakter und auf den Einfluß seiner Krankheiten werfen. Als der Franzose wegen der Gespräche in Berlin eintraf, lud der Kurfürst seinen Gast ein zu einer Landpartie und jagte tagelang mit Feuereifer in den Wäldern um Küstrin. Auf Verhandlungen war er nicht anzusprechen. Während der Kurfürst in allen Tagen bei bester Laune war, mußte der wenig begeisterte Franzose gute Miene zum bösen Spiel machen und abwarten. Als nach dem Vergnügen die Gespräche endlich in Gang kommen sollten, meldete sich wie auf Bestellung ein Gichtanfall, so daß an Verhandlungen nicht im mindesten zu denken war. In diesem Fall kam die Krankheit dem Kurfürsten womöglich nicht gerade ungelegen. Machte sie ihn wirklich so geschäftsunfähig oder war sie ihm auch eine Alibifunktion? Sicher war man sich nie bei ihm. Wie auch immer – die Verhandlungen scheiterten.

Friedrich Wilhelm in die Karten zu schauen, war ohnehin ein

Kunststück, auf das sich eigentlich niemand verstand. Gewiß, einerseits reagierte er spontan und explosiv, andererseits – und das vermuteten eigentlich die wenigsten – war er ausgesprochen entscheidungsscheu und wankelmütig in seinen Entschlüssen. Bezeichnend und daher wiedergebenswert waren Friedrich Wilhelms Worte dem dänischen Gesandten Detlev von Ahlefeldt gegenüber, die er sogar mehrfach wiederholte: "Niemand kennt meinen Sinn, weiß, ob ich Fuchs oder Hase bin." Eine solche Haltung spricht nicht gerade für einen Menschen. Für Friedrich Wilhelm spricht vielleicht, daß er in aller Offenheit darüber sprach, auch wenn er beides war, Fuchs und Hase.

Ganz schuldlos war der Kurfürst nicht an allen seinen Krankheiten, denn er war ein Feinschmecker, der dem Alkohol gern zusprach und auch üppige Speisen nicht verachtete. Andererseits machte er gern Gebrauch von Mitteln, die Heilung oder Besserung versprachen. Den Koenigsteiner Sauerbrunnen schien er besonders zu schätzen, wovon die folgende Bestellung, um "begehrte weine" erweitert, vom 15. Mai 1663 Zeugnis ablegt:

"Friderich Wilhelm Churfürst

Lieber getrewer, was wir dir am 9. und 18. Marty, wegen einschickung einer guten Portion weine und Königsteiner Sauerbrunnens in gnaden anbefohlen, deßen wirstu dich unterthänigst erinnern. Weil wir aber biß dato von dir Keine nachricht erhalten, ob du demselben gehorsamst nachgekommen; alß befehlen wir dir hirmit gnädigst unß deßhalb ehrstens deinen unterthänigsten bericht einzuschicken, und ferner die unverzügliche bestellung zu thun, damit solche begehrte weine, nebst dem Sauerbrunnen je eher desto besser anhero überbracht werden.

Daran geschiehet unsere willensmeinung.

Königßberg den 15. May 1663."

Friedrich Wilhelm hatte seine erblich bedingte Gicht in geradezu klassischer Weise mit allen typischen Erscheinungen dieser Stoffwechselkrankheit. Die Anfälle traten im Laufe seines Lebens immer häufiger auf, am Ende unabhängig von den Jahreszeiten. Unerträgliche Schmerzen und Fieberschübe zwangen ihn oft für Wochen, ja für Monate ins Bett. Bezüglich seiner Gicht war der Kurfürst uneinsichtig bis zur Rücksichtslosigkeit gegen sich selbst. Oft sprengte sein Verhalten den Rahmen dessen, was man noch als Selbstdisziplin konzedieren könnte. Am klarsten wurde diese Haltung in Fehrbellin und ebenso in Preußen. Aus dem Grunde habe ich bewußt in jenem Kapitel seiner Gichtkrankheit den Platz eingeräumt, den sie in seinem ganzen Leben für ihn hatte. Bei allem Aufbäumen gegen seine Gicht mußte er doch zwangsläufig der Unterlegene bleiben, denn die Krankheit war mächtiger als ihr Träger und fesselte ihn ans Bett oder an den Lehnstuhl und zwang ihn oft zur Tatenlosigkeit in einer Zeit, die wie keine andere den ganzen Mann gefordert hätte. Denken wir nur an seinen unfreiwilligen zweimonatigen Aufenthalt in Kleve zu Beginn des Jahres 1675, als die Schweden bereits die Mark Brandenburg besetzt hatten. Zum Glück hatte er Derfflinger, der in Schweinfurt alles für ihn regelte, so daß noch rechtzeitig zum Auf- und Abmarsch geblasen werden konnte.

Auch seine Wahnsinnsfahrten im tiefen Winter über das Frische und das Kurische Haff waren eine Kampfansage an seine Gicht bis sie ihn zwang, die Verfolgung der Schweden aufzugeben und in Königsberg Quartier zu nehmen. Hier könnte man sagen in Analogie zum Aufbruch nach Rathenow, zum Glück hatte er Schöning, der die Schweden erst kurz vor Riga laufen ließ.

Fehrbellin und was dann folgte, hatten eine lange Vorgeschichte, die wegen Friedrich Wilhelms Krankheit kurz in Erinnerung gerufen werden muß. Im Frühjahr 1674 war Ludwig XIV. in die Pfalz eingefallen und hatte dort entsetzliche Verwüstungen angerichtet. Im Mai erklärte das Reich dem Franzosen den Krieg, wobei sich der mit Ludwig XIV. verbündete Kurfürst bald an der Seite seines Kaisers wiederfinden sollte. Die Bündnisverhandlungen mit dem Kaiser schleppten sich mühsam dahin, denn wieder warf die Gicht den Kurfürsten wochenlang zu Boden. Neben seiner Gicht kam es in dieser Zeit erstmals zu einer Nierenkolik, so daß sein Leben nun durch Gichtanfälle und Nierenkoliken, die sich in immer kürzeren Zeitabständen wiederholten, zusätzlich gehandicapt war. Der französische Gesandte in Berlin berichtete Ende Mai 1674 seinem König, daß der Kurfürst sehr krank aussähe und einen völlig hinfälligen Eindruck mache.

Endlich kam aber doch am 1. Juli ein Bündnis zwischen dem Kaiser, Holland, Spanien, Dänemark und Friedrich Wilhelm gegen die Franzosen zustande, so schwierig die Geburt durch die Geschäftsunfähigkeit des Kurfürsten auch gewesen war, den zusätzlich natürlich sein Franzosenbündnis quälte.

Peinigend für Friedrich Wilhelm waren seit 1674 also Nieren- und auch Gallenkoliken hinzugekommen, so daß schmerzfreie Intervalle immer seltener für ihn werden sollten bis sich in seinen letzten Lebensjahren zu all seinen Krankheiten noch die Wassersucht gesellte, mit hochgradiger Atemnot und häufigen Erstickungsanfällen.

Friedrich Wilhelms depressive Veranlagung und seine organischen Krankheiten, die spätestens seit 1660 seine Begleiter waren, beeinflußten seine Politik nach innen wie nach außen nicht unerheblich. Seine Wankelmütigkeit, seine Unstetigkeit und Unzuverlässigkeit hatten natürlich ihre Folgen. Das Ausland begegnete ihm mit Mißtrauen und war ständig auf der Hut vor ihm. Nicht umsonst sagte man ihm nach, er sei ein "Gewitterkopf" und seine Zuverlässigkeit stand wahrlich nicht hoch im Kurs.

Auf keinen Fall stimmt das Idealbild, das von Friedrich Wilhelm später oft gezeichnet wurde. In älteren Biographien wurden Persönlichkeit und Regierungsweise des Kurfürsten immer nur an seinen Erfolgen dargestellt. Daß aber menschliche Schwächen und auch weniger glänzende Taten die Bedeutung dieses Kurfürsten nicht mindern, wollte man nicht wahrhaben. Es paßte nicht zu dem Bild, das man von diesem Kurfürsten hatte oder haben wollte und so entstand im Laufe der Zeit eher ein Zerrbild von ihm, das der Wirklichkeit nicht standhalten kann. Allein durch seine vielen und schweren Krankheiten, aber auch aufgrund seiner keineswegs glücklichen Veranlagung konnte er nicht der durchweg souveräne Lenker seines Staates sein, den er häufig genug nur mühselig und lavierend über Wasser hielt.

Unentschlossenheit war ein ganz typischer Charakterzug von ihm. Zu Beginn seines schweren Amts war Konrad von Burgsdorff sein engster Berater gewesen bis Otto von Schwerin an dessen Stelle rückte, wenngleich der Kurfürst allmählich an Sicherheit gewann. Aber auch später noch zeichnete ihn Unbeständigkeit aus, häufig eine Folge seiner psychisch bedingten ständig wechselnden und wenig kalkulierbaren Verhaltensweisen. Auf der einen Seite war er introvertiert, behielt mehr als es gut war für sich und behandelte Dinge geheim, die keiner Geheimhaltung bedurften. So galt er allmählich als unberechenbar, ja sogar als hinterhältig. Der französische Gesandte Gremonville nannte ihn 1672 "... den feinsten Fuchs des Reichs". Leibniz hatte sich 1669 wenig schmeichelhaft über Friedrich Wilhelms angebliche Maxime geäußert: "Wer mir das Meiste giebt, dem adhärire ich." Aber traf Leibniz nicht den Nagel auf den Kopf?

Viele Eigenschaften Friedrich Wilhelms wirken nicht sonderlich anziehend. Man macht es sich in der Beurteilung des Kurfürsten aber zu leicht, wenn man seine Krankheiten unberücksichtigt läßt, die sich ja schon in seiner Jugend abzeichneten. Niemand litt nachweislich so unter ihm wie er selbst unter sich, wenn objektiv auch nicht der mindeste Grund zur Depression oder zu einem Zweifel an den eigenen Fähigkeiten bestand. Er hatte Leistungen vollbracht und Erfolge aufzuweisen, nach denen man bei anderen Fürsten vergeblich sucht.

Andererseits schlug seine introvertierte Haltung unvermittelt um ins Gegenteil. Er war leutselig und zeigte eine Vertraulichkeit, die geradezu verblüffte. Überstürzte Reden brachten oft Dinge ans Tageslicht, die besser ungesagt geblieben wären. In demselben Maße wie er den einen ins Vertrauen zog, stieß er den anderen ab durch Heftigkeit und Ungerechtigkeit. Dann aber ließ er plötzlich überhaupt niemanden an sich heran, floh in die selbst gewählte Einsamkeit, war menschenscheu, tagelang depressiv und melancholisch. Selbst seine engsten Vertrauten überraschte der Kurfürst immer wieder durch seine ständig wechselnden Gemütsbewegungen und Verhaltensweisen. Natürlich litt er häufiger an Schmerzen, als seine Umgebung es je erfuhr.

Im Frühjahr 1677 brach Friedrich Wilhelm auf zu Wilhelm III. von Oranien, weil ihn die Gerüchte von einem Separatfrieden zwischen Holland und Frankreich stark beunruhigten. Aber er kam nicht weit. In Hamm zwang ihn die Gicht für Wochen in das Bett. Bis Wesel ließ er sich mühselig befördern, wohin Wilhelm von Oranien ihm entgegenkam und ihm versicherte, daß von einem Separatfrieden keine Rede wäre. Freilich stimmte das nicht. Und während des Preußenfeldzuges erreichte dann den "Gichtbrüchigen" die schlimme Information vom Friedensschluß in Nymwegen. Er fiel tagelang in solche Depressionen, die in keinem adäquaten Verhältnis zu der Nachricht standen.

Was Friedrich Wilhelms körperliche Leiden anbelangte, so war mittlerweile ein ständiger Wechsel zwischen Gichtanfällen und Nieren- wie Gallenkoliken die Regel geworden. Der Zustand des von Haus aus stattlichen Mannes wurde immer erbärmlicher. Mitte Dezember 1679 meldete der holländische Gesandte nach Amsterdam, daß er noch immer keine Audienz gehabt habe, "weil der Kurfürst in Potsdam ist und an Podagra leidet." Schließlich wurde von Amerongen, der Holländer, am Bett empfangen – längst keine Seltenheit mehr – und schrieb danach: "Der Kurfürst hat kaum aufstehen und nur mit Mühe sprechen können."

War die Gicht im Abklingen, meldeten sich die Koliken zurück, so daß Friedrich Wilhelm in solchen Zeiten kaum noch geschäftsfähig war. Von Amerongen schrieb: "Der Kurfürst ist so krank, dass man mit ihm über Sachen von Wichtigkeit nicht sprechen kann. Dies verzögert die Entscheidungen vieler Sachen, und die andern Gesandten werden in ihren Verhandlungen ebenso behindert ..." Der Umgang mit dem kranken Kurfürsten gestaltete sich immer schwieriger.

Als Friedrich Wilhelm im Februar 1680 wieder mit Gicht und Fieberschüben darniederlag – im Grunde längst eine Kette ohne Ende -, war der französische Gesandte Graf Rébenac de Feuquières der einzige, den er noch zu sich ließ. Dieser Sonderstatus, den der Franzose genoß, löste bei Friedrich Wilhelms Räten natürlich Befremden aus.

Die schlimmste Folge von Friedrich Wilhelms Krankheiten war seine Entschlußunfähigkeit, eine regelrechte Festlegungsscheu, die Rébenac allein auf seinen schlimmen körperlichen Zustand zurückführte. In drei Tagen wechselte der Kurfürst seinen Entschluß oft drei Mal! Wer ihn näher kannte wie Rébenac hegte nicht den geringsten Zweifel daran, daß diese Verhaltensweisen krankheitsbedingt waren, weil sie für ihn nur aus der Krankheit heraus verständlich wurden.

Bei den vielen Krankheiten des Kurfürsten erhebt sich zwangsläufig die Frage nach seinen Ärzten, die im Laufe seines Lebens immer wichtiger für ihn wurden.

Natürlich suchte sich Friedrich Wilhelm solche Arztpersönlichkeiten aus, denen ein guter Ruf vorausging. Sie hatten allgemein gebildet zu sein und mußten in wissenschaftlicher Hinsicht über den Tellerrand ihres Faches hinausschauen, da der Kurfürst ihnen auch Aufgaben übertrug, die mit der Medizin nicht im mindesten etwas zu tun hatten.

Die kurfürstlichen Ärzte sind durch die Zeitenläufte zu Unrecht in Vergessenheit geraten, allen voran sicher sein Leibarzt Christian Mentzel, eine vielseitig begabte und angelegte Persönlichkeit. Mentzels Lebenslauf war exemplarisch für das 17. Jahrhundert mit seinem Bildungsweg, den das 18., viel stärker aber noch das 19. Jahrhundert leider nicht mehr kannte. Er wurde am 15. Juli 1622 in Fürstenwalde geboren, studierte nach seinem Schulabschluß in Berlin zunächst in Frankfurt/Oder Medizin, bevor er sich in Königsberg i. Pr. einschreiben ließ.

Schon während seines Studiums, viel stärker aber noch danach betrieb Mentzel intensiv botanische Studien, eine Neigung, die ihn sein Leben lang begleiten sollte und zu wertvollen Publikationen führte.

Christian Mentzel; kurfürstlicher Leibarzt im Alter von 72 Jahren. Stich von S. Blesendorff; Berlin 1694

1650 trat Mentzel eine mehrjährige Studienreise über Holland, Frankreich und Spanien nach Italien an, wo er in Bologna ein weiteres Jahr Medizin studierte, um schließlich sein Studium in Padua fortzusetzen. An der Universität Padua promovierte Christian Mentzel zum Doktor der Medizin, um dann in seine brandenburgische Heimat zurückzukehren, wo er sich in Berlin als Arzt niederließ. Schnell machte er sich hier einen guten Namen, so daß der Kurfürst auf ihn aufmerksam wurde und ihn im Jahre 1658 bereits zum Hof- und Lagerarzt ernannte.

Das war der Anfang einer dreißigjährigen Verbindung zwischen diesen beiden Männern, die erst mit dem Tode Friedrich Wilhelms endete. Nun finden wir Mentzel oft an der Seite seines Herrn , zuerst 1659/60 im dänischen Feldzug, als es galt, Schleswig-Holstein und Jütland von den

Schweden zu befreien. Und auf diesem Holsteinfeldzug erlitt der Kurfürst im 40. Lebensjahr ja seinen ersten Gichtanfall.

Nach Beendigung dieses Krieges begleitete Mentzel den Kurfürsten zunächst nach Kleve. Dann ging es weiter nach Königsberg, wo Friedrich Wilhelm Mentzel 1660 zum kurfürstlichen Rat und Leibarzt ernannte. Auch wenn er nun kurfürstlicher Leibarzt war, so leistete Mentzel doch weit mehr als ärztliche Hilfe. Besondere Verdienste erwarb er sich um die Bildung einer brandenburgischen Medizinalordnung, die er gemeinsam mit den Leib- und Hofärzten Johann Sigismund Elsholz, Martin Weise, Thomas Panckow und Otto Bötticher erarbeitete und dem Kurfürsten vorlegte. Ein Collegium medicum, eine Art medizinische Verwaltungsbehörde, hatte die Niederlassung von Ärzten in Brandenburg sowie das kollegiale Verhalten ebenso zu regeln wie die Tätigkeit der Apotheker, der Wundärzte, Starstecher, Stein- und Bruchschneider, der Barbiere und der Hebammen. Der Kurfürst war begeistert wie oft in solchen Fällen und hatte geschrieben: "Dieses Collegium soll formirt werden von denen leib- und hoffmedicis ..." Aber – und auch das war typisch für Friedrich Wilhelm – die Begeisterung war nicht von langer Dauer. Im Grunde blieb die Sache 24 Jahre unerledigt liegen, und erst im Jahre 1685 trat die kurbrandenburgische Medizinalordnung in Kraft. Diese Behörde wurde zur Grundlage für das berühmte preußische Medizinaledikt von 1725, das König Friedrich Wilhelm I. veranlaßte und das eine Jahrhundertwirkung haben sollte.

Mentzel hat in den Folgejahren der kurfürstlichen Familie treue Dienste geleistet. Er kümmerte sich um den Prinzen Friedrich, Nachfolger Friedrich Wilhelms, ebenso wie um die in den Niederlanden schwer an Lungentuberkulose erkrankte Kurfürstin Luise Henriette, die er in einer Sänfte nach Berlin zurückbringen ließ, wenn er ihr Schicksal freilich auch nicht abwenden konnte. Sie starb im Juni 1667. Als sich der Kurfürst an der Seite der Kaiserlichen 1674 im Elsaß und am Rhein aufhielt, finden wir Mentzel als "Hausarzt" der Familie auch am Sterbebett des Kurprinzen Karl Emil.

Am häufigsten benötigte Friedrich Wilhelm aber seinen Leibarzt selbst, der ihn auf seinem Eilmarsch 1675 in die von den Schweden besetzte Mark Brandenburg begleiten mußte. Man sagte, daß er auch in Rathenow zugegen war, in Fehrbellin finden wir ihn merkwürdigerweise aber nicht. Angeblich hielt Mentzel sich Anfang Juli in Sparenberg bei Bielefeld zur ärztlichen Betreuung von Kurfürstin Dorothea auf.

Falls diese Version stimmen sollte, ist Mentzels Teilnahme in Rathenow natürlich unwahrscheinlich.

Wie auch immer – auf jeden Fall finden wir ihn überwiegend an der Seite Friedrich Wilhelms, den er 1677, als der Kurfürst unterwegs zu Wilhelm von Oranien war, sechs Wochen in Hamm wegen schwerer Gichtanfälle sozusagen stationär behandelte.

Friedrich Wilhelms Leibärzte hatten mehr als nur Gesundheitsexperten zu sein. Mentzel zum Beispiel gehörte zu seinen Ratgebern und Vertrauten, der an der Seite eines so aufgeschlossenen Kurfürsten auch seine botanischen Studien weiter betreiben durfte. Schon 1660 hatte Friedrich Wilhelm seinem Leibarzt aufgetragen, Bücher, Sammlungen von Bildern, Zeichnungen und Raritäten zu sichten und zu ordnen, und so saß Mentzel stundenlang im "Apothekerflügel" des Berliner Schlosses, den Friedrich Wilhelm dafür bereitgestellt hatte. Nach 1685 übertrug der Kurfürst Mentzel die Verwaltung seiner kostbaren chinesischen Büchersammlung, die überwiegend auf Mentzels Anregung entstand.

Als Friedrich Wilhelm 1688 starb, bat Mentzel dessen Nachfolger um seine Entpflichtung als kurfürstlicher Leibarzt. Kurfürst Friedrich III. entsprach seinem Wunsch, hielt ihm aber weiterhin bis zu Mentzels Tod im Jahre 1701 die Treue.

Mentzel war nicht der einzige Leibarzt des Kurfürsten, wenngleich der engste und vertrauteste der Familie.

Der schon erwähnte Johann Sigismund Elsholz wurde nach 1656 ebenfalls Leib- und Regimentsarzt der kurfürstlichen Garde. Auch er hatte einen ähnlichen Lebensweg wie sein Kollege Mentzel: Elsholz hatte in Leiden und ebenfalls an der Universität zu Padua studiert, die er als promovierter Arzt verließ. Er war ein hervorragender Praktiker, aber in demselben Maße auch ein Wissenschaftler. Seine Verdienste um die Entstehung der brandenburgischen Medizinalordnung sind schon erwähnt worden.

1663 erschien seine "Flora marchica", zwei Jahre später sein geradezu revolutionierendes Werk "Neue Clystierkunst".

1661 hatte Elsholz mit Injektionsversuchen an einer Frauenleiche begonnen, die er an Hunden fortsetzte. Zwei Jahre später wagte er den erfolgreichen Versuch, einem kurfürstlichen Leibgardisten eine Flüssigkeit in die Wade zu spritzen. Elsholz gebührt das Verdienst, als Pionier der Injektionstechnik bezeichnet zu werden, was heute kaum noch gewußt wird. Das war es eben, was Friedrich Wilhelms Leibärzte auszeichnete: Können, Erfahrung, Pioniergeist und Mut, zu neuen Ufern aufzubrechen.

Von ähnlichem Schlage war auch sein Leibarzt Nikolaus de Bonnet, der dem Kurfürsten im Sommer 1666 von einem Benedikt Skytte berichtete, der die Idee einer Universaluniversität mit sich herumtrug und nun jemanden suchte, der seine phantastischen Vorstellungen in die Tat umsetzte. Für Höhen- und Gedankenflüge war Friedrich Wilhelm immer anfällig. Skytte durfte kommen, mußte aber, wie wir wissen, unverrichteter Dinge wieder gehen. So war der Kurfürst eben – Phantast und Realist zugleich.

Auch ausländische Ärzte suchten den Herrn von Brandenburg, von dem viel Faszination und Begeisterung ausgingen, was sich natürlich herumgesprochen hatte. So ist bekannt, daß sein holländischer Leibarzt Dr. Bentekoe seinem Herrn wegen der nicht abreißenden Nierenkoliken im Frühjahr 1684 eine merkwürdige Trinkkur empfahl. Friedrich Wilhelm griff in seinem schlimmen Zustand nach jedem Strohhalm, und so trank er morgens auf nüchternem Magen 30 bis 40 Tassen Tee und fand, daß diese Kur für ihn durchaus von Nutzen war, weil die Koliken für einen längeren Zeitraum ausblieben.

Eines weiteren Mannes soll hier gedacht werden, der kein Arzt und auch kein Vertrauter des Kurfürsten war: Johann Dietz, seines Zeichens Kurfürstlicher Feldscher und später Königlicher Hofbarbier. Dietz ist insofern erwähnenswert, als er eine umfangreiche Lebensbeschreibung hinterließ, die zugleich ein lebendiges und farbiges Zeitgemälde darstellt. Am häufigsten zitiert wird Dietz im Zusammenhang mit dem brandenburgischen Ungarnfeldzug von 1686, den er als Feldscher mitmachte. Dietz hatte bei dem damals bekannten kurfürstlichen Leib- und Gardechirurgen Andreas Horch gedient und zog, fachlich gut gerüstet, als Freiwilliger mit nach Ofen (Budapest). Der Kurfürst, damals bereits schwerst krank, begleitete seine Truppen bis Krossen, wo er sich nach der Schilderung von Dietz von ihnen so verabschiedete:

"Der wohlseelige Kurfürst, als ein liebreicher tapferer Held, nahm vor der Fronte von uns allen Abschied, zwar mit Thränen, und sagte: 'Nun ziehet hin, ihr Kinder, in GOttes Namen! Ich werde euch nicht alle wiedersehen!'"

Und wie der Kurfürst recht behalten sollte! Von 12 000 Mann – so Dietz – erreichten 3000 die Heimat wieder. Selbst wenn die Zahlen anzuzweifeln sind, da das brandenburgische Truppenkontingent sich nur auf 8000 Mann belief, wird die verheerende Wirkung dieses Feldzuges deutlich. Dietz schilderte detailliert die Grausamkeiten dieses Krieges, die Apokalypse vor Ofen im Kampf gegen die Türken. Und wenn die Türken auch geschlagen wurden, für die Soldaten und natürlich für die Zivilbevölkerung muß es die Hölle gewesen sein.

Die Tränen des Kurfürsten bei seinem Abschied vor der Front waren durchaus echt. Er empfand seine Soldaten als seine Kinder und ließ sie traurigen Herzens ziehen, wie ein Vater eben in solchen Situationen Abschied nimmt von seinen Söhnen. Wäre der Kurfürst noch jünger, vor allem aber gesünder gewesen, hätte er diesen Ungarnfeldzug ohne Frage selbst mitgemacht. So mußte er ihn Schöning überlassen. Er hatte oft genug in seinem Leben Proben seines Mutes abgegeben und unter Beweis gestellt, daß er von anderen lediglich forderte, was er sich selber abverlangte. Denken wir nur an Fehrbellin oder an seinen Preußenfeldzug mitten im eisig kalten Winter.

Dietz hörte übrigens nicht auf, um die Anerkennung als Hofbarbier zu kämpfen und wandte sich in dieser Angelegenheit mehrfach an Friedrich Wilhelms Nachfolger wie folgt: "Durchläuchtigster Großmächtigster Churfürst, Gnädigster Herr; Ew. Churfürstl. Durchl. gebe Ich in unterthänigsten Gehorsam zu vernehmen, Waßmasen ich schon vor 12 Jahren, die Barbier Kunst in Halle erlernet, und Zeithero die Kunst der chyrurgiae so wol bey Ihro Königl. Majest. zu Dennemarcken unter der Militz, bey dem Herrn Staaten von Hollandt, und den auch bey Ihro Churfl. Durchl. zu Brandenburg bey der Ungerischen Feldt-Artillerie und Leib-Guardte zu Fuß, umb mercklich excoliret, ... Alß gelanget noch mahlen an Ew. Churfl. Durchl. mein Unterthänigstes Bitten und flehen, Sie geruhen Gnädigst mich mit solchen Praedicat und Hoff-Barbier Tituls in Halle zu begnadigen, ... Johann Dietz m.p. Stud. Chirurg."

Kurfürst Friedrich III. gewährte ihm diese Bitte.

Friedrich Wilhelms lange Leidensjahre machten ihn zunehmend hinfälliger und widerstandsloser. Zur Verwunderung seiner Räte brauste er über Banalitäten unvermutet auf, aber letztlich ohne jede Konsequenz und verhielt sich in solchen Situationen wie ein Choleriker. Andererseits ließ er sich wie ein Kind beeinflussen. Sein Geheimer Rat, in sich selbst durch Interessengegensätze zerrissen, setzte meist seinen eigenen Willen durch. Wie konträr die Ansichten in diesem Kollegium waren, läßt sich gut an Derfflinger und Schwerin darstellen. Während Derfflinger unter den Militärs den ersten Platz unter den Franzosenhassern einnahm, plädierte Otto von Schwerin gleichbleibend für ein ausgewogenes Verhältnis zu Frankreich. Was seinen Geheimen Rat anbelangte, war Friedrich Wilhelm nachgiebig bis hin zu grenzenloser Gutmütigkeit, die nicht nur ihm, sondern auch dem Ansehen seiner Regierung schadete.

Im Sommer 1681 kam in Pyrmont eine Art Fürsten- und Familienkongreß zustande, an dem Friedrich Wilhelm mit Dorothea und Kurprinz Friedrich teilnahm. Darüber hinaus fanden sich auch Gesandte und Diplomaten ein, selbstredend Rébenac, der den Kurfürsten aus gutem Grund nie aus den Augen ließ, zumal die anwesenden Fürsten alles andere als franzosenfreundlich waren. Eine Beinverstauchung setzte Rébenac außer Gefecht, so daß er gezwungen war, sich mit der Rolle eines Zuschauers in der Theaterloge zu begnügen.

Aber nicht das Gesellschaftliche allein war ausschlaggebend für die Reise nach Pyrmont gewesen, sondern in viel stärkerem Maße suchte der Kurfürst durch Brunnenkuren eine Linderung seines Gicht- und Steinleidens. Ohne Frage war Friedrich Wilhelm hier der Ranghöchste und gesellschaftliche Mittelpunkt. Dem kranken und geplagten Mann, der selbst in Pyrmont einen Teil seiner Zeit im Lehnstuhl zubringen mußte, wurden von allen Seiten Aufwartungen gemacht. Auf hochkarätige Begegnungen legte der Kurfürst an sich wenig Wert. Viel wichtiger war ihm die Kur selbst, von der er sich eine Linderung all seiner schweren Leiden erhoffte. Man traf sich an den Brunnen auf den Promenaden, tauschte hier überwiegend Belanglosigkeiten aus und trank vor allem das Gesundheitswasser.

Die Brandenburger waren als erste angereist, in ihrem "Gepäck" allein 200 Pferde, wie nachzulesen ist. Jedoch die Pferdestärken waren in Wirklichkeit dreimal höher, denn was die Reise nach Pyrmont betrifft, so existiert darüber eine umfangreiche "Acta betr. die Reise des gr. Kurfürsten nach Pyrmont" oder wie es im Original von 1681 hieß "Wegen Sr. Chf. Durchl. Pyrmondtischen Reise".

Der umfangreiche Brief- und Schriftverkehr mit anderen Fürsten aus Wolffenbüttel, Braunschweig und Hannover, mit seinen Kindern und Räten, selbst mit den Bischöfen von Paderborn und Münster soll hier nicht wiedergegeben werden. Interessant sind dagegen Auszüge aus drei Briefen an die Mindische Regierung und die Amtskammer zu Ravensberg, die Auskunft über die gründliche Vorbereitung auf diese Reise geben.

"Friedrich Wilhelm, Churfürst

Nachdem Unßere hertzgeliebte Frau Gemahlinn Lbd. entschloßen, in Kurtzem, nach Pyrmond zu gehen, woselbst Unßere hertzl. Gemahlinnen Lbd. die brunnen cur gebrauchen wird, So befehlen wir auch hirmit gnädigst, euch dahin Zu Verfügen und wegen der benöhtigten Pferde und stallung anstalt Zu machen, auch auf anschaffung der benöhtigten victualien ... bedacht Zu seyn. Wir wollen euch den Fourier ... sonderlichst schicken, damit Ihr euch darnach richten Könnet.

Potsdam, d. 17 Aprilis 1681

An den Raht Zu Minden"

Rührend wie der schwerkranke Kurfürst um das Wohlergehen seiner Frau besorgt war.

Der nächste Brief enthält dann Anweisungen zum reibungslosen Ablauf der Reise selbst.

"Friderich Wilhelm Churfürst

Euch ist bereits bekandt, daß Wir eine Reise nach Pyrmont Zuthun Vorhaben. Wann Wir dann bis auff 600 Pferde dahin mit bringen werden und also nöthig seyn wird, wegen des Futters ... nach proportion für 600 Pferde sorge Zu tragen, damit es in Zeiten angeschaffet werde, Zumahl wir auf drei Wochen alda zubleiben (gedenken) ... Alß befehlen Wir auch hirmit gnädigst nicht allein, daß das benöhtigte Futter Korn halb hafer und halb Gerste, ... und Stroh bey Zeiten Zur Hand ... gebracht, sondern auch darauff bedacht Zu seyn, daß einige Pferde auf die nechst angelegenen Ämbter im Mindischen Verleget und Verpfleget werden mögen.

Potsdam den 4 May 1681

An die Mindische

Regierung"

Im letzten Schreiben geht es schließlich um die mit dieser Reise verbundenen Lasten, die der Kurfürst auf seine einzelnen Landesteile mehr oder weniger gleichmäßig verteilte.

"Friedrich Wilhelm, Churfürst

Euch wird bereits Zu gekommen seyn, was wir an euch ohnlängst wegen anschaffung der victualien, wie auch wegen der fourage nach Pyrmondt ... in gnaden reflectieret. ...Weiln wir nun ... finden, daß die fourage so wol aus Unßerer Graffschafft Ravensberg als Unßer Fürstenthumb Minden aufgebracht und dahin ... geführet werdet, Als befehlen wir euch hirmit gnädigst, euch dießerhalb mit Unßer Mindischen Regierung Zusahmen Zuthun, und euch darunter Zu vergleichen; So dan habet Ihr auch anstalt zu machen, daß in der Stadt Herford Zehen ad Zwolff Wispel oder fünff ad Sechs fuder Khorn wol gemahlen, wie auch 2 oder drey Wispel guten weitzen gemachet ... und nach Pyrmond ... angeschaffet werde

Cölln an der Spree den 25 May 1681

An die Ravensbergische Ambts Cammer"

Anfang 1683 wurde der Kurfürst, dem Pyrmont nicht die erhoffte Besserung gebracht hatte, so krank, daß allgemein mit seinem baldigen Ende gerechnet wurde. Der bevorstehende Thronwechsel stand dem Bündnis mit Frankreich allerdings hinderlich im Wege, denn von Friedrich Wilhelms Nachfolger wußte man zu gut, daß er es mit dem Kaiser hielt. Noch im März 1683 schien der Zustand des Kurfürsten völlig hoffnungslos, wie auch die Depressionen und Traurigkeiten einfach nicht mehr weichen wollten. Aber die Franzosen hatten dennoch Glück, denn Rébenac war ja der einzige, den der Kurfürst immer zu sich ließ, wenn sich die Gespräche mit dem mut- und kraftlosen Kurfürsten auch über Monate dahinschleppten.

Die Nieren- und Gallenkoliken traten unterdessen immer häufiger auf, genau wie seine Gichtanfälle, unabhängig von seinen Eß- und Trinkgewohnheiten, die sich auch kaum geändert hatten. Das Leben des alternden Kurfürsten wurde immer qualvoller und erbärmlicher.

Zu allem Übel zeigten sich seit 1684 erste Anzeichen von Wassersucht als Folge einer Herzleistungsstörung, so daß nun Kurzatmigkeit und Atemnot das schlimme Bild vervollkommneten.

In demselben Jahr hatte man im brandenburgischen Freienwalde ein "mineralisches Wasser" entdeckt. Der Kurfürst, wie immer allem Neuen gegenüber aufgeschlossen, beorderte seinen Leibchemiker Kunckel nach Freienwalde und ließ die Angelegenheit vor Ort von ihm persönlich prüfen. Kunckels Ergebnisse waren durchaus ermutigend, und da der Kurfürst in seinem schwerstkranken Zustand nach jedem Rettungsanker griff, waren er und Dorothea noch in demselben Jahr die ersten Kurgäste dieses "Wunderbrunnens". Da Friedrich Wilhelm mit dem Erfolg seiner Trinkkur keineswegs unzufrieden war, erschien er im Jahr darauf erneut in "Bad Freienwalde", das nach dieser kurzen Zeit schon 1500 Kurgäste verzeichnen konnte. 1686 baute man sogar ein richtiges "Brunnenhaus". Jedoch, am Ende trog der Wunderbrunnen. Und da er nicht halten konnte, was er zunächst versprach, versiegte er allmählich wieder.

Im September 1684 hatte Kurprinz Friedrich, dessen erste Gemahlin verstorben war, Sophie Charlotte von Hannover geheiratet. Die Hochzeit fand im Schloß Herrenhausen statt. Als das junge Paar im November nach Berlin übersiedelte, empfing der Kurfürst seine neue Schwiegertochter mit allen Ehren und mit großer Freude. Er selbst schien vorübergehend wie ausgewechselt. Daß er wenige Monate zuvor totkrank in Potsdam lag, war kaum zu glauben, und seine kurzzeitige "Wiedergeburt" grenzte fast an ein Wunder. Die Herzogin von Hannover schrieb voller Begeisterung nach Hause: "Der gute Kurfürst war alle Tage in Spitzen gekleidet und immer vergnügt und froh wie ein Mann von 40 Jahren. Ich gab ihm mit Vergnügen einen Kuß."

Aber leider trog der Schein. Sein Lebenslicht war langsam am Erlöschen. Wie jede Kerze noch einmal aufflackert, bevor sie sich verbraucht, gab es auch in Friedrich Wilhelms letzten Jahren immer wieder Stunden und Tage des Wohlbefindens. In seinen drei letzten Lebensjahren allerdings sah man den Kurfürsten überwiegend im Lehnstuhl oder im Bett.

Sein Verfall wurde durch eine unerfreuliche familiäre Situation zusätzlich noch beschleunigt, die ihm viel Kummer und Sorgen bereitete und unter der der hilflose Mann in seinem letzten Lebensjahr unsäglich litt.

Im Herbst 1686 war der Kurfürst völlig geschäftsunfähig. Verständlicherweise rechnete man wiederum mit seinem Ableben. Erst ab 16. November 1686 kamen die ruhenden Amtsgeschäfte allmählich wieder in Gang. Da erreichte ihn, den kaum Genesenen, Ende November die Nachricht, daß sein Sohn, der Kurprinz, "auf den Tod" erkrankt sei. Er litt so stark an Erstickungsanfällen, daß man zu Recht um sein Leben fürchtete. Der Kurprinz selbst ging so intensiv mit Todesgedanken um, daß er am 27. November 1686 sein Testament aufsetzte, da auch er einen schlimmen Ausgang seiner Krankheit befürchtete. Der Verdacht auf eine Vergiftung wurde allgemein geäußert, speziell aber von Kurprinz Friedrich selbst. Man verdächtigte Dorothea, deren Eintritt in die Familie viel Unheil gestiftet hatte, selbst wenn die Beziehungen zwischen ihr und ihrem Mann durchaus harmonisch waren. Der Zwist entflammte sich an den Kindern aus Friedrich Wilhelms Ehe mit Luise Henriette, wie solche Dinge oft zu gehen pflegen. Dorothea galt allgemein als berechnend und habgierig und wollte vor allem für ihre eigenen Kinder retten, was zu retten war. So gelang es ihr, daß der Kurfürst zwischen 1680 und 1686 mehrfach sein Testament änderte, was insofern keiner allzu großen Überzeugungsarbeit bedurfte, als Friedrich Wilhelms Beziehungen zu seinem Nachfolger ohnehin viel kühler waren als einst zu seinem verstorbenen erstgeborenen Sohn Karl Emil.

Der Kurprinz erholte sich zwar wieder, blieb aber wegen seiner Engbrüstigkeit (er hatte eine Skoliose) und chronischen Atembeschwerden zeitlebens ein kränkelnder Mann.

Kaum war der Sohn genesen, traf es den Vater wieder, der im Februar 1687 erneut totkrank darniederlag. Neben der Gicht war es diesmal viel stärker seine Wassersucht, die ihn ans Bett fesselte.

Die Krankheiten im kurfürstlichen Hause rissen nicht mehr ab. Im März wurde Prinz Ludwig, Friedrich Wilhelms jüngerer Sohn aus seiner ersten Ehe von einer schweren Krankheit heimgesucht, der er nach wenigen Tagen im April erlag. Damit war Kurprinz Friedrich der einzig überlebende Sohn unter insgesamt sechs Kindern aus Friedrich Wilhelms Ehe mit Luise Henriette.

Wieder ging das Gespenst eines Giftmordes um – der Verdacht fiel zunächst auf einen Polen, dann auf einen Franzosen, am Ende wieder auf die Kurfürstin. Jedenfalls schuldigte der Kurprinz in erster Linie seine Stiefmutter an. Suspekt war auch, daß die Ärzte diesmal den Verdacht eines Giftmordes stützten. Der Riß ging durch die ganze Familie. Der kranke Kurfürst selbst stand diesen Dingen verzweifelt und hilflos gegenüber. Man weiß indessen ziemlich sicher, daß Prinz Ludwig an Fleckfieber verstarb.

Wenig später erkrankte der Kurprinz wiederum aufs Neue. Niemand konnte seine Krankheit deuten, womöglich war sie nur eine Folge der vielen Gegengifte, die Friedrich täglich prophylaktisch einnahm und damit diesmal wirklich eine Vergiftung, nämlich eine ungewollte Selbstvergiftung. Jedenfalls war ihm und seiner Frau der Boden unter den Füßen in Berlin zu heiß geworden, obwohl sie 1687 überwiegend in Köpenick lebten, während die Eltern hauptsächlich in Potsdam weilten.

Diese unerfreuliche, von Ängsten und Unsicherheiten begleitete Familiensituation gab den Ausschlag dafür, daß Friedrich und Sophie Charlotte zu einer Kur nach Karlsbad aufbrachen. Belastend hinzugekommen war die beleidigende Äußerung des Kurfürsten über Sophie Charlottes Schwangerschaft, die Zweifel an der ehelichen Treue seiner Schwiegertochter aufkommen ließen. Das Maß war voll. Die jungen Eheleute kehrten nicht nach Berlin zurück, weil Sophie Charlotte sich weigerte, zu Lebzeiten ihrer Schwiegereltern die Stadt noch einmal zu betreten. Sie gingen nach Hannover. Der Kurfürst war empört und verbot jegliche Zahlungen an den "Deserteur". Er drohte sogar damit, seinem ältesten Sohn aus zweiter Ehe das Herzogtum Preußen zu vererben.

Die Zerwürfnisse im brandenburgischen Hause nahmen allmählich internationale Dimensionen an. Das Ausland war beunruhigt, vor allem aber der Kaiser, der um Friedrichs Loyalität wußte. Man suchte zwischen Vater und Sohn zu vermitteln, allen voran natürlich die eigenen Räte. Aber die Fronten waren so verhärtet, daß sich überhaupt nichts mehr bewegte. Schließlich schalteten sich der Kaiser, Ludwig XIV. und Wilhelm III. von Oranien ein und bemühten sich um einen Ausgleich.

So ging die Zeit ins Land. Der Kurfürst, der sich im August ein wenig wohler fühlte, brach mit seinem ganzen Hof zur Jagd in die Neumark auf, aber die Streitvermittlungen gingen ständig weiter. Am Ende gelang es Eberhard von Danckelmann, dem Vertrauten Friedrichs, den Streit notdürftig beizulegen, der dadurch entschärft worden war, weil Dorothea inzwischen einen zweiten Schlaganfall erlitten hatte und sich nun auch versöhnungsbereiter zeigte. So sehr Dorothea an sich zu Friedrich Wilhelm paßte, – sie war ihm immer eine tapfere Begleiterin in seinen Feldzügen und auf der Jagd gewesen -, muß man ihr dennoch die Hauptschuld für das Zerwürfnis in der Familie anlasten.

Aus ihrer Ehe mit Friedrich Wilhelm waren sieben Kinder hervorgegangen. Die Mutter verkraftete es schwer – vielleicht aus nachvollziehbaren Gründen -, daß ihre Kinder eines Tages leer ausgehen sollten. So erreichte sie die testamentarische Verfügung, daß jeder Sohn – sie hatte vier – ein eigenes Fürstentum bekommen sollte unter Beibehaltung der kurfürstlichen Landeshoheit in der Außenpolitik und der Armee. An sich paßte ein solches Testament zu Friedrich Wilhelm überhaupt nicht, der das Staatsdenken, die Konsolidierung seiner Länder und die Gründung

König Friedrich I. – der erste Preußenkönig;
unbekannter Stich

eines brandenburgisch-preußischen Einheitsstaates mit all seiner Kraft ein Leben lang betrieben hatte. Mit Sicherheit konnte seine Frau ihm dieses Testament nur abringen, das ja im Grunde sein eigenes Werk zunichte machte, ganz zu schweigen davon, daß es erneut einen Bruch der Dispositio Achillae und des Geraischen Hausvertrages darstellte, weil seine Krankheiten ihn längst wehr- und widerstandslos gemacht hatten. Die Testamentsänderungen waren nachweislich krankheitsbedingt, die schwere und weitreichende Folgen haben konnten.

Man muß es Friedrich Wilhelms Nachfolger hoch anrechnen, daß es ihm gelang, das väterliche Testament für null und nichtig zu erklären. (Dorothea übrigens, auf die all diese Mißhelligkeiten zurückgingen, überlebte ihren Mann nur um ein Jahr.) So schwach war Kurfürst Friedrich III. nicht, wie man ihn später hinstellte. Nicht allein die Aufhebung der testamentarisch verfügten Teilungsbestimmungen sprach für ihn, sondern vor allem die Schaffung des preußischen Königreiches, das zum Nulltarif auch damals nicht zu haben war, wohl aber für Zielstrebigkeit und Ausdauer. Natürlich durften Aufmerksamkeiten – damals wie heute – nicht fehlen; konkret war es ein Truppenkontingent von 8000 Mann für den Kaiser.

Im November 1687 trafen der Kurprinz und seine Gemahlin in Potsdam ein. Eine lange Aussprache zwischen Vater und Sohn besiegelte den mühsam wieder hergestellten Frieden, aber die erreichte Aussöhnung hielt.

Im Wechsel zwischen kurzzeitiger Erholung und immer länger werdenden Pflegezuständen bewegten sich die letzten Wochen und Tage des Kurfürsten bis zu seinem Tod, die in dem Kapitel "Abschied" beschrieben werden.

Die landläufigen Darstellungen Friedrich Wilhelms mit ihrem heldenhaften Zug sind durchweg falsch.

Er war ein Mann mit Phantasie und Spontaneität, zugleich mit starkem Pflichtgefühl und ausgeprägtem Arbeitseifer, Eigenschaften, die auch aus seiner kalvinistischen Frömmigkeit herrührten. Selbst in seinen langen und schweren Krankheiten erlahmte sein Pflichtgefühl nur selten, auch wenn sie die Ursachen für manche Inaktivität und falsche Entscheidungen gewesen sind. Er starb demütig im festen Glauben an seinen Erlöser – aber er starb nicht wie ein Held. Und er lebte auch nicht wie ein Held. Dazu war dieser Kurfürst in sich selbst viel zu zerrissen.

Zum besseren Verständnis seiner Persönlichkeit muß man versuchen, sich hineinzuversetzen in einen Menschen, der jahrzehntelang mit Schmerzen lebt. Von dieser Warte aus werden auch seine oft bedenklichen Verhaltensweisen verständlicher. Gicht und Steinbeschwerden sowie seine Depressionen bewirkten einerseits eine zunehmende Isolierung des Kurfürsten. Oft sah er tage- und wochenlang nur seine Frau. Dann aber wieder fuhr er unvermittelt seine Besucher so heftig an, daß sie sich konsterniert von ihm abwandten. Wie oft schlief Friedrich Wilhelm während schwieriger Beratungen aus Schwäche ein und brach damit ungewollt die Sitzungen seines Geheimen Rates ab. In der siebenbändigen Reihe der "Protokolle und Relationen" finden sich Beispiele genug dafür.

Die Erfolgsbilanz seiner 48jährigen Regentschaft kann sich dennoch sehen lassen. Daß es so war, verdankte er seinem Mut und seiner hohen Auffassung vom Herrscheramt, die ebenso seine Eigenschaften waren wie seine ständigen Zweifel an sich selbst, seine Unbeständigkeit und seine tiefe Resignation. Mut und Tapferkeit hatte er, der schon damals "Gichtbrüchige", vor Fehrbellin, vor allem aber auf seinem Winterfeldzug in Preußen bewiesen. Und Konsequenz kennzeichnete seine Religionspolitik, weil er durchdrungen war von Frömmigkeit und Toleranz. Religiöser Fanatismus war ihm fremd.

Die positiven Eigenschaften stehen eigentlich im Widerspruch zu Friedrich Wilhelms häufigen Depressionen, zu seinen Entschlußlosigkeiten und Vertragsbrüchen – aber nur bei flüchtiger Betrachtung. Menschen, die von sich restlos überzeugt sind und die Fähigkeit zur Selbstkritik verloren oder nie besessen haben, haben keine Zweifel, schon gar keine Resignationen. Dieses Widersprüchliche und Komplexe in Friedrich Wilhelms Charakter macht ihn sympathisch, weil es ihn menschlich macht.

Das Attribut Held, das ihm bis in unsere Tage hinein angehängt wird, hat immer etwas von Distanz an sich, ist sozusagen mit normalen menschlichen Maßstäben nicht zu messen. Er war kein Held, zum Glück muß man sagen, denn dazu war er viel zu emotional und zu verletzbar, und mußte wie die meisten Menschen alle Höhen und Tiefen des Lebens ausloten.

Vielleicht waren Fehrbellin und Preußen eine Heldentat – aber allein deswegen ist man noch kein Held. Ein Held ist man immer. Davon jedoch war Friedrich Wilhelm weit entfernt, glücklicherweise.

Ein großer Kurfürst für sein Land war Friedrich Wilhelm dagegen ohne jeden Zweifel, denn niemand vor ihm konnte ihm im mindesten das Wasser reichen. Daß dieses Attribut an militärischen Ruhm gebunden war, an Euphorie und Siegestaumel, schwächt den Wert seines Ehrennamens nicht ab. Zum Glück hatte er mehr Meriten als ausschließlich militärische. Ein großer Kurfürst war er schon wegen der Gründung des Einheitsstaates Brandenburg-Preußen, er war es allein wegen seiner Religionspolitik, wegen des Juden- und Potsdamer Edikts.

Und schließlich verdient er diesen Ehrennamen auch, weil er trotz seiner Krankheiten soviel leistete und bewegte. Denn eins vermochten seine Leiden nicht: sein politisches Konzept und staatsmännisches Format grundlegend zu ändern oder gar zu zerstören.

Abschied

Im Februar 1688 beging der Kurfürst seinen 68. Geburtstag – er ahnte es, daß es sein letzter sein würde.

Rechtzeitig war im Januar noch Samuel von Pufendorf in Berlin eingetroffen, der bereits zwei Jahre zuvor zum kurfürstlichen Geschichtsschreiber berufen worden war.

Seine vielen schweren Krankheiten hatten Friedrich Wilhelm so geschwächt, daß er die Tage nur noch sitzend oder liegend zubringen konnte. Zu seinen Koliken und zur Gicht, die unentwegt in seinen Händen und in seinen Füßen riß, hatte sich seit Jahren schon die Wassersucht gesellt, die seine Beine monströs auftrieb bis "hernach die Geschwulst noch in den Unter- und Ober-Leib kam", so daß man den "Gichtbrüchigen und Wassersüchtigen" nur noch auf einem Sessel von Raum zu Raum durch sein Potsdamer Schloß bewegen konnte, in dem der Kurfürst seine letzten Lebenstage verbrachte. Auch die vielen verordneten Medikamente und Mixturen änderten an dem unaufhaltsamen Siechtum nichts, nicht einmal die erhoffte Linderung seiner Schmerzen wollte sich mehr einstellen. Seine Schwäche war so groß, daß er bei Tisch einschlief, während ihn andererseits die Gichtschmerzen und die Wassersucht im Liegen daran vollends hinderten.

Der Zukunft sah der Sterbende klar ins Auge – er wußte, daß es auf Erden für ihn keine mehr geben sollte, daß seine Lebensuhr nun abgelaufen war. Symbolisch hatte er sich seinem Bett gegenüber eine Uhr anbringen lassen, nicht als Zeitmesser, sondern als Lebenschronometer. Er maß sein Leben nur noch nach Minuten und Sekunden, wobei die Zeiger sich unaufhaltsam und förmlich ablesbar auf 12 zu bewegten.

Die letzten Tage und Stunden des Kurfürsten, die sich seit dem 27. April dramatisch zuspitzten, sind dank einer Aufzeichnung des Obermarschalls von Grumbkow lückenlos überliefert worden. Friedrich Wilhelm starb wie ein Patriarch im Kreise seiner Familie, seiner Räte und Bediensteten, "gleichsam als wenn er ein grosses Vergnügen hätte vor ihren Augen zu sterben."

Der Tod hatte zu seiner Zeit – und das darf nicht vergessen werden – eine ganz andere Bedeutung als heute etwa. Er wurde keineswegs verdrängt und als zum Leben eigentlich nicht dazugehörender "Sonderfall" betrachtet. Daß wir mitten im Leben vom Tod umfangen sind, war damals für niemanden ein inhaltsleeres Bibelwort – es war ein Selbstverständnis. Gott hatte dem Menschen die Seele mit auf seinen Lebensweg gegeben, daß er sie früher oder später heimholen würde, war ein normaler Kreislauf, denn schließlich kam sie ja von ihm, und damit war sie auch unsterblich.

Wenn man das "Journal So von Sr. Exz. dem Herrn Obermarschall von Grumbkow über den todt Sr. Churf. Dhl. Friederich Wilhelm Höchstseel. endes gehalten worden" heute liest, ist das zugleich ein aufschlußreiches Zeitzeugnis dafür, wie unsere Vorfahren mit ihrem Sterben umgegangen sind. Im vaterländischen Stil vergangener Epochen hätte man über diesen Bericht vielleicht geschrieben: Er starb wie ein Soldat auf dem Felde. Aber genau das war es eben nicht, denn Friedrich Wilhelm starb demütig wie ein gläubiger und gottesfürchtiger Christ, der zwar aus dem Erdkreis austritt, nicht aber aus dem All. Und so waren seine vielen Ratschläge und sein Vermächtnis Verheißungen und Prophezeiungen eines Menschen, der sich bewußt darüber ist, daß die Spur von seinen Erdentagen nicht in Äonen untergeht, wenn dieses bekannte Wort auch zu seiner Zeit noch nicht geschrieben war.

Grumbkows "Journal" ist ein beeindruckendes Zeugnis vom menschlichen Leben mit seinem Wandel von der Zeit bis in die Ewigkeit. Wegen seines enormen Umfangs, der viele Seiten füllt, kann es hier nur in Ausschnitten wiedergegeben werden. Da der Bericht aber so glaubhaft, so lebendig und ohne jedes schmückende Beiwerk geschrieben wurde, so daß jede Nacherzählung dagegen verblassen müßte, ist seine Wiedergabe zugleich eine willkommene Bereicherung des Persönlichkeitsbildes vom Großen Kurfürsten, eine Darstellung seiner Eigenschaften und seiner Wesenszüge.

Grumbkows Bericht begann am 22. April, an dem sich der Kurfürst leidlich wohl befand und von "den Herrn Dr. Bergio und Herrn Cochio nachmittags besuchet" wurde. Während sich die Hofprediger und Ärzte einander abwechselten, "Kamen Sr. Churprinzl. Durchl., welche Sie (der Kurfürst – d.A.) gar gnädig und gütig empfingen", was darauf schließen läßt, daß die Verstimmung zwischen Vater und Sohn, die 1687 beigelegt worden war, die Beziehungen offenbar nicht mehr belastete. Hatte Friedrich Wilhelm aus seinen eigenen bitteren Erfahrungen gelernt und wußte, wie schmerzlich es ist, wenn man im Unfrieden voneinander scheidet? Sein Vater hatte ihn nicht gesegnet, im Gegenteil – den Groll gegen seinen Sohn nahm Georg Wilhelm mit ins Grab, für den jungen Friedrich Wilhelm damals schwer zu verwinden.

Trotz seines körperlichen Verfalls und seiner restlos verbrauchten Kräfte vergaß der Kurfürst selbst in seiner Abschiedsstunde nicht, die obligatorische Freitags-Ratssitzung einzuberufen, die er mit schwacher Stimme mit folgenden Worten nahezu prophetisch eröffnete: "Ich glaube, daß dieses Woll der lezte Rahtstag seyn wirdt, so ich halten werde. Dan ich es nicht mehr lange machen werde." Seine Ausführungen waren Resümee und Testament zugleich, nicht ohne Dankbarkeit gegen seinen Schöpfer und seine irdischen Getreuen: "Ich habe durch Gottes Gnade eine lange Undt glückliche, aber doch sehr beschwerliche Regierung gehabt, In waß vor einem Standt ich meine Länder nach meines Seel. Herrn Vatern Todt gefunden, ist männiglich bekandt, wie ich solche auch durch Gottes Gnade laße, solches lieget Vor Augen, durch des Höchsten Beystandt habe ich es dahin gebracht, daß mich meine Feinde haben förchten, Undt meine Freünde ehren und lieben müßen, ich übergebe euch", und dabei wandte er sich an seinen Sohn, "die Regierung, sehet euch woll vor, undt laßet den degen nicht auß den Händen, liebet meine Unterthanen, Undt gebrauchet Eüch meiner getrewen Räthe Raht, hütet euch vor Rehabeams Räthe undt sehet wol Zu, daß die Glorie, so ich laße, nicht untergehen möge. Ich habe angefangen etwas auffzusezen, wie ichs woll wolte, daß nach meinem Tode in einem undt anderen solte gehalten werden, aber Ich bin verhindert worden, solches außzuführen. Ich zweiffle indeßen nicht, wan ihr werdet dem folgen, waß ich Eüch rathe, daß die Glorie, so ich Euch hinterlaße, bey Eüch nicht auffhören werde", und er überreichte seinem Sohn im Beisein aller Räte sein Politisches Testament von 1667 als Leitfaden für dessen Handeln.

Aber nicht nur von seinem Nachfolger nahm er Abschied, sondern auch von seinen engsten Vertrauten, seinen Geheimen Räten, an die er sich so wandte: "ich bedancke mich vor die getrewe undt ehrliche Dienste, so ihr mir erwiesen, Ich hoffe ihr werdet, solche nach meinem Tode auch meinem Sohn bezeygen."

Der gesamte Geheime Rat versprach, dem Nachfolger und kurfürstlichen Hause in Treue zu dienen, "so viel als die große Betrübnüß Undt die vielen Thränen zulaßen Konten", und weil "die Schwachheit (des Kurfürsten – d.A.) auch groß wardt, Undt Sie zu reden verhinderten, Gaben Sie iedweden mit sehr Gnädigen minen in geberden Zu Verstehen, daß es ihr sehr angenehm, waß man ihr sagten."

Abermals befiel den Kurfürsten solche Schwäche, daß die "medici" gerufen werden mußten, um ihm etwas zu verordnen. Von seinem Schlafgemach aus ließ er den Kurprinzen aufs Neue zu sich kommen, gemahnte ihn ein letztes Mal an seine hohen Pflichten, "worauff Sr. Chur Prinzl. Dhl. vor Sie nieder knieten, da dan der Gnädige und Liebe Churfürst mit freudigen Herzen deßen Handt auff ihr Haupt legthe undt Sie segnete."

Für den Nachmittag bat der Kurfürst alle "Domestiquen und Cammerdiener" zu sich, um ihnen zu danken, sie zu beschenken und zu segnen.

Als seine Frau Gemahlin an sein Sterbebett trat, tröstete er sie weit mehr als sie ihn trösten konnte und sagte ihr, es geht mir "Gott lob zimblich gutt."

Trotz seiner Disziplin gab es hier nichts mehr zu verbergen, so daß umgehend die Prinzen und die Kurprinzessin aus Berlin gerufen wurden.

Kurfürstin Dorothea befiel angesichts des hilflosen Zustandes ihres Mannes solche Traurigkeit, daß sie hemmungslos in Tränen ausbrach. Wiederum tröstete sie Friedrich Wilhelm und sagte ihr: "man müste doch einmahl sterben, Undt müste doch einer der erste seyn, Sie hätten lange genug gelebet, Gott hätte ihr auch viel Große Gnade gethan, Sie wehren numehro bereit, ihr leben nach Gottes willen zu endigen."

Darauf verlangte der Kurfürst nach seinen beiden Hofpredigern Brunsenius und Cochius. "Beyde redeten derselben sehr Christlich zu, welches Seine Churf. Dhl. mit großer andacht anhöreten", wobei sie knieend "ein Gebäth gethan".

Indessen waren seine Kinder aus Berlin gekommen, wurden in das Sterbezimmer gerufen, "Küßeten alle Sr. Churf. Dhl. die Hände", worauf der Kurfürst "so woll die Chur-Prinzeßin, Markgräffin, alß auch dero sämbtliche Princen undt Princeßinnen segneten."

Entschuldigend wandte er sich an seine Schwiegertochter, die Kurprinzessin Sophie Charlotte, die er einst mit einer ehrenrührigen Bemerkung über ihre Schwangerschaft gekränkt hatte, und bat sie, "Sie möchten ihr doch vergeben, daß Sie wegen schwacheit ihre mütze nicht abnehmen Könten."

Wiederum "wurden die Hh medici hereingeruffen, welche alle bekenneten, daß es sehr gefährlich, undt Sr. Chfl. Durchl. es woll nicht lange machen würden."

Noch aber war es nicht so weit. Der Kurfürst ließ "den Gen. Lieut.

von Schöning ruffen, undt sagete ihm mit starcker stimme, die Parole ist Londen", wie er eine Nacht zuvor Amsterdam als Parole ausgegeben hatte. Damit lenkte er das Augenmerk auf jene Städte, von denen das europäische Schicksal in Zukunft im wesentlichen bestimmt würde.

Der General mußte den Predigern weichen, "Undt wardt von beyden abermahl kniend gebeten; es befiel darauff dieselbe eine sehr große schwacheit, so daß es den anschein hatte, es würde der liebe Gott baldt mit einem gnädigen Ende kommen, wie aber durch adhibirung sehr kräfftiger medicamente Sie wieder recolligirten und ihr von denen H. Predigern sehr tröstlich zugesprochen, Sprachen Sie darauff, Semper florebo prosperiter Deo (Ich werde immer reicher für Gott blühen. – d. A.)."

In diesem Wechsel ging es weiter – einmal wurde die Familie gerufen, dann wieder die Geistlichkeit, die Beamtenschaft und die Generalität. Alle erhielten sie seinen Segen, sein Nachfolger, Kurprinz Friedrich wie seine anderen Kinder wurden mit Segnungen förmlich überschüttet. Das Sterben des Kurfürsten vollzog sich wie auf einer Bühne, es wurde förmlich zelebriert. Aber man geht fehl in der Annahme, daß die Öffentlichkeit bewußt und gezielt mit einbezogen wurde, sie wurde lediglich nicht ausgesperrt, weil sie wie selbstverständlich dazugehörte, so wie es in seinem ganzen Leben gewesen war. Uns mag das heute fremd anmuten – damals jedoch war es ganz selbstverständlich, wenn einige Ratschläge für den Nachfolger auch durchaus gezielt für die Öffentlichkeit, auch für die nichtanwesende bestimmt sein mochten.

Selbst in den Sterbestunden noch lag ihm das Schicksal seiner französischen Glaubensgenossen am Herzen, die er durch sein Edikt ins Land gerufen hatte. Er bat inständig seinen Nachfolger, "daß dieselben sich doch möchte der Französischen Refugirten annehmen, undt dieselben nicht verlaßen, wie Sie dan auch solches albereit Morgents früe durch den H. Marchal Schonberg Undt Geheimen Rath v. Fuchs hatten recommendiren laßen."

Die Kurfürstin war bei ihrem Mann, bis seine letzte Stunde nahte. "Undt da die Churf. Gemahlin fragte, wornach Sie sehen" – der Kurfürst blickte unverwandt auf die eigens für ihn angebrachte Uhr – "gaben Sie Zur antwort, die Uhre ist zu ende, Meine Zeit ist dahin." Seinem Kammerdiener Kornmeßer sagte der Herr: "Habe ich nicht allezeit gesaget, daß ich heüte sterben würde?" "Welches auch woll würde geschehen seyn, wan durch die vielen Kostbahren medicamenta ihr leben nicht wehren auffgehalten worden", wie Grumbkow kommentierte.

Der 29. April brach an, der Tag, der besonders verzeichnet war im Buche seines Lebens. Um 5 Uhr morgens ließ der Kurfürst seine Prediger rufen, "undt nachdem Kaum das daß Gebeht geschehen, trat die Todes Angst an." Grumbkow befürchtete einen schweren Tod. Die Kurzatmigkeit war so hochgradig, daß der Sterbende nicht mehr sprechen konnte. Er winkte nochmals in seiner Todesqual seine Kinder zu sich, und wie "Sie umb ihn herumb stünden, Sagten Sie, ich komme mir izundt vor alß der Erz Vater Jacob, der seine Kinder segnete." "Weiln aber eine Ohnmacht über die ander Kahm, begehreten Sie daß man Sie wieder ins bette bringen möchten." Darauf fragte der Kurfürst mit schwacher Stimme, "weiln es Sontag, ob man nicht predigen würde, undt wie darauff geantwortet, daß numehro Sr. Chf. Dhl. der Prediger wehren, sagten Sie, ich hoffe der liebe Gott werde baldt Kommen."

Prinz Christian Ludwig, sein jüngster Sohn, konnte wegen einer Erkrankung nicht um seinen Vater sein. Aber der Geheime Rat von Fuchs sagte dem Herrn, "daz deßen Lieber Benjamin auch umb Sr. Chf. Dhl. Segen gebethen, Worauff Sr. Churf. Dhl. antworteten, H. Cochius segnet ihn, den ich Kan nicht mehr sprechen."

Unerbittlich senkte sich der Todesengel auf den Sterbenden nieder. Doch bevor er sich seiner ganz bemächtigen konnte, faltete der gläubige Christ Friedrich Wilhelm von Hohenzollern die Hände und betete zu seinem Schöpfer: "Komm Herr Jesu, ach Komm Herr Jesu, ich bin bereit." Und mit den Worten Hiobs: "Ich weiß, daß mein Erlöser lebet; und er wird mich hernach aus der Erde auferwecken; und werde darnach mit dieser meiner Haut umgeben werden, und werde in meinem Fleisch Gott sehen" schied er aus dieser Welt.

Der Große Kurfürst starb am 29. April im Jahre 1688, einem Sonntag, gegen 9 Uhr morgens.

Nach den Aufzeichnungen Grumbkows und der Darstellung Pufendorfs war Friedrich Wilhelm "ohne einige Veränderung des Gesichtes, als er selbst das Haupt geneiget und sich die Augen zugedrücket" aus dieser Welt gegangen.

Offenbar war die Befürchtung Grumbkows nicht eingetreten, und der Kurfürst starb ohne Todesqualen und entschlief selig in seinem Herrn. Der "Todtenschein", ein späterer "Auszug aus dem Kirchenbuche der Königlichen Hof- und Garnisonkirche" hat folgenden Wortlaut:

Prunksarkophag des Großen Kurfürsten von Johann Michael Döbel nach einem Entwurf des Architekten Arnold Nehring; ehemals in der Hohenzollern-Gruft im Dom zu Berlin, heute unter der Orgelempore des Kirchenschiffs

"1688 den 29 Aprilis, des morgens umb 9 Uhr, ist alhier seelig eingeschlaffen Der Durchlauchtigste Großmächtigste Churfürst und Herr, Herr Friederich Wilhelm Unser Gnädigster Herr. Nachdem Sr. Churfürstl. Durchl. hochseel. Andenkens gelebet 68 Jahre 11 Wochen 6 Tage. Die Churfürstl. Leiche ward den 6 May des Abendts in aller stille von hier gen Berlin geführt.

Potsdam den 15 December 1853
D. Krummacher."

Die eigentliche Beisetzung, ein großes Staatsbegräbnis, fand erst am 12. September statt. Nach der Überführung der körperlichen Hülle, erfolgte ihre Aufbahrung im kurfürstlichen Schloß in einem eigens dafür mit schwarzem Tuch drapierten Raum. Bekleidet mit dem samtroten

Kurrock wurde der Leichnam zur Schau gestellt, die Hände in weißen Handschuhen, die Füße steckten in roten Stiefeln. Der Kurhut lag rechts neben seinem Haupt, mit großen Perlen und Diamanten verziert. Neben der rechten Hand lag das kurfürstliche Zepter, zur linken das Schwert.

Am Tage des Begräbnisses bewegte sich ein nicht enden wollender Trauerzug vom Schloß zum alten Dom mit wahrhaft königlichem Pomp, denn für Repräsentationen war niemand geeigneter als Kurfürst Friedrich III., der spätere erste Preußenkönig.

Auf Veranlassung des neuen Kurfürsten, der sich knappe 13 Jahre später zum König krönte, wurde der kurfürstliche Leichnam obduziert. Der Obduktionsbefund ist vollständig erhalten geblieben. Nach seiner Wiedergabe und Interpretation, natürlich aus heutiger Sicht, werden wir wissen, woran der Kurfürst starb und noch einmal lesen, welche Krankheiten seine Begleiter waren. Der Wortlaut ist nicht nur für Ärzte von Bedeutung, sondern mit Sicherheit von allgemeinem Interesse.

Unterthänigster Bericht
Von Sr. Churfürstl. Dhl. Zu Brandenburg
Herrn Friederich Wilhelms.
Hochseelig andenckens
Unsers gewesener gnädigster Churfürstens
und Herrns geschehenen
Exentrirung

Nachdem Sr. Churfl. Dhl. Unser gewesener Gnädigster Churfürst und Herr, den 29. Aprilis, Sontags Vormittag, bald nach 9. Uhr, sanfth und seeligst in dem Herrn entschlaffen, Und dero Leichnam Zu exentriren und Zu balsamiren von dem ietz Regierenden Churfürsten, Unserm Gnädigsten Herrn, Uns allergnädigst ist anbefohlen worden, So haben Wir endes unterschriebene, bey der Exentration folgendes angemercket:

1. Erstlich eußerlich war der Leib hin und wieder Bläulicht angelauffen, insonderheit fand man unten am Leibe, bey dem geschößе, in denen inquinibus, woselbst der bauch gar sehr über hienge, an beyden seiten eine excoriation, od. abschelung des eußersten häutleins, woraus waßer begunte hervor Zu dringen, doch hat man diese abschelung so forth nach den Tode, bey der ersten Reinigung und abwaschung nicht gesehen, sondern sie ist allererst die nacht drauf erfolget.

2. Die Nägel an beyden händen, waren sehr blau unterlauffen.

3. Der Bauch war sehr dick, fornen überhangend, und in den seiten gar viel ausweichende.

4. Die Fueße, Schenckel, Knie, Oberbeine, alles war geschwollen, fornen biß an die Brust hinan, und hinten meist der gantze rücken, so daß gar wenig von dem geschwulst frey war, und man fast überall die hände und finger abdrucken Konte, daß die merckmahle davon, drin stehen blieben.

5. Die Ruthe selbst war auch geschwollen, insonderheit fornen an dem praeputio, doch mehr von winden als waßer.

6. Das Scrotum war oberwerts auch Zwar etwas aufgeblasen, doch nur von winden, und fand man in deßen cavität gar Kein waßer, welches sonderlich war, Weil man nachgehends unten in der cavität des Bauchs, waßer gefunden, welches sonst durch dieselben wege, wodurch die Saamen gefäße aus dem Bauch ins Scrotum gehen, Gemeiniglich auch da hinein Zu sacken pfleget.

7. Übrigens war der Leib auswendig in den beyden weichen seiten gantz warm anzufühlen, desgleichen auch inwendig die eingewanden, gleich als ob es nur etliche stunden nach den Tode gewesen weren.

8. Nach durchgeschnittener Haut am bauch, fand man das fett darunter über 3 á 4 gute querfinger dick, aber sehr Schwammicht und von waßer sehr angefüllet, so daß wan man es hier und da durchschnitte, das waßer haufen weise heraus ranne.

9. Eben dergleichen fand man auch allenthalben am rücken, Lenden, Schenckeln, Waden und Fueßen, aller meist aber ober am dicken bein, daß also bald auf jeden durchschnit, das dünne flüßige waßer in großer menge hervor strahlete, und noch ein Zäheres und dickeres nachgehends sich her aus drücken ließe.

10. Hirauf öffneten wir den bauch, und schnitten unter dem nabel, das peritonaeum durch, da dan eine große quantität waßers aus der Höligkeit des unter leibs, uns entgegen lieffe, welches ohne Zweiffel die letzte Zeit, nachdem die Kranckheit sich täglich Verschlimmert, sehr Zugenommen, Zumahlen da die eußerlichen theile mit waßer schon gantz angefüllet, und die Tägliche gedräncke durch den urin keinen abgang gehabt haben.

11. Das Netze, welches sonst die gedärme von fornen Zu bedecken pfleget, ob es gleich alle Zeit unterwerts loß ist, war gantz hinauf obenwerts nach dem magen Zusammen geschoben, daß es die gedärme gar nicht bedeckte, sonst aber war es noch rechte guth und Natürlich.

12. Der Magen war groß und sehr distendiret dünn, fast wie eine blase, inwendig mit nichts als mit Wind, und etwas wenigem dunckel braunen Schleim angefüllet und besetzet.

13. Die gedärme das gekröse, und das Pancreas, innen alle sehr guth und frey von allen harten Scirrhösen Verstopfungen, dergleichen sonst bey Waßersüchtigen nicht ungewöhnlich.

14. Die leber hatte ihre proportionirliche gehörige größe, war auch guth von farbe und Substantz gleichfals frey von allen ietzbesagten Verstopfungen und Knorren.

15. Anstat der gallen blasen, welche sonst Zimlich groß und lang an d. leber lieget, fanden Wir nur oberwerts einen Kleinen folliculum, einer Muscaten Nuß groß, weswegen Wir ferner suchten, und da sonst im Natürlichem stande von der Gallenblase ein Ductus, Cysticus genand, herunter gehet, mit dem Ductu Hepatico sich Vereiniget und beyde Zusammen einen Ductum communem nach das intestinum Duodenum ausmachen, So hat man Zwar den vorbesagten Ductum communem Choladochum inwendig Von dem intestino Duodeno her, gantz frey und offen gefunden, desgleichen auch den Ductum Hepaticum, allein wo der Ductus Cysticus sich mit dem Hepatico Conjungiret, hat man nur durch den Cysticum eines querfingers breit hinein Kommen Können, woselbst ein Klein steinchen gelegen, im übrigen der Ductus gantz Zugewachsen und in ein ligement Verendert war.

16. Ann Vorgedachtem folliculo, fand man drey steine, einen großen runden, und 2 Kleine länglichte, wie hierbey gesehen, der größeste ist wie ein Kleiner Gelapfel die 2 Kleine wie wicken alle 3 wahren Zu anfangs im leibe grüngelblicht, und wurden an der Lufth Pomerantzen farbicht, Von Gewicht waren sie leicht, Von Consistentz weich und Zertrenlich ohne allen geschmack, umb diese steine war noch eine dicklichte dunckelgrüne materie, etwa einen Scrupel (altes Apothekergewicht) schwer, so fein und sanfft, anzufühlen, wie die allerfeinste Mahlerfarbe, welche an der lufth und nacherdrocknung, in eben dieselbe farbe, als die steine sind, Verenderte, gleichfals ohne alle bitterkeit, od. anderen geschmack, wie aus beygehender Zu spüren.

17. Umb den folliculum rings herumb, weder an der leber, noch an den gedärmen, wo derselbe aufgelegen, fand man einige Zeichen der gelben gallen Tinctur, wie sonst insgemein Zu geschehen pfleget.

18. An dem Trunco Aorta descendente, infra Diaphragma, bey der Arteria Coeliaca, fand man an einer seite, daß ein theil der Arteriae

Aortae so groß, als ein 2 dreyer stück, in ein Cartilagineuhes und Knochen hafthes wesen, verändert war.

19. Die Miltze war umb ein großes Kleiner als sonst bey andern Menschen Natürlich Zu seyn pfleget, und überdem noch runder, als ordinair.

20. Beyde Nieren waren umb die Helfthe Kleiner als sie sonsten gemeiniglich seyn, insonderheit war die lincke noch Kleiner als die rechte, Beyder farbe war schwartz braun, gantz weich und welck anzufühlen, Inwendig in der lincken in der Substantz des fleisches, fand man 2 folliculos, od. cavernutas, angefüllet mit vielen steinchens, Von dem ersten folliculo Gehen hirbey Vier, welche etwas groß, gelb und eckicht seind, Von dem andern sind auch 5 gar Kleinen runden steinchens, hin und wieder aber in dem fleische Viel Kleinen Grieß.

21. Die Brust und deßen cavität, war ungemein Kurtz und enge, in der Lincken Höligkeit, war auch ungefehr ein quart Waßer.

22. Die Lunge war sehr groß, und recht guth Von farbe, und Substantz, in der lincken seite gantz frey, in der rechten aber an den Rippen angewachsen, auch etwas dunckel brauner als an der lincken seite.

23. Das Pericardium mehr als das Diaphragma angewachsen, sehr Voll waßer.

24. Das Hertze war sehr ansehnlich groß, und hatte treffliche große Cammern, auswendig und inwendig, war es schön Von farbe und Substantz, ohne alle fehler, auch war in demselben nicht das allergeringste Von Zusammen geronnenen geblüte zu finden.

25. Die Hirnschale war Zwar nicht dicke, jedoch sehr solide und feste, die Sutura waren gantz Verwachsen und Vergangen, so daß man auch deren merckmahle, weder in noch auswendig spühren Können.

26. Die erste und eußerste haut des gehirns, dura mater genand, war über all so feste an das cranium gewachsen, daß man sie davon nicht ohne Zerreisung separiren Können.

27. Das gehirn war recht schön, guter und fester Substantz, in Falce, einer haut welche oben das gehirn in 2 theile theilet, und Vor der dura mater her Kombt, fand man forne bey der stirne ein Knöchelchen angewachsen, wie auch weiter Zurück unter dem wirbel noch 3 á 4 Kleinere, In den ventriculis cerebri fand man etwas weniges waßer, in dem Plexu Choroideo, wie auch in dem cerebello fanden sich hin und wieder Kleine waßer bläßgen.

Dieses ist was auf Gnädigsten befehl Sr. Churfürstl. Durchl. wir unterschriebene Unterthänigst haben berichten sollen.
Potzdam den 1.n May 1688
Martinus Willichius Dr. Henricus Meubomig Dr.
Caspar March. August: Schäffer Dr.
Bernhard Albin

Bevor wir den Sektionsbefund betrachten, wollen wir uns noch einmal in Erinnerung rufen, daß Friedrich Wilhelm an folgenden Krankheiten gelitten hat: an Gicht, an Nieren- und Gallenkoliken und im späteren Leben an Wassersucht mit ständig zunehmender Kurzatmigkeit. Er war ein leidenschaftlicher Esser und Trinker und demzufolge ausgesprochen korpulent und wurde sicher nicht nur aus diesem Grund, sondern in viel stärkerem Maße wegen seiner Gicht und Wassersucht immer unbeweglicher.

Bei der kritischen Beurteilung des Obduktionsprotokolls aus heutiger Sicht muß zunächst auf den Umstand aufmerksam gemacht werden, daß der Kurfürst am 29. April kurz nach 9 Uhr morgens verstarb, während die "Exentrirung" das Datum vom 1. Mai 1688 trägt. Zwischen dem Eintritt des Todes und dem Protokolldatum lagen demzufolge, da der April 30 Tage hat, drei, auf jeden Fall aber mehr als zwei Tage. Daraus resultierten die ausführlich beschriebenen Zeichen der fortgeschrittenen Fäulnis und der Autolyse, die längst eingesetzt hatten.

Das Obduktionsprotokoll ist in zwei Abschnitte gegliedert, in die äußere Beschreibung des Körpers und die Organbeschreibung nach Eröffnung der Körperhöhlen.

Man muß den Altvorderen Respekt zollen, daß wir uns heute noch nach über 300 Jahren aufgrund der sehr sorgfältigen und anschaulichen Beschreibung ein Bild vom Zustand der Organe machen können, das ziemlich sichere Aussagen zuläßt.

Im folgenden sollen besonders die Befunde näher beleuchtet und bewertet werden, die einen Bezug zu den Krankheiten des Kurfürsten haben könnten.

Der Körper war adipös mit ausladenden Seiten und einer subkutanen Fettgewebsschicht von drei bis vier Querfingern. Immer wieder werden die vielen Wassereinlagerungen an Rücken, Lenden, Schenkeln, Waden und Füßen beschrieben.

Nach der Eröffnung der Körperhöhlen zeigten sich der Magen, der

Darm, das Pankreas (Bauchspeicheldrüse) und das Mesenterium (Gekröse) völlig unauffällig, wobei sich reichlich Ascites entleerte.

Die Leber – und dieser Befund ist angesichts des nicht gerade mäßigen Alkoholkonsums Seiner Durchlaucht mehr als bloße Neugier – scheint allem Anschein nach die ihr angebotenen Mengen an geistigen Getränken unbeschadet „mitgetrunken" zu haben, denn sie war von normaler Größe und guter Farbe – von Fettleber oder Leberzirrhose keine Spur.

Dagegen nimmt die Beschreibung der Gallenblase und der extrahepatischen Gallenwege einen wesentlich breiteren Raum ein. Die Vernarbungen im Blaseninneren mit ihrer Verschrumpfung legen den Verdacht auf viele durchgemachte Gallenblasenentzündungen nahe, und der gefundene muskatnußgroße Stein bestätigt objektiv die vom Kurfürsten bekannten Gallenkoliken. Dafür gab es sogar mehrere Ursachen, denn weitere Steine wurden auch im Ausführungsgang der Gallenblase gefunden.

Der Kurfürst war nach allem, was wir über seine Krankheitsgeschichte wissen, ein Steinkranker und nicht nur ein Steinträger.

Von Bedeutung ist weiterhin die Beschreibung der Milz, die kleiner und abgerundeter war, als es allgemein üblich ist. Dieser Befund legt den Verdacht auf das Vorliegen einer chronischen Rechtsherzinsuffizienz mit einer konsekutiven Stauungsatrophie nahe.

Am aufschlußreichsten unter allen Organbeschreibungen sind ohne Frage die Nierenbefunde, die ein Grundleiden Friedrich Wilhelms widerspiegelten, aus dem sich viele Folgezustände entwickelten. Nach den beschriebenen Befunden handelte es sich am ehesten um Gichtnieren, wie es kaum anders zu erwarten war.

Beide Nieren waren verkleinert ("umb die Helfthe Kleiner") und voller Steine, wobei die linke Niere zwei erweiterte steingefüllte Sammelrohre enthielt. Die Funktion der Nieren war erheblich eingeschränkt, denn auf die verminderte Ausscheidung mit folgender Flüssigkeitseinlagerung hatten die Ärzte besonders hingewiesen, wenn sie schrieben, daß "die Tägliche gedräncke durch den urin Keinen abgang gehabt haben." Überraschend ist dieser Befund nicht, wenn wir an die vielen Nierenkoliken denken, unter denen Friedrich Wilhelm zu leiden hatte.

Erwähnenswert aus dem Sektionsbericht sind weiterhin ein Zwerchfellhochstand mit einer kleinen Thoraxhöhle und ein eindeutig vergrößertes Herz, wenn auch "schön Von farbe und Substantz und ohne alle fehler".

Schädelkalotte, harte Hirnhaut und das Gehirn selbst waren völlig unauffällig, insbesondere ohne alle Zeichen von Verletzungen, Entzündungen und Tumoren.

Woran starb der Kurfürst? Welches waren die Todesursachen?

An erster Stelle muß hier ein Links-Rechtsherzversagen genannt werden, an zweiter ein nephrogener Bluthochdruck bei Gichtnieren, der zweifellos über Jahrzehnte bestand.

Der Verstorbene hatte als ein Grundleiden eine genetisch bedingte oder mitbedingte Gicht. (Daß dieses Leiden familiär bei den Hohenzollern war, ist eingangs erwähnt worden.) Als Folge bildeten sich im Laufe der Jahre Gichtnieren mit einer Parenchymatrophie. Daraus entwickelten sich allmählich ein renaler Bluthochdruck mit der Folge einer Arteriosklerose und schließlich eine Linksherzhypertrophie. Eine über Jahre bestehende Überbelastung des linken Herzens bewirkt eine Blutstauung der Lunge mit einem chronischen Cor pulmonale ("Herzasthma") und zieht schließlich auch das rechte Herz in Mitleidenschaft mit den Folgen einer Ödem- und Ascitesbildung, wie es vom Kurfürsten bekannt war.

Der Kurfürst starb fraglos an Herzversagen. Eine Lungenentzündung, die gelegentlich genannt wird, lag nicht vor.

Die für den Betroffenen keineswegs belanglosen weiteren Befunde wie seine Steinbildungsneigung (Nephrolithiasis und Cholezystolithiasis) hatten dem Kurfürsten erheblich zu schaffen gemacht und ihm oft genug qualvolle Stunden bereitet, ganz zu schweigen von seinen Gichtanfällen, die ihn 28 Jahre lang peinigten.

Der Kurfürst litt, um es zusammenzufassen, seit seinem 40. Lebensjahr an Gicht. Hinzu kamen später Nieren- und Gallenkoliken, Bluthochdruck, Herzinsuffizienz mit Kurzatmigkeit und Flüssigkeitsansammlungen: Alle Beschwerden, Symptome und Diagnosen fanden ihre Bestätigung in dem Obduktionsprotokoll. Die Organveränderungen waren eine Wiederspiegelung seiner vielen Krankheiten, wobei die Störungen im psychischen Bereich, seine bekannten Depressionen und seine Schwermütigkeit, morphologisch natürlich nicht faßbar sind – und dennoch hatten sie einen beträchtlichen Krankheitswert.

Schlußbetrachtungen

Als Friedrich Wilhelm im Jahre 1640 sein Amt antrat, waren die Hohenzollern schon 225 Jahre in der Mark Brandenburg zu Hause. Der erste Brandenburger Hohenzoller wurde 1417 in den Kurfürstenstand erhoben, und damit gehörte das Geschlecht zu jenem exklusiven Club, der auch den deutschen Kaiser wählte.

Friedrich Wilhelms Vorfahren hatten also Sitz und Stimme, wenn es um das höchste Amt im Reich ging, und so gesehen waren sie durchaus bedeutungsvoll, zumindest in den Kaiserwahljahren, denn im Heiligen Römischen Reich war dieses Amt nicht erblich, sondern eine Wahlfunktion, wie wir es heute sagen würden.

Ansonsten waren sie aber, wir wollen es freundlich formulieren, mehr als zurückhaltend und haben wenig Spuren hinterlassen. Das trifft besonders auf Friedrich Wilhelms nachreformatorische Vorfahren zu. Den Schnitt mit der katholischen Kirche machte Joachim II. Es war aber nicht das einzige, wodurch er auf sich aufmerksam machte.

Die Kurfürsten nach ihm waren Menschen ohne sonderliche Führungsqualitäten und Originalität. Johann Georg, Joachim Friedrich, Johann Sigismund und Friedrich Wilhelms Vater, Kurfürst Georg Wilhelm, waren schwach und unbedeutend, und genauso stand es um das Ansehen Brandenburgs im Reich.

Wollte Friedrich Wilhelm die Malaisen ändern, so mußte er in erster Linie mit der saft- und kraftlosen Tradition, aus der er kam, brechen. Das war dem Zwanzigjährigen durchaus bewußt, so sehr er auch unter dem Zerwürfnis mit seinem Vater litt. Das aber war ein menschliches und kein politisches Dilemma.

Stellen wir zunächst in unserer Schlußbetrachtung Anfang und Ende der Regierungszeit des Kurfürsten gegenüber, wobei territorialer Besitz allein, denn auch den konnte er mehren, nicht gleichzusetzen mit Bedeutung ist.

Im Jahre 1640 bestand Brandenburg aus seinem Kernland, zu dem das unter polnischer Lehnshoheit stehende Herzogtum Preußen und seine niederrheinischen Besitzungen gehörten. Preußen und die Rheinprovinzen waren, von langer Hand durch Erbverträge vorbereitet, dem trägen Johann Sigismund über Nacht in den Schoß gefallen.

Wirtschaftlich stand Brandenburg vor dem Ruin, politisch war es zur Bedeutungslosigkeit herabgesunken und überdies waren weite Landesteile von den Schweden besetzt. Das Herzogtum Preußen hatte mit Brandenburg nichts im Sinn – es wollte in Ruhe gelassen werden, und diese Ruhe fand es bei den Polen. Die niederrheinischen Provinzen liebäugelten mit Holland, überhaupt mit dem wirtschaftlich höher entwickelten Westen als mit ihrem aus der verarmten "Streusandbüchse" kommenden Landesherrn.

Zu Georg Wilhelms Zeiten war es so trist, so trostlos und gefährlich in Berlin und Brandenburg, daß er nach Preußen floh und seinen Hof nach Königsberg verlegte. Daß Brandenburg im Dreißigjährigen Krieg zu einem internationalen Truppenübungsplatz und militärischen Aufmarschgebiet für alle sich bekämpfenden Parteien verkam, war Georg Wilhelms Schuld. Wenn er schon nach langem Zaudern ein Bündnis mit den Schweden schloß, hätte er dazu stehen müssen, auch dann noch als die Kaiserlichen und Wallenstein im Vormarsch waren. Seine Hilflosigkeit und seine Ohnmacht machten das Bild des Grauens komplett. Auf Brandenburg gab keiner einen Pfifferling mehr. Es hätte spielend aufgeteilt werden können – kein Hahn hätte danach gekräht.

In diese ausweglose Situation hinein kam Kurfürst Friedrich Wilhelm, der nach seiner 48jährigen Regierungszeit, die längste übrigens, die je ein Hohenzoller hatte, zwar keine "blühenden Landschaften", aber ein stattliches Erbe hinterließ.

Aus Brandenburg war der Einheitsstaat Brandenburg-Preußen geworden – die Polen hatten auf ihre Lehnshoheit verzichtet. Und auch die niederrheinischen Provinzen fühlten sich allmählich als ein Glied des Einheitsstaates, wenn auch ihr Kurfürst in Berlin residierte. Durch Friedrich Wilhelms klugen Aufbau eines geregelten Postverkehrs zwischen all seinen Provinzen waren Berlin und selbst das ferne Königsberg dem Rheinland merklich nähergerückt.

Auch über ein eigenes Heer verfügte dieses Land inzwischen, das keinen symbolischen Charakter mehr hatte. Vor Warschau und vor Fehrbellin hatte der Kurfürst gezeigt, daß er sich mit seiner Armee sehen lassen konnte. Wie gebannt hatte das Ausland auf Fehrbellin und auf das winterliche Preußen gestarrt.

Aus der militärischen Stärke heraus sowie aus seiner allmählich in Gang kommenden wirtschaftlichen Lage war Brandenburg-Preußen politisch merklich aufgewertet worden. Neben dem traditionsbeladenen, vielleicht auch schon -belasteten Kaiserhaus war Brandenburg zur zweitstärksten Macht im Heiligen Römischen Reich aufgestiegen. Der Dualismus Habsburg-Hohenzollern, der zukünftig den Lauf der deutschen Geschichte bestimmen sollte, hatte begonnen.

Den Mächtigen seiner Zeit war wohler, wenn sie den Brandenburger an ihrer als auf der gegnerischen Seite wußten. Dem französischen "Sonnenkönig" ging es hier nicht anders als den Schweden, und auch der Kaiser unterschied sich nicht von ihnen.

Betrachtet man diese phänomenale Entwicklung Brandenburgs vom Status eines Hinterwäldlers bis in die Riege der Mächtigen, dann wird verständlich, daß dieses militärisch, politisch und wirtschaftlich erstarkte Land nach einem höheren Status strebte. Friedrich Wilhelm selbst wollte lieber ein großer Kurfürst als ein kleiner König sein – aber sein Sohn begnügte sich damit nicht. Er machte Preußen 1701 zum Königreich.

Im Innern seines Landes hatte der Kurfürst viel geändert und bewegt. Seine Toleranzedikte, ob sie die Lutheraner, Kalvinisten, Juden oder Andersgläubige betrafen, mußten angesichts der katholischen Finsternis ringsherum Aufsehen erregen. Sie bildeten ja tatsächlich einen krassen Gegensatz zu dem durchweg katholischen Frankreich, das durch seinen "Sonnenkönig", der übrigens auf allen Bildern grämlich wirkt, maßlos geknechtet und bis zum Gotterbarmen ausgebeutet wurde. Diese Intoleranz gab es jedoch nicht nur in Frankreich, auch in der katholischen Einflußsphäre Habsburgs sah es nicht anders aus, und aus den weiter östlich gelegenen Ländern wie Polen oder Rußland kam ohnehin kein Licht.

Aus dieser Situation heraus erscheint Friedrich Wilhelms Religionspolitik geradezu aufklärerisch und modern, und seine fortschrittlichen Edikte waren im Ausland natürlich suspekt und anstößig. Aber was das betraf, so handelte der Kurfürst völlig souverän und nahm längst keine Rücksicht auf das Ausland mehr.

Der Große Kurfürst schuf nicht Preußen, wie oft fälschlich behauptet wird, aber er legte das Fundament für das spätere Königreich, dem der Enkel scharfe Konturen und ein unverwechselbares Gesicht gab.

Soviel zu Friedrich Wilhelms amtlichen Eigenschaften und ungewöhnlichen Leistungen, die weit in die Zukunft wirkten.

Als Mensch war dieser Kurfürst eine in sich sehr zerrissene Persönlichkeit, nicht weil er oft lavierte und versuchte, aus den Rivalitäten anderer Kapital für sich zu schlagen. Das war normal und entsprach den diplomatischen Gepflogenheiten seiner Zeit. Nicht üblich war dagegen seine gewagte und kreuzgefährliche Bündnispolitik, die fraglos seinem Temperament und seiner oft unrealistischen Einschätzung der politischen Verhältnisse entsprang. Wie oft bewegte sich Friedrich Wilhelm zwischen Euphorie und Depression, und diese Extreme verstellten ihm mehr als einmal den klaren Blick.

Friedrich Wilhelm war ein typischer Barockfürst. Seine Bauleidenschaft und sein üppiger Hof verschlangen Unsummen und standen in keinem gesunden Verhältnis zu den mageren Erträgen, die sein Land abwarf. Er selbst war nicht allein vom Anblick her eine durch und durch barocke Erscheinung, er lebte auch wie ein Barockfürst und liebte prächtige Hoffeste und Gelage in prunkvollen Sälen seiner Schlösser.

Und dennoch unterschied sich Friedrich Wilhelm merklich von anderen Barockfürsten, vom "Sonnenkönig", vom Kaiser und auch von weiteren deutschen Fürsten. Die Ursache dafür lag wesentlich in Friedrich Wilhelms kalvinistischer Frömmigkeit, die von ihrem Verständnis her nicht mit der allgemeinen Sittenlosigkeit des Barockzeitalters in Einklang zu bringen war. Das "Ora et labora" war für ihn kein inhaltsleeres Wort. Er betete und arbeitete, weil es ihm Pflicht und Bedürfnis war. Sein Gebet bedurfte keiner öffentlichen Schaustellung vor einem Publikum in furchteinflößenden Kathedralen. Wie oft im Leben gab der Kurfürst selbst die Predigttexte vor, nicht allein, wenn er Gottes Beistand suchte wie etwa vor den Schlachten. Als Kind schon hatte er sich ein Psalmwort für seinen Lebensweg gesucht – Gott sollte ihm den Weg kundtun, den er gehen mußte. Und so begriff er aus der Schrift, daß ein gottgefälliges Leben Mühe und Arbeit ist und handelte danach, denn sein Leben war Mühe und Arbeit. Daß Gott ihn dafür belohnte, sah er an seinem Werk. Er war so diszipliniert, daß er seine Ratssitzungen nie versäumte, wenn seine Krankheiten ihn daran nicht hinderten. Selbst auf dem Sterbebett hatte er noch nach seiner Freitags-Ratssitzung verlangt.

Noch in einem weiteren Punkt unterschied sich Friedrich Wilhelm von seinen barocken Zeitgenossen: in seiner Auffassung von Sittlichkeit und Moral, die ebenfalls aus seinem Glauben kam. Er führte, was in seiner Zeit völlig ungewöhnlich, zumindest aber bieder war, ein harmonisches Familienleben. Mätressen, von denen es an anderen Höfen förmlich wimmelte, gab es für Friedrich Wilhelm nicht. Er hielt es mit der ehelichen Treue und führte mit Luise Henriette und später ebenso mit Dorothea ein ganz intaktes Eheleben – eher ein Privileg für Bürger. War das eine Eigenschaft oder eine Tugend der Hohenzollern? Denn Mätressen und Skandalgeschichten gab es in Preußen nicht. Nur zwei Regenten fielen diesbezüglich aus der Rolle: Friedrich der Große, der an seinem Hof überhaupt keine Frauen duldete und seine eigene Frau wie eine Gefangene in Schloß Niederschönhausen „konservierte“ und der sinnenfreudige Außenseiter Friedrich Wilhelm II., der in seiner Person alles Versäumte nachzuholen schien und nicht nur jeweils mit zwei Frauen gleichzeitig verheiratet war, zur "linken Hand" wie man es nannte, sondern neben seiner chronischen Geliebten aus seiner Jugendzeit, Wilhelmine Enke, zig Mätressen und Nebenfrauen verschliß.

Was Friedrich Wilhelms Krankheiten anbelangte, so war auch er ein typischer Hohenzoller, ein klassischer Vertreter ihrer Familienkrankheit, der Gicht. Die Wassersucht, Symptom und Folge einer chronischen Herzleistungsstörung, ist zwar im Unterschied zur Gicht nicht erblich, hat aber nicht minder häufig bei vielen Hohenzollern vorgelegen. Viele Kurfürsten und Preußenkönige starben an der Wassersucht, also an Herzversagen, nicht allein Friedrich Wilhelm.

Auffällig ist weiterhin, daß Friedrich Wilhelm und weitere exponierte Hohenzollern offenbar Störungen im psychischen Bereich hatten. Abnorme Verhaltensweisen, wenn auch unterschiedlichen Ausprägungsgrades, lassen sich bei Kurfürst Georg Wilhelm, bei seinem Sohn, dem Großen Kurfürsten und bei dessen Enkel, dem Soldatenkönig in geradezu klassischer Weise mit eindeutig definierbarer Diagnose nachweisen. Wenn nicht noch weitere Preußenkönige, so war auf jeden Fall Friedrich Wilhelm IV., der "Romantiker auf dem Thron", in seinen späteren Jahren diesbezüglich auch verdächtig.

Man muß sich natürlich davor hüten, alle von den sogenannten Normen abweichende Verhaltensweisen als pathologisch abzutun. Herausragenden Menschen in exponierten Positionen muß man auch ihre ganz individuellen und besonderen Verhaltensweisen zubilligen. Das Originelle, das Schöpferische eines Menschen kommt schwerlich aus dem Mittelmaß. Diese Feststellung darf natürlich nicht zu dem Schluß verleiten, daß herausragende Leistungen nur von psychisch abnormen Persönlichkeiten vollbracht werden, dann wäre die gesamte gesellschaftliche Entwicklung allein durch Psychopathen vorangetrieben worden. Pilgrim reduziert alles auf den Muttersohn-Komplex, und die Persönlichkeiten, die er nennt und vorstellt, tragen durchweg bekannte Namen, im politischen wie im künstlerischen Bereich. Folgt man seinen Gedankengängen, hat Krankheit Weltgeschichte gemacht, denn alle sogenannten Großen, besonders die von ihm als "Horrorpersönlichkeiten" Bezeichneten waren Muttersöhne und Chaoten und demzufolge psychisch krank: Alexander der Große, Cäsar, Kaiser Konstantin, Iwan der Schreckliche, Friedrich der Große, Napoleon, Bismarck, Kaiser Wilhelm II., Stalin, Mussolini und Franco, allen voran natürlich Adolf Hitler.

Die Grenzziehung zwischen dem Normalen und Abnormen ist problematisch und sicher auch abhängig vom individuellen Temperament. Von einem Choleriker erwartet man kein Phlegma, von einem Phlegmatiker nicht, daß er hochexplosiv reagiert.

Friedrich Wilhelms Krankheiten und ihre möglichen Folgen sind in einem Kapitel gesondert dargestellt worden. Depression mit Tatenlosigkeit und Euphorie mit Überaktivität bis hin zu einem gelegentlich an Tollkühnheit grenzenden Mut wechselten sich in Friedrich Wilhelm ständig ab.

Es wäre falsch zu sagen, daß Friedrich Wilhelms viele und schwere Krankheiten politisch solche folgenschweren Konsequenzen hatten, daß sie nicht mehr reparabel waren. Gewiß führten sie zu manchen Fehlentscheidungen und Verwirrungen und beschworen oft genug gefährliche Situationen herauf.

Aber andererseits war sein Pflichtgefühl so ausgeprägt, daß er trotz seiner Krankheiten nicht verzagte und Beispiele für Mut und Tapferkeit an den Tag legte, die Aufsehen und Bewunderung erregten. Die Schlacht von Fehrbellin und auch sein Winterfeldzug in Preußen waren Paradebeispiele dafür, wie dieser Kurfürst, wenn alles auf dem Spiel stand, mit seinen Krankheiten umzugehen verstand.

Wurde er gefordert, war er zur Stelle und handelte so, wie Luther einst an Spalatin schrieb: "Ruft man mich, so komme ich, gleichviel, ob krank oder gesund."

Ich glaube weniger, daß Friedrich Wilhelms organische Erkrankungen seine Verhaltensweisen änderten. Ohne Frage machten sie ihn hinfälliger, widerstandsloser und willfähriger, aber seine auffälligen und oft bedenklichen Reaktionen entsprangen vielmehr seiner psychischen Veranlagung. Depressionen traten ja nicht nur auf nach solchen Demütigungen wie nach St. Germain, als man dem Sieger Friedrich Wilhelm seine gesamte Beute wieder nahm. Sie stellten sich periodisch ein und hatten oft keinen Bezug zur Realität, denn Apathie und Resignation beschlichen ihn auch dann, wenn er vom Erfolg buchstäblich verwöhnt wurde.

Aber dieser Wechsel zwischen manischen und depressiven Phasen führte natürlich zu Verwirrungen. Seine unberechenbare Bündnispolitik, in der Prinzipien schwer erkennbar waren, und seine Unzuverlässigkeit waren eine Folge seines seelischen Ungleichgewichts, seiner Unausgewogenheit, denn niemals ruhte dieser Kurfürst in sich selbst. Niemand traute diesem "Gewitterkopf" richtig über den Weg. Sein politisches Wechselfieber, seine Unentschlossenheit und Unzuverlässigkeit in Bündnisfragen, die den üblichen Rahmen sprengten, waren nicht allein temperamentsabhängig, sie waren psychisch auffällig und womöglich krankheitsmitbedingt.

Zwar ging er als glänzender Sieger aus der Schlacht von Fehrbellin hervor und seine Leistungen und Erfolge waren triumphal, aber wäre es überhaupt zu dem Schwedeneinfall in die Mark Brandenburg gekommen, wenn Friedrich Wilhelm ein einziges Mal nicht wortbrüchig geworden wäre? Einen Treubruch hatten die Franzosen ihm nachgesehen, den zweiten aber verziehen sie ihm nicht. Jetzt antwortete Ludwig XIV. mit der Schwedeninvasion, nichts weiter als die Folge von Friedrich Wilhelms riskanter Bündnispolitik. Der Denkzettel, den man ihm geben wollte, verkehrte sich zwar ins Gegenteil, wenn man ihm auch am Ende seine pommerschen Eroberungen wieder nahm.

Fehrbellin war eine Folge seiner gefährlichen Vertragspolitik, und seine schon traditionelle Unbeständigkeit in Bündnisfragen resultierte auch aus seinen häufig abnormen Verhaltensweisen.

So gesehen hatten seine psychischen Störungen erhebliche Konsequenzen. Der Kurfürst hatte Glück, daß er den Schaden abwenden und den Schweden den Garaus machen konnte. Am Ende profitierte er sogar von diesem Ausgang, und seine internationale Reputation war spürbar aufgebessert worden.

Es wäre nicht auszudenken gewesen, wenn der Sieger von Fehrbellin Wrangel geheißen hätte, womit das Ausland allgemein gerechnet hatte. Es war ein spiegelglattes Parkett, auf dem der Kurfürst sich bewegte.

Auf seine Armee konnte er sich etwas zugute halten, denn sie erregte Aufsehen, als sie die elitären Schweden schlug.

Wie war der Kurfürst aber in sich zusammengefallen, als ihn die Kunde von dem Schwedeneinfall erreichte. Er wußte, daß die Besetzung seines Landes Ludwigs Antwort auf seinen Vertragsbruch war. Er hatte den Bogen weit überspannt. Seine Gratwanderung ging selbst den hartgesottenen Franzosen gegen den Strich.

Das häufige Scheitern der diplomatischen Verhandlungen mit ihm, die oft genug nicht von der Stelle kamen, hatte nicht selten krankheitsmitbedingte Ursachen. Schon Rébenac hatte das klar erkannt und ausgesprochen. Auch von anderen Gesandten sind ähnliche Berichte überliefert worden.

Eine weitere krankheitsbedingte Folge waren seine Testamentsänderungen in seinen letzten Lebensjahren. Er war bereit, den Einheitsstaat, den er in Jahrzehnten selbst geschaffen hatte, in vier Fürstentümer aufzuteilen und nur die Außenpolitik und die Armee sollten Hoheitsrecht des Kurfürstentums bleiben. Damit stieß er am Ende sein gesamtes Lebenswerk um. Die Kurfürstin hatte leichtes Spiel, ihren schwerstkranken Mann in diese Richtung zu drängen. Zum Glück ignorierte sein Nachfolger das väterliche Testament und wahrte damit das Erbe seines Vaters.

Immer wieder war zur rechten Zeit der richtige Mann zur Stelle, um jeden schweren Schaden abzuwenden, den Friedrich Wilhelm mit und ohne Krankheiten selbst verschuldete.

Der Kurfürst war nach allem, was man besonders den amtlichen und privaten Quellen des Brandenburg-Preußischen Hausarchivs entnehmen konnte, eine vielschichtige und in sich sehr zerrissene Persönlichkeit. Patriotische und auch spätere Darstellungen sind daran häufig achtlos vorübergegangen: Er war der Große Kurfürst, der Held von Fehrbellin und überdies der Mann, der Preußen schuf, was ohnehin nicht zutrifft.

Warum seine Krankheiten und auffälligen Verhaltensweisen ausgespart wurden, ist schwer zu sagen. Sicher wollte man eine intakte Persönlichkeit und einen strahlenden Sieger haben, zu dem die Wirklichkeit nicht paßte.

Aber eine Leistungskanone, wenn dieser Ausdruck gestattet ist, und eine Gründergestalt bleibt er trotz allem, auch wenn er seine Schöpfung am Lebensende selbst zerstören wollte. Sein langes und sehr bewegtes Regentenleben hatte aus einem unbedeutenden Land im Heiligen

Römischen Reich einen militärisch gewappneten, wirtschaftlich gesundeten und politisch erheblich aufgewerteten Territorialstaat gemacht, der wenig später schon in den Rang eines Königreichs aufstieg und noch ein wenig später zu einer europäischen Großmacht.

Am Ende seiner Tage zollte diesem Kurfürsten, der nach einem halben Jahrhundert schon eine Legende war, ganz Europa Respekt, Feind und Freund – ein Patriarch war er geworden, im Kreise seiner Familie, seines Geheimen Rates und auch der europäischen Fürsten.

Zu dem Gesamtbild von Friedrich Wilhelm gehören aber nicht nur seine viel beachteten Leistungen und unbestreitbaren Erfolge, sondern doch viel mehr, was einen Menschen mit ausmacht. Daß er trotz seiner psychischen Malaisen und vielen Krankheiten seine Ziele nie aus den Augen verlor und immer wieder neu begann, so heftig die Rückschläge auch sein mochten, nötig uns heute noch Respekt und Achtung ab.

Die aufgezeigten Krankheiten und oft bedenklichen Verhaltensweisen Friedrich Wilhelms tragen zur Abrundung seines Gesamtbildes bei. Seine Leistungen und auch sein Nachruhm bleiben diesem Kurfürsten unbenommen. Krankheiten und auffällige Charaktereigenschaften haben ja kein negatives Vorzeichen, sie dürfen nur nicht ausgeklammert werden, weil sie Bestandteil der Biographie vieler Menschen sind.

Aus dem Helden Friedrich Wilhelm, der er Gott sei Dank nicht war, sollte hier ein Kurfürst zum Anfassen werden, der nicht wie ein Gott unerreichbar auf dem Olymp thront, sondern sich wie ein pflichtbewußter, vorbildlicher, aber keineswegs immer genießbarer Landesvater mitten unter seinem Volk bewegt.

Literaturverzeichnis

Artelt, W.: Christian Mentzel. Leibarzt des Grossen Kurfürsten Botaniker und Sinologe. Leipzig: Johann Ambrosius Barth 1940.

Beuys, B.: Der Große Kurfürst. Der Mann, der Preußen schuf. Reinbek: Rowohlt Taschenbuch Verlag GmbH 1984.

Bleckwenn, H.: Altpreußische Uniformen. 2. Auflage. Die bibliophilen Taschenbücher Nr. 231. Dortmund: Harenberg Kommunikation 1982.

Der Große Kurfürst. Sammler. Bauherr. Mäzen. Ausstellung vom 10. Juli bis 9. Oktober 1988 Neues Palais in Sanssouci. Herausgegeben von der Generaldirektion der Staatlichen Schlösser und Gärten Potsdam-Sanssouci 1988.

Erdmannsdörffer, B. u. Mitarb.: Urkunden und Actenstücke zur Geschichte des Kurfürsten Friedrich Wilhelm von Brandenburg. 23 Bände. Berlin: 1864 – 1929.

Fontane, Th.: Wanderungen durch die Mark Brandenburg. Band I – V. Fontane-Bibliothek. Frankfurt a.M. – Berlin – Wien: Ullstein GmbH 1984.

Friedrich der Große: Denkwürdigkeiten zur Geschichte des Hauses Brandenburg. In: Ausgewählte Werke Friedrich's des Grossen. Band I. In's Deutsche übertragen von Heinrich Merkens. Würzburg: A. Stuber's Buchhandlung 1873.

Gloger, B.: Friedrich Wilhelm Kurfürst von Brandenburg. Berlin: Verlag Neues Leben 1985.

Gross, Ch.: Berlin – Reise in die Geschichte. 1. Auflage. Dortmund: Karthographischer Verlag Busche GmbH 1990.

Gross, Ch.: Brandenburg – Reise in die Geschichte. 1. Auflage. Dortmund: Karthographischer Verlag Busche GmbH 1991.

GStA Berlin und Merseburg:

- Briefe Leuchtmars, Schwarzenbergs und Georg Wilhelms aus den Jahren 1638 – 1640;

– Acta betr. den Gesundheitszustand des Kurprinzen Friedr. Wilh. sowie deßen Aufenthalt in Preußen (1639 – 40);
– Acta betreff das Ableben des Kurfürsten Georg Wilhelm 1640;
– Briefe Friedrich Wilhelms 1653 und 1673 sowie Laudationes auf seine Souveränität in Preußen und auf seinen Sieg bei Fehrbellin;
– Acta betr. Verschreibung des Koenigsteiner Sauerbrunnens zum Gebrauch für den Kurfürsten 1663;
– Acta betr. die Reise des gr. Kurfürsten nach Pyrmont 1681;
– Acta betr. die Erkrankung des Kurprinzen Friedrich (nachm. Kg. Friedrich I. Maj.) 1686, 1687;
– Acta betr. das Ableben des Großen Kurfürsten Friedrich Wilhelm – Intus:
  1. Instruction für den Obermarschall v. Grumbkow auf den Fall des Todes des Großen Kurfürsten dd. 25 April 1688
  2. Fürbitte um Genesung dd. 27 April 1688
  3. Todtenschein dd. 29 April 1688
  4. Abkündigung des Ablebens und des Regierungs Antritts
  5. Journal des v. Grumbkow über die letzten Lebenstage des Großen Kurfürsten
  6. Bericht der Leibärzte über die Section der Kufürstlichen Leiche.

Gundling, J.P. von: Brandenburgischer Atlas Oder Geographische Beschreibung Der Chur=Marck Brandenburg, Und des dasigen Adels Aus Den Landes Urkunden Verfertigt. Potsdam: gedruckt verlegt und zu finden bey Bartholomäus Neumann, Königl. Preuß. priviligirten Buchdrucker und Buchhändler. Anno 1724.

Gundling, Jacob P. von: Der Staat von Preußen. In: Europäische Staaten Halle: Renger 1906.

Haffner, S.: Preußen ohne Legende. Hamburg: Gruner + Jahr AG & Co 1979.

Heinrich, G.: Geschichte Preußens. Staat und Dynastie. Frankfurt/M – Berlin – Wien: Ullstein Sachbuch 1984.

Hintze, O.: Die Hohenzollern und ihr Werk. 7. Aufl. Berlin: Paul Paretz 1915.

Hirsch, S.: Erinnerungen an den Großen Kurfürsten und seine Gemahlin Louise von Oranien. Berlin 1852.

Hoth, R.: Die Gruft der Hohenzollern im Dom zu Berlin. München – Berlin: Deutscher Kunstverlag 1992.

Jäger, O.: Deutsche Geschichte. Zweiter Band. Vom westfälischen Frieden bis zur Gegenwart. Vierte Auflage. München: C.H. Beck'sche Verlagsbuchhandlung 1914.

Königs Wusterhausen. Kleiner Wegweiser durch Geschichte und Gegenwart. Herausgegeben: Stadtverwaltung Königs Wusterhausen – Redaktion: Gottfried Grohmann.

Mehring, F.: Zur Geschichte Preußens. 2. Auflage. Berlin: Dietz Verlag 1984.

Meister Johann Dietz des Großen Kurfürsten Feldscher und Königlicher Hofbarbier. Halle (Saale): Gebauer = Schwetschke Druckerei und Verlag A.G. 1935.

Mertz, D.P.: Geschichte der Gicht. Stuttgart – New York: Georg Thieme 1990.

Mertz, D.P.: Gicht als Familienleiden im Hause Brandenburg-Hohenzollern. medwelt 43 (1992), 619 – 621.

Mittenzwei, J. u. E. Herzfeld: Brandenburg-Preußen 1648 – 1789. Das Zeitalter des Absolutismus in Text und Bild. 2. Auflage. Berlin: Verlag der Nation 1988.

Nachama, A.: Der Große Kurfürst. Berlin: Wolfgang Stapp 1989.

Neumann, H.-J.: Erbkrankheiten in europäischen Fürstenhäusern. Berlin: edition q 1993.

Oestreich, G.: FRIEDRICH WILHELM. Der Große Kurfürst. Göttingen – Zürich – Frankfurt: Musterschmidt 1971.

Prutz, H.: Aus des Grossen Kurfürsten letzten Jahren. Zur Geschichte seines Hauses und Hofes, seiner Regierung und Politik. Berlin: Georg Reimer 1897.

Pufendorf, S. von: De rebus gestis Friderici Wilhelmi Magni, Electoris Brandenburgici, Commentariorum libri novendecim. Berlin: J. Schrey & H.-J. Meyer Anno MDCLXXXXV.

Rehtwisch, Th.: Vom Großen Kurfürsten. Leipzig: Turm-Verlag Markert & Co. 1911.

Schlenke, M.: Preußen-PLOETZ. Preußische Geschichte zum Nachschlagen. Freiburg/Würzburg: Verlag Ploetz 1987.

Schneider, R.: Die Hohenzollern. Tragik und Königtum. Leipzig: Jakob Hegner MCMXXXIII.

Schoeps, H.-J.: Preußen. Geschichte eines Staates. Frankfurt/M – Berlin: Ullstein GmbH 1966.

Schöningh, W.: Die Denkmäler des Grossen Kurfürsten und Friedrichs des Grossen. Festschrift zur Einweihung des neuen Siel- und Schöpfwerkes Knock. Herausgegeben im Auftrage des I. Entwässerungsverbandes Emden von Obersiel= und Oberdeichrichter Jannes Ohling 1969.

Schwartz, P.: 1415 – 1915 Brandenburg Preußen und das Deutsche Reich unter den Hohenzollern. Berlin – Groß = Lichterfelde: Heinrich Grund, Hofbuchhändler 1915.

Siedler, W.J.: Auf der Pfaueninsel. Spaziergänge in Preussens Arkadien. 5. Auflage. Berlin: Wolf Jobst Siedler Verlag GmbH 1987.

Sobotka, B.J.: Burgen, Schlösser, Gutshäuser in Brandenburg und Berlin. Witten: Förderverein Wittener Herrenhäuser e.V. 1992.

Stephan, H.: Geschichte der Preußischen Post von ihrem Ursprunge bis auf die Gegenwart. Berlin: Königliche Geheime Ober = Hofbuchdruckerei (R. Decker) 1859.

Stribrny, W.: Der Weg der Hohenzollern. Limburg an der Lahn: C.A. Starke 1981.

Uhse, E.: Friederich Wilhelms des Grossen/ Chur = Fuerstens Zu Brandenburg Leben und Thaten. (gekürzte deutsche Übersetzung d. Pufendorfschen Biographie). Berlin u. Franckfurt/ In Schrey = und Meyerischen Buchladen MDCCX.

Vehse, E.: Illustrierte Geschichte des preußischen Hofes des Adels und der Diplomatie. Erster Band. Vom großen Kurfürsten bis zum Tode Friedrichs des Großen. Stuttgart: Franckh'sche Verlagshandlung 1901.

Vogler, G. u. K. Vetter: Preußen. Von den Anfängen bis zur Reichsgründung. 7. überarb. u. erw. Aufl. Berlin: VEB Deutscher Verlag der Wissenschaften 1984.

Wichert, E.: Der Große Kurfürst in Preußen. Berlin: Deutsche Buch = Gemeinschaft G.m.b.H.

Wloch, C. u. S. Schultz: Die Preussensäulen von Neukamp und Gross Stresow auf Rügen. Vilmnitz/Rügen: DRUCKHOF Gampe 1993.

Personenregister